JN010708

弁護士のための

中小企業オーナーの

相続対応

紛争化させないためのアドバイス

［編著］

淺井健人　小平康弘

後藤晃輔　花井ゆう子

第一法規

はしがき

中小企業オーナーの相続について、節税対策や事業承継に関する書籍は多数あるものの、相続法や会社法その他の関連法令に関する法的問題について重点的に整理した書籍は多く見かけることはありませんでした。

相続において、節税対策はもちろん重要なことですが、他方で、オーナー（被相続人）の意思を相続に反映させ、オーナー（被相続人）の亡き後も、会社の経営を混乱させることなく継続させ、相続人間に紛争が生じないように予防することは、それと同じくらいに重要なことです。

本書では、相続開始前から相続開始後の裁判手続、会社関係者の手続、遺言執行者の業務に至るまで、中小企業オーナーの相続に関する様々な法的問題の処理や具体的な手続について記載するとともに、それらに関連する書式を掲載しました。特に、中小企業オーナーの相続に関しては、生前の対策が重要になりますので、生前に講じておくべき措置についても、多くのページを割いて解説しています。

また、民法及び家事事件手続法の一部を改正する法律（平成30年法律72号）及び法務局における遺言書の保管等に関する法律（平成30年法律73号）が順次施行されていますので、それらの法改正についても反映させています。

本書は、初めて若しくは久しぶりに相続事件を扱うときや、相続事件の処理について概観したいときに、なるべく短時間で知りたい情報にアクセスできるようにしています。より詳しい内容を知りたい場合は、関連書籍を検索しやすいよう参考文献を明記するようにしています。また、相続手続の間違いやすいポイントや会社法の手続について、基本的なことも含め、記載するよう心掛けました。限られた時間の中で事件処理をすることを踏まえ、書式もなるべく掲載するようにし、本書を購入された方は、書式データをダウンロードできるようにしています。他方で、税務上の問題については、他に多くの書籍もありますので、必要最小限の簡潔な記載にとどめています。

本書は、弁護士向けの書籍ではありますが、弁護士と税理士が協力して執筆し、中小企業オーナーの相続に関して発生し得る法的問題や諸手続、講じておくべき事前の対策等について把握できるようにしていますので、中小企業オーナーご自身はもちろんのこと、中小企業オーナーに助言する機会の多い税理士や司法書士などの専門家、中小企業オーナーのご家族、中小企業の会社関係者にも手にとっていただければ幸いです。

最後に、本書を出版するに当たって、多大なご尽力を賜りました宗正人氏、村木大介氏、小林千紘氏をはじめとする第一法規株式会社の皆様に、この場を借りてお礼申し上げます。

2020（令和２）年５月

淺井　健人・後藤　晃輔

凡　例

1）法令名略語

遺言書保管法	法務局における遺言書の保管等に関する法律
経営承継円滑化法	中小企業における経営の承継の円滑化法に関する法律
遺言書保管政令	法務局における遺言書の保管等に関する政令

※法令名等の表示について

本文では原則として「民法」を省略した。

2）判例出典略語

民録	大審院民事判決録
民集	最高裁判所民事判例集
裁判集民	最高裁判所裁判集民事
下級民集	下級裁判所民事裁判例集
家裁月報	家庭裁判月報
判タ	判例タイムズ
判時	判例時報
金融法務	金融法務事情
金融商事	金融・商事判例
東高民時報	東京高等裁判所判決時報（民事）
裁判所ＨＰ	裁判所ホームページ

※判例の書誌事項の表示について

判例には、原則として判例情報データベース「D1-Law.com 判例体系」（https://www.d1-law.com）の検索項目となる判例 ID を〔　〕で記載した。

例：最判昭和 42・11・17 判時 504 号 85 頁等〔27001017〕

3）文献略語

『一問一答』　『一問一答　新しい相続法―平成30年民法等（相続法）改正、遺言書保管法の解説』商事法務（2019年）

4）ダウンロード機能

掲載書式のうち DL↓ マークが挿入されているものについては、下記URLからダウンロードサービスをご利用できます。

http://www.d1-book.com/

パスワード：61頁掲載の手数料一覧にある「遺言書保管申請料」1件の手数料4桁を入力してください。

※ダウンロードは、2023年6月30日までとなります。

目次　弁護士のための中小企業オーナーの相続対応　紛争化させないためのアドバイス

第1章

相続の流れ

1　相続をめぐる争い

（1）遺言

「相続人は仲がよいので、遺言を残さなくても問題はない」、「私はまだまだ元気なので遺言を準備する必要はない」といったことは、しばしば聞かれます。

しかし、遺言の準備をしないまま、判断能力が衰え遺言能力を失ってしまうことや、病気等により亡くなってしまうこともあります。

また、相続が発生すると、高額の財産を目の前にした途端、相続人間で骨肉の争いが発生することもあります。相続人同士は仲がよくても相続人の配偶者が争いを引き起こすこともあります（第４章２遺産分割調停・審判）。

家業に貢献していた相続人に関しては、寄与分の制度はありますが、かかる相続人が納得するような配分にはならないことが多いです（COLUMN 7 寄与分（家業従事型））。

そのため、遺言等による事前準備が重要となります（第２章２後継者への経営権の承継、３後継者への財産承継、４遺言書保管制度）。ただし、遺言においては、遺留分にも配慮しておかないと、遺留分侵害額請求によって紛争が生じることがあります（第４章３遺留分侵害額請求）。

そこで、遺留分に関する権利行使への対策をしておくことも重要です（第２章２（４）遺留分に関する権利行使への対策）。

また、遺言を円滑に執行するためには、遺言において遺言執行者を指定しておくことも有用です（第３章２（３）遺言執行）。

（2）使途不明金

他方、被相続人の生前に被相続人の財産を管理していた家族がお金を使い込み、被相続人の死後に発覚して、紛争になるということもあります（第４章４（１）使途不明金（不当利得返還訴訟等））。

使途不明金の発生を予防するためには、後見制度を利用することが考えられます（第２章７成年後見制度等）。

2　相続税対策

非上場企業の株式については、流動性が低く、その一部を取得しようとする者はほとんどおらず、売却することが難しいことがしばしばある反面、高額の相続税がかかることがあります。

そのため、生前に相続税対策をしておくことも重要です（第２章５事業承継税制、６その他の節税対策等）。

3　会社経営への影響

（1）発生する問題

被相続人が中小企業オーナーの場合、その影響は会社経営にも及び得るところです。

①後継者が十分な議決権を取得できない結果、経営が不安定となることや、②多数派を確保するために他の株主から株式を取得せざるを得なくなること、③共同相続の場合において、議決権行使に制約が生じること（第３章１（４）権利行使株主の指定等、２（１）ウ株主総会の開催と議決権の行使）があります。

また、中小企業においては、株主名簿や定款、議事録の整備が不十分であることが多々あります。未整備のまま承継することになると、株式の承継の際に大きな手続的な負担が生じるおそれがあります。

（2）対策

こうした問題は、生前に、①安定・多数株主確保対策をしておくこと（第２章８安定・多数株主確保対策）や②株主名簿や定款、議事録等を整備しておくこと（第２章１会社における事前準備）、③後継者への経営権の承継の準備をしておくこと（第２章２後継者への経営権の承継、３後継者への財産承継）により、対処することができます。

場合によっては、生前に後継者へ経営権の承継をしておくことも考えられます。もっとも、後継者に経営を任せてみたものの、うまくいかないということもありますので、場合によっては、経営に対して影響力を残しておくことも必要となります（第２章２（３）経営に対して影響力を残す方法）。

死後に発生するトラブル	生前の備え
１　相続をめぐる争い（1）遺言	
相続財産の分配をめぐる争い（第４章２遺産分割調停・審判）	遺言等（第２章２後継者への経営権の承継、３後継者への財産承継、４遺言書保管制度、第３章２（３）遺言執行）
家業に貢献していた者の不公平感（COLUMN７寄与分（家業従事型））	
遺留分をめぐる争い（第４章３遺留分侵害額請求）	第２章２（４）遺留分に関する権利行使への対策
（2）使途不明金（第４章４（1）使途不明金（不当利得返還訴訟等））	
	第２章７成年後見制度等
２　高額の相続税の発生	
	第2章5事業承継税制、6その他の節税対策等
３　会社経営への影響	
経営権をめぐる争い	第２章２後継者への経営権の承継、３後継者への財産承継、８安定・多数株主確保対策
株式買取の負担	
株主名簿・定款・議事録等の不備等による会社承継の混乱	第２章１会社における事前準備

4 相続開始後のスケジュール

被相続人の死亡後は、以下のようなスケジュールを意識する必要があります。

被相続人の死亡日

↓

相続の開始を知った時から３か月

相続放棄・限定承認の期限
（915条２項）
【COLUMN 5 相続放棄・限定承認】

↓

相続の開始を知った日の翌日から４か月

所得税・消費税準確定申告の期限
（所得税法124条、125条等）

↓

相続の開始を知った日の翌日から10か月

相続税申告の期限
（相続税法27条等）

↓

相続の開始及び遺留分を侵害する贈与又は遺贈があったことを知った時から１年

遺留分侵害額請求の時効（1048条）
【第４章３遺留分侵害額請求】

↓

相続税申告の期限から３年

小規模宅地等の評価減の特例・配偶者の税額軽減の特例の更正請求の期限（相続税法19条の２、32条、租税特別措置法69条の４等）（ただし、やむを得ない事情がある場合には延長の手続が可能）
【第２章６その他の節税対策等】

↓

遺留分侵害額請求行使時から５年

遺留分侵害額に相当する金銭債権の時効（166条１項１号）
【第４章３遺留分侵害額請求】

↓

相続開始の時から10年

遺留分侵害額請求権の除斥期間
（1048条）
【第４章３遺留分侵害額請求】

（1）相続放棄・限定承認

被相続人が債務超過にある場合やそのおそれがある場合には、相続放棄や限定承認を検討し、実施する場合には相続開始を知った時から３か月以内に行う必要があります（COLUMN 5 相続放棄・限定承認）。

（2）税金の申告・特例の期限

相続の開始を知った日の翌日から４か月で、所得税・消費税の準確定申告の期限が、10 か月で、相続税申告の期限が到来します。

相続税の申告期限までに遺産分割が行われていなければ、未分割の財産について、小規模宅地等の課税価格の特例及び配偶者の税額軽減の特例の適用を受けることはできませんが、相続税の申告書に「申告期限後３年以内の分割見込書」を添付して提出しておき、相続税の申告期限から３年以内に分割された場合には、特例の適用を受けることができます。ただし、やむを得ない事情がある場合には延長の手続をすることができるものとされています。

なお、上記のとおり未分割の財産が分割されたことにより特例を適用する場合や遺留分侵害額請求により財産の返還があった場合のような特別な事情が発生したことによる更正の請求は、それらの事由が発生したことを知った日の翌日から４か月以内に行う必要があります（相続税法 32 条１項）。

（3）遺留分侵害額請求の時効・除斥期間

遺留分を侵害された場合には、相続の開始及び遺留分を侵害する贈与又は遺贈があったことを知った時から１年以内（時効）かつ相続の開始から 10 年以内（除斥期間）に遺留分侵害額請求権を行使する必要があります。また、遺留分侵害額請求権の行使により生じた遺留分侵害額に相当する金銭債権は、同行使時から５年以内に行う必要があります（第４章３遺留分侵害額請求）。

COLUMN 1

相続法改正の施行日と経過措置について

相続法改正の施行日及び経過措置については、民法及び家事事件手続法の一部を改正する法律（平成30年法律72号）附則、法務局における遺言書の保管等に関する法律（平成30年法律73号）附則、民法及び家事事件手続法の一部を改正する法律の施行期日を定める政令（以下「民法等政令」といいます）、法務局における遺言書の保管等に関する法律の施行期日を定める政令（以下「遺言書保管政令」といいます）に規定されています。

1　施行日（附則1条）

原則として、令和元年7月1日が施行日とされています。例外の概要は以下のとおりです。

施行日	内容	根拠規定
平成31.1.13	自筆証書遺言の方式緩和	附則1条2号、民法等政令
令和2.4.1	配偶者居住権及び配偶者短期居住権	附則1条4号、民法等政令
令和2.4.1	債権法改正に伴う整備規定（998条、1000条、1025条ただし書等）	附則1条3号、民法の一部を改正する法律（債権法改正）の施行期日を定める政令
令和2.7.10	遺言書保管法	遺言書保管法附則、遺言書保管政令

2　経過措置

原則として、施行日前に開始した相続については、改正前の法律が適用されます（附則２条）。例外の概要は以下のとおりです（附則３条～10条）。

例外事項	内　容	関連条文
権利の承継の対抗要件	施行日前に開始された相続であっても、遺産分割により債権が承継され、施行日以降に承継の通知がされる場合は、一定の書面を提供して債務者に通知することで、単独で対抗要件の具備ができる。	899条の２
夫婦間における居住用不動産の遺贈又は贈与	施行日前に夫婦間で居住用不動産の遺贈又は贈与がなされた場合、施行日後に相続が開始されたとしても、持戻し免除の意思表示の推定はされない。	903条４項
遺産の分割前における預貯金債権の行使	施行日前に開始された相続であっても、施行日後、一定額の預貯金債権の行使をすることができる。	909条の２
自筆証書遺言の方式	施行日前にされた遺言については、施行日後に相続が開始されたとしても、自筆証書遺言の方式の緩和規定は適用しない。	968条２、３項

遺贈義務者の引渡義務等	令和２年３月31日までにされた遺贈に係る遺贈義務者の引渡義務については、債権法改正に伴う整備規定を適用しない。	998条、1000条
遺言執行者の権利義務等	①施行日前に開始された相続であっても、遺言執行者の通知義務及び遺言執行者の一般的権利義務の規定は適用する。 ②施行日後に開始された相続であっても、施行日前にされた遺言について、特定財産承継遺言に関する遺言執行者の権限及び遺言執行者の復任権の規定は適用しない。	①新法を適用 1007条２項、1012条 ②旧法を適用 1014条２～４項、1016条
撤回された遺言の効力	令和２年３月31日までに撤回された遺言の効力については、債権法改正に伴う整備規定を適用しない。	1025条
配偶者居住権及び配偶者短期居住権	①配偶者居住権及び配偶者短期居住権に関する規定は、令和２年４月１日から適用する。	1028条～1041条

	②令和２年３月31日までになされた配偶者居住権を目的とした遺贈は、配偶者居住権に関する規定が適用されない。	

※本表における「施行日」は、令和元年７月１日を指す。

第４章 調停、裁判

第３章　相続発生

第2章

相続発生前の備え

1　会社における事前準備

（1）泥沼の紛争の始まり

オーナー企業のオーナーが亡くなり、葬儀を済ませると、会社に通知書が届きました。

「私は、貴社の発行済株式の60％を保有する株主の相続人です。ご葬儀も終わったので、今後の経営方針について近くご協議させていただきたいと思いご連絡しました。つきましては、○年○月○日○時に貴社に参ります。その際、貴社の定款と株主名簿、過去10年間の株主総会議事録、取締役会議事録、計算書類を閲覧謄写させてください。」

発行済株式の60％…。会社の役員は、皆、寝耳に水です。確かに、先代は、生前、会社の設立時に、知人から資金援助をしてもらったと話をしていたことがありました。しかし、その資金は既に返したということを言っていたようにも思います。これまで株主総会を開催したこともありませんでしたし、株主から連絡が来たこともありませんでした。税理士の先生には、毎年、税務申告してもらっていますので、計算書類はあるはずですが、それ以外の書類は見たこともありません。

役員で対応策を協議し、素性のわからない者と話をする必要などないので、協議には応じないことを返信しておくこととしました。

すると、次は、弁護士名義で内容証明郵便が届きました。

「貴社の定款と株主名簿、過去10年間の株主総会議事録、取締役会議事録、計算書類を閲覧謄写させてください。つきましては、○年○月○日○時に貴社に参ります。」

すると、その指定された日時に弁護士が現れました。しかし、会社の役員は、その弁護士を追い返しました。

その後、上場会社で会社員をしていた先代の子に会社を継がせることとし、その子を代表取締役としました。いつもお世話になっている税理士の先生の助言もあって、どうにか登記を済ませることができました。

すると、裁判所から次々と申立書や訴状が届きました。それらの申立書や訴状には次のとおり記載されています。

「債務者○株式会社において、債務者○は代表取締役及び取締役、債務者○及び債務者○は取締役の職務をそれぞれ執行してはならない。」

「債務者○株式会社は、上記各債務者に上記各職務を執行させてはならない。」

「上記職務執行停止の期間中、代表取締役及び取締役の各職務を行わせるため、裁判所が選任する者をそれぞれ職務代行者に選任する。」

（代表取締役の職務執行停止・職務代行者選任の仮処分）

「原告が被告○株式会社の株式○株を有する株主であることを確認する。」

（株主権確認請求）

「被告○株式会社の○年○月○日開催の株主総会における○を取締役に選任する旨の決議を取り消す。」

（株主総会決議取消）

「被告○株式会社の○年○月○日開催の株主総会における○及び○を取締役に選任する旨の決議、○年○月○日開催の株主総会における○を取締役に選任する旨の決議が不存在であることを確認する。」

（株主総会決議不存在確認）

「被告○株式会社の○年○月○日開催の株主総会における○及び○を取締役に選任する旨の決議、○年○月○日開催の株主総会における○を取締役に選任する旨の決議が無効であることを確認する。」

（株主総会決議無効確認）

「被告○株式会社は、原告に対し、定款、株主名簿、○年から○年までの株主総会議事録、○年から○年までの取締役会議事録及び○年から

○年までの計算書類を閲覧謄写させよ。」
（定款、株主名簿、株主総会議事録、取締役会議事録、計算書類の閲覧謄写請求）

新たに代表取締役に就任していた先代の子は何が何だかわからず慌てて税理士の先生に相談に行くと、法律事務所を紹介されました。そこで、アポイントをとって、申立書と訴状を抱えて法律相談に行くと、弁護士の先生から、申立書や訴状に記載されている事実関係について説明するよう聞かれました。しかし、先代しか知らないことばかりで、何ひとつわかりません。すると、弁護士の先生から、会社設立時からの定款、株主名簿、株主総会議事録、取締役会議事録、計算書類を持ってくるように指示されました。

そこで、先代が使用していた社長室の金庫を開けると、古い定款と株主名簿が出てきました。

するとそこには、申立書や訴状に記載されているとおりの株主名が書かれています……。

オーナー企業の場合、オーナーである経営者は、会社の設立から現在に至るまで、会社に起きたことを知っているが、他の役職員は、あまりよく知らないということがよくあります。また、税金や労務関係、事業に関連する法令は遵守しているものの、会社法のことなど気にしたこともないということもよくあります。

会社の設立時、知人に名義を借りて株主名簿を作成したが、実際にはオーナーがすべての資金を出したので、設立時の株主名簿や定款の記載は正確ではなく、その後も、その知人からは何も言われないので、法人税申告書もその知人の名前を記載しているなどということがあります。

また、会社の設立時に資金を出してもらった知人は、だいぶ前に死亡したが、その家族とは葬儀の際に挨拶しただけで、その後は連絡をとったこともなく、今、どこで何をしているかもわからないということもあります。

さらに、会社の定款なんて見たこともないので、どこにあるかわからないし、会社のことは俺が決めるので、取締役会なんて開いたこともなければ、ましてや議事録なんてあるはずもなく、株主総会も、10年くらい前に、税理士の先生から役員登記が必要だと言われたので、議事録をつくってもらって、法務局に持っていったけれど、実際には開催もしていないし、議事録の写しも保管していないなどということもよくある話です。

そのような会社で株主権をめぐる紛争が始まると、次から次へと裁判を起こされ、泥沼化していくことも珍しくありません。

そこで、相続や事業承継などの前に、会社において事前に準備をしておくことが極めて重要になります。

（2）株主名簿

ア　株主名簿がない

株主名簿は、株主の氏名や保有株式数など会社法上定められた事項を記載しておくべきものです（会社法121条）。会社は、株主名簿を作成して、本店に備え置いておかなければならないこととされています（同法125条1項）。

会社において作成し、保管している株主名簿があれば、最新の状況と整合しているかを確認します。また、株主名簿がないようであれば、新たに作成する必要があります。

株主名簿には、①株主の氏名又は名称及び住所、②保有株式数、③株式の取得日、④株券を発行している場合には株券の番号を記載します（同法121条1～4号）。また、株券発行会社の場合において、株券を発行していないときには、その旨を記載しておきます。

イ　株主の確認

（ア）株主確認の重要性

株主やその保有株式数の調査のため、過去の記録を確認することになります。相続や事業承継後に株主名簿が不正確で、真の株主が別にいることになると、株主総会の招集手続に瑕疵があること、定足数を満たしていないことなどから、真の株主により、株主総会決議が不存在であるとされるおそれもありますし、取り消されるおそれもあり、会社の運営に支障を来すおそれがあります。また、株主確認の訴えが提起されるおそれもあり、過去の事実関係の存否が問題になることもあり、後継者には対応のしようがないこともあります。そのため、設立時からの株主の変遷を確認しておくことが重要になります。

(イ) 原始定款

原始定款とは、会社設立時に作成される定款です。

会社は、発起人により設立されることが一般的であるところ、発起人が株式を引き受け（会社法25条1号)、原始定款には、その発起人の氏名が記載されますので（同法27条5号)、設立時の株主を確認することができます。

原始定款が見当たらない場合には、設立登記を依頼した専門家（司法書士等）に保管していないか確認することが考えられます。

他方で設立登記を依頼した専門家（司法書士等）も保管していない場合には、設立時の管轄の法務局で、設立登記申請の際に添付した定款を閲覧することが考えられます。登記申請書及びその附属書類は、利害関係を有する者がその事由を示して、利害関係及びその事由が相当な場合に閲覧することができますので、当事者である会社の代表者であれば閲覧が可能です。ただし、登記申請書及びその附属書類の保存期間は5年ですので、それよりも古い会社は閲覧することはできません（商業登記法11条の2、商業登記規則34条4項4号)[1]。

(ウ) 法人税申告書

会社は、設立時から毎年欠かさず法人税申告書を税務署に提出しています。法人税申告書別表二「同族会社の判定に関する明細書」には事業年度末時点の株主が記載されます。

そのため、設立後最初の事業年度末時点から直近の事業年度末時点まで各事業年度末時点の株主を確認することができます。

1　東京法務局「商業・法人登記に関する“よくある質問”」Q&A 7

（エ）譲渡承認請求書

譲渡制限株式の場合には、原則として、会社が譲渡承認しなければ、株式譲渡は認められません。そのため、株式の譲渡があれば、譲渡株主又は取得株主から会社に対して譲渡承認請求がなされます（会社法136条、137条2項。株券発行会社の場合については会社法施行規則24条2項）。譲渡承認請求は、書面でなされることが一般的ですので、譲渡承認請求書により、株主の変遷を確認することができます。

（オ）株主名簿の名義書換請求書

取得株主は、株主名簿に氏名等が記載されなければ、会社に対して株主であることを主張できません。そのため、譲渡株主から株主名簿の名義書換請求がなされます（会社法133条2項。株券発行会社の場合については会社法施行規則22条2項）。株主名簿の名義書換請求は、書面でなされることが一般的ですので、株主名簿の名義書換請求書により、株主の変遷を確認することができます。

（カ）株主総会議事録

株主総会議事録は、定時株主総会又は臨時株主総会が開催され、又は書面決議・書面報告がなされた場合に作成されます（会社法318条）。定時株主総会は、毎年1回は開催され、又は書面決議がなされますので、毎年株主総会議事録が作成されます（同法296条1項）。

株主総会議事録には、株主名や株主数等を記載する必要はありませんが（開催の場合には会社法施行規則72条3項、書面決議の場合には同条4項1号、書面報告の場合には同項2号）、株主数やその議決権数、出席株主数やその議決権数を記載していることも多いため、株主総会議事録を確認することにより、株主総会当時の株主数等を確認することができます。なお、定款において基準日の定めがなされていることが一般的で（同法124条1、3項ただし書）、定時株主総会の株主数等は、その基準日時点（事業年度の末日とすることが一般的）の株主数等が記載されることになります。

（キ）取締役会議事録

取締役会議事録は、取締役会が開催され、又は書面決議・書面報告がなされた場合に作成されます（会社法369条３項）。なお、取締役会が設置されていない会社では、会社法上、取締役決定書を作成する必要はありませんが、取締役決定書が作成されていることもあります。

取締役会設置会社が株主総会を開催する、又は書面決議をする場合には、取締役会決議によることとされています（同法298条１、４項）[2]。そのため、株主総会の決議事項についても取締役会議事録により確認することができます。

例えば、譲渡承認は、定款において、株主総会又は取締役会のいずれかにおいて決議することと定められていることがほとんどです（同法139条１項）。また、会社が株式を発行した場合や自己株式を取得した場合、自己株式を処分した場合には、譲渡承認請求や株主名簿の名義書換請求がなされることはありませんが（同法132条１項）、それらを実施することを決定するに当たっては、株主総会又は取締役会において決議されます（同法199条２項、200条１項、156条１項、157条２項）。

（ク）株主リスト

株主リストは、登記申請書の添付書類です（商業登記規則61条２、３項）。商業登記規則の改正により、平成28年10月１日以降に登記申請している場合には、添付書類として法務局に提出しています。

株主リストには、議決権数上位10名の株主又は議決権割合が３分の２に達するまでの株主のいずれか少ない方の株主の氏名や株式数等が記載されています。

過去５年分の登記申請書の添付書類は閲覧することができますし（商業登記法11条の２、商業登記規則34条４項４号）、登記申請の手続を依頼した専門家（司法書士等）が控えを保有していることもありますので、平成28年10月１日以降の株主の変遷を確認することができます。

2　書面決議の場合にも取締役会の決議が必要であると解されています（江頭憲治郎『株式会社法〈第７版〉』有斐閣（2017年）363頁注(5)）。

ウ　特殊な対応

（ア）名義株

名義株とは、株主名簿に真の株主以外の他人名義（名義貸与者）の株主が記載された株式のことです。

平成２年商法改正まで、会社を設立するためには、発起人が７人必要でした（旧商法165条）。設立時に、発起人を揃えられない場合に、他人の名義を借用することがありました。また、株主名簿の名義書換がなされていない場合も同様です。

名義株の株主は、株主名簿に記載されている他人名義の者ではなく、真の権利者になります[3]。

名義株は、名義借用者（真の株主）が仮の名前を株主名簿に記載させていたものですので、株主名簿の記載を名義貸与者（株主名簿上の株主）の名前から名義借用者（真の株主）の名前に書き換えることは、実質的には、株主名簿上の誤りを訂正するのと変わりません[4]。そのため、会社は、株主名簿を名義借用者（真の株主）の名前に書き換え、真の権利者として取り扱えばよいのです[5]。

もっとも、名義貸与者（株主名簿上の株主）との間で紛争になることを回避するため、会社としては、名義貸与者（株主名簿上の株主）と名義借用者（真の株主）に連名で確認書を提出させ、その確認書に従って株主名簿の名義を真の権利者の名義に変更することが考えられます。

また、名義貸与者（株主名簿上の株主）と名義借用者（真の株主）の間で合意するに至らない場合には、名義借用者（真の株主）が名義貸与者（株主名簿上の株主）に対して訴えを提起して、株主名簿の名義書換請求（会社法133条１項の規定による請求）をすべきことを命ずる確定判決[6]を得ること

3　最判昭和42・11・17判時504号85頁等〔27001017〕

4　元木伸「譲渡制限付株式の実務－関係判例・通達及び書式例」別冊商事法務44号（1979年）57頁

5　最判昭和30・10・20判時65号19頁〔27002984〕

6　株主名簿の名義書換請求については、東京地方裁判所商事研究会編『類型別会社訴訟Ⅱ〈第三版〉』判例タイムズ社（2011年）821-835頁

も考えられます（会社法施行規則22条１項１号）。

（イ）既に亡くなっている株主

株主名簿に記載されている株主のうち、既に亡くなっている株主がいる場合でも、会社は、原則として、株主名簿の記載されている氏名及び住所宛てに株主総会招集通知等を発送することで構いません（会社法130条）[7]。

もっとも、既に亡くなっている株主に親族がいる場合には、その親族に対して、株主名簿の名義書換請求することを促すことも考えられます。

特定財産承継遺言（相続させる旨の遺言）や包括遺贈による場合及び遺産分割協議が完了している場合には、相続人や包括受遺者が譲渡承認を得る必要はありませんので（同法134条４号）、相続人や包括受遺者にその相続包括遺贈を証する書面その他の資料（例えば遺言）を提供して請求してもらいます（同法133条１項、会社法施行規則22条１項４号）。

特定遺贈されている場合には、遺言執行者に単独で、又は遺言執行者と受遺者に共同で、譲渡承認請求及び株主名簿の名義書換請求をしてもらいます。

亡くなった株主の株式は、遺産分割協議が完了していない場合には、共同相続人の間で準共有されていることになります（264条）。共同相続人から会社に対してその旨の通知があれば、株主名簿には、共同相続人の氏名及び住所を記載することになります。その場合、会社としては、その株式についての権利を行使する者を１人定め、会社に対し、その者の氏名を通知するよう求めることが考えられます（会社法106条）。権利行使者を定めるに当たっては、共有者の持分の割合に従い、その過半数をもって決めると解されており（252条）[8]、共有者全員が共同で行う場合を除き、会社から権利の行使を認めることはできないものと解されています[9]。

また、定款において、相続人により株式を取得した者に対して、その株式を会社に売渡しを請求することができる旨の定めがある場合には、その親族

7　大判明治45・４・24民録18輯419頁〔27521587〕

8　最判平成９・１・28判時1599号139頁〔28020336〕、最判平成27・２・19民集69巻１号25頁〔28230661〕

9　最判平成11・12・14判時1699号156頁〔28042843〕

に対して、株式の売渡しを請求することも考えられます（会社法174条）。株主総会において特別決議をし（同法175条1項）、その相続のあったことを知った日から1年以内に請求します（同法176条1項）。また、財源規制もありますので（同法461条1項5号）、相続人との間で売買価格を協議する際には、その範囲内となるよう注意する必要があります（同法177条1項）。

（ウ）所在不明株主

株主名簿に氏名や住所が記載されているものの、株主総会招集通知や配当の通知が全く届かない株主がいる場合には、所定の手続により、その株主の株式を会社又は第三者が買い受けることにより、所在不明株主がいない状態にすることが考えられます。

会社法上、会社が株主に対してする通知や催告が5年以上継続して到達しない場合には、会社は、その株主に対して、通知や催告をする必要がありません（会社法196条1項）。そして、通知や催告をする必要がなく、かつ、その株主が5年間継続して配当を受領しなかったときには、競売又は裁判所の許可を得て、その株式を会社又は第三者に売却することができます（同法197条1～3項）。会社の取得については財源規制があります（同法461条1項6号）。また、裁判所の許可を得て売却する場合には、取締役全員の同意が必要になります（同法197条2項）。

通常は、裁判所の許可を得て行うことになりますが、申立書の添付書類として、会社の登記事項証明書、取締役全員の同意書、通知書及びその返戻封筒[10]（全6年分）、配当送金通知書及びその返戻封筒、株式の買受けに関する取締役会議事録（会社が買い受ける場合）又は買受書（会社以外の第三者が買い受ける場合）、公告（3か月以上。同法198条1項）、催告書及びその返戻封筒（同法198条1～4項）、株価を根拠付ける客観的な資料（株価算定書等）、株主名簿などの関係資料の準備が必要になります[11]。

会社又は第三者がその株式を買い受けた場合には、その譲渡対価は、その

10　返戻された郵便物の種類、返戻の日付、返戻事由などのデータを記録として残しておけば疎明資料として十分であるとの見解もあります（大阪株式懇談会編・前田雅弘＝北村雅史著『会社法実務問答集Ⅰ（下）』商事法務（2017年）〔前田雅弘〕278頁）。

株主に支払うことになりますが、その株主に対する会社の義務の履行をする場所は、会社の住所地ですので、会社において時効消滅期間（10年間。166条１項２号）は保管しておく（会社法197条１項、196条２項）、又は債権者の受領不能若しくは債権者不確知を理由に供託することになります（494条）。

（エ）スクイーズアウト

名義株や既に亡くなっている株主、所在不明株主のいずれについても、株主を確定させるには、相手方の協力や一定期間の時間の経過を待つ必要があります。

それに対して、スクイーズアウトの方法により、短時間で株主を確定することも考えられます。

このスクイーズアウトは、M&A取引において、発行会社を一人株主の会社にするときなどに用いられる方法です。

平成26年会社法改正までは、全部取得条項付種類株式を用いたスクイーズアウトが一般的でしたが、平成26年会社法改正により、特別支配株主の株式売渡請求制度が新設され（会社法179～179条の10）、また、株式併合により端数となる株式の株主を保護するための制度が新たに整備された（同法180～182条の６）ことなどから、特別支配株主の株式売渡請求又は株式併合の方法によることが一般的になりました。

特別支配株主の株式売渡請求は、株式の90%以上を保有している特別支配株主が他の株主全員に対してその株式の全部を売り渡すことを請求するものです（同法179条）。この請求は、特別支配株主が買主になり、全株式を取得しなければならないものですので、特別支配株主において資金の手当てが必要になります。特別支配株主は、所定の事項を定めて、会社に対して株式の売渡しを請求し（同法179条の２）、会社は、取締役会において承認す

11　東京地方裁判所商事研究会編『類型別会社非訟』判例タイムズ社（2009年）139-150頁、松田亨＝山下知樹編・大阪商事研究会著『実務ガイド　新・会社非訟―会社非訟事件の実務と展望〈増補改訂版〉』金融財政事情研究会（2016年）324-339頁、大竹昭彦＝氏本厚司＝小野寺真也＝岩井直幸編『新・類型別会社非訟』判例タイムズ社（2020年）〔櫻井進〕233-251頁

るかを決定し（同法179条の３第１、３項）、特別支配株主に決定内容を通知し（同条４項）、他の株主に承認した旨、特別支配株主の氏名等を通知します（同法179条の４第１項１号、179条の２第１項１～５号、会社法施行規則33条の６）。その他、事前備置書面（同法179条の５）や事後備置書面（同法179条の10）を作成します。

この方法によれば、20日で特別支配株主が他の株主の株式すべてを取得することができます（同法179条の４第１項柱書）。

もう１つの方法は、株式併合です。株式併合は、併合比率次第で、会社が株主を選択することができます。例えば、100株の株主、50株の株主、10株の株主、１株の株主がいる場合に、51株を１株とする併合比率では、100株の株主が唯一の株主として残ることになります。他方で、５株を１株とする併合比率では、100株の株主、50株の株主、10株の株主が株主として残ることになります。株式併合は、株主総会特別決議により行いますので（同法309条２項４号、180条２項）、他の株主と合わせて議決権の３分の２以上を確保することが必要になります。株式併合により、１株に満たない端数株式が生じた場合には、その端数の合計数に相当する数の株式を、競売又は裁判所の許可を得て、会社又は第三者に売却し、端数株式の株主にその代金を交付する必要があります（同法235条、234条２～５項）。会社の取得については財源規制があります（同法461条１項７号）。また、裁判所の許可を得て売却する場合には、取締役全員の同意が必要になります（同法235条２項、234条２項）。

通常は、裁判所の許可を得て行うことになりますが、申立書の添付書類には、会社の登記事項証明書、会社の定款[12]、取締役全員の同意書、株主に対する通知（同法181条１項）、株式併合の手続に関する株主総会議事録、事前開示書面（同法182条の２）、事後開示書面（同法182条の６）、株式の買受けに関する取締役会議事録（会社が買い受ける場合）又は買受書（会社以

12　株式併合の場合には、効力発生日に、株主総会特別決議において定められた効力発生日における発行可能株式総数に定款を変更したものとみなされます（会社法182条２項、180条２項４号）。

外の第三者が買い受ける場合)、株価を根拠付ける客観的な資料（株価算定書等)、端数相当株式目録などの関係資料の準備が必要になります[13]。

この方法によれば、20日で会社又は第三者が他の株主の株式を取得することができます（同法181条1項、182条の4第3項)。

13　東京地方裁判所商事研究会編・前掲129-138頁、松田＝山下編・大阪商事研究会著・前掲303-323頁、大竹＝氏本＝小野寺＝岩井編・前掲〔和田将紀〕215-231頁

第２章書式①株主の確認書

確認書

令和○年○月○日

株式会社○　御中

甲（住所）
（氏名）

乙（住所）
（氏名）

甲と乙は、本書提出日において甲名義の株式については、いずれも乙が真実の株主であることを相互に確認します。

甲と乙は、本書をもって、貴社に対して、甲名義の株式について、いずれも甲名義から乙名義に変更するよう申し入れます。

以上

（3）定款

ア　定款がない

定款は、会社の設立時に作成されます。会社は、法務局に設立登記がなされると設立されたことになります。定款がなければ会社の設立登記ができませんので、定款のない会社はありません。創業時は個人事業であっても、法人成りした時に必ず定款は作成されています（この設立時の定款を原始定款といいます）。

現行の定款があれば、法務局において登記（履歴事項証明書）を入手し、その記載内容と整合していることを確認します。整合していない場合には、最新の定款ではない可能性があります。

次に、保管されている株主総会議事録を確認します。定款を変更するためには、株主総会決議が必要になりますので、定款の変更があれば、株主総会議事録に記載されることになります。

定款がどうしても見つからない、定款はあるが、その内容が正確かどうかわからないという場合には、定款すべての変更手続を行うことが考えられます。定款の変更を行う場合には、議案の内容として、株主総会の招集通知に、変更前後の定款の条項を記載するのが一般的ですが、会社法上、そのようなことが義務付けられているわけではありません。手続としては、変更後の定款の内容さえわかれば問題ありません。そこで、株主総会において定款すべての変更手続を行うことで正確な定款を作成することができます。

このとき、登記（履歴事項全部証明書）の記載内容と齟齬がありますと、変更登記手続が必要になるので、留意が必要です[14]。

イ　定款の確認事項

（ア）株式会社と特例有限会社

会社法の施行に伴う関係法律の整備等に関する法律（平成17年法律87号）により、有限会社法が廃止されました（同法1条3号）。

14　定款については、日本公証人連合会のHPで定款の記載例を入手でき、書式集なども公刊されていますが、専門家（司法書士等）に相談するのが望ましいと思います。

この法律には、有限会社法の廃止に伴う経過措置が定められ（同法２条～46条)、原則として、会社法の規定による株式会社として存続するものとされ（同法２条１項)、定款についても、旧有限会社の定款を株式会社の定款とみなすこととされています（同条２項)。

商号中に「有限会社」の文字が入っていれば、引き続き「特例有限会社」となりますが（同法45条)、旧有限会社法当時の定款のままでは、定款を読んでも、現行の規律を確認することが難しいため、これを機に、会社法の施行に伴う関係法律の整備等に関する法律においてみなし規定とされている規定を、会社法の規定に合わせて改定することが考えられます。

（イ）株券発行会社と株券不発行会社

旧商法では、株券発行会社が原則でしたが、会社法により、株券不発行会社が原則となりました。そのため、株券を発行するためには、定款に、株券を発行する旨を定める必要があります（会社法214条)。もっとも、会社法の施行に伴う関係法律の整備等に関する法律において、「株券を発行しない旨の定めがない場合における新株式会社の定款には、その株式……に係る株券を発行する旨の定めがあるものとみなす」（同法76条４項）と定められましたので、定款には、株券を発行する旨の規定はないにもかかわらず、株券を発行する会社となります。そのため、登記に、株券発行会社である旨が登記官により職権で登記されます（同法136条12項３号)。

このように、定款と登記の記載が整合していないようにみえ、誤解が生じるおそれがあります。そこで、この機に、株券発行会社とするのであれば、定款にその旨の規定を設け、株券不発行会社とするのであれば、変更登記手続をすることが考えられます。

（ウ）取締役会設置会社と取締役会非設置会社

会社法の施行に伴う関係法律の整備等に関する法律において、特例有限会社は、取締役会を設置することができないこととされています（同法17条１項)。

他方で、旧商法では、株式会社は、取締役３人以上とされ（同法255条)、取締役会が必要的な機関でした（同法260条１項)。そのため、定款に、取締役会を設置する旨の定めはありませんでした。会社法では、株式会社は、取締役１人以上とされ（同法326条１項）、取締役会も任意的な機関となりました（同条２項）。もっとも、会社法の施行に伴う関係法律の整備等に関する法律において、定款には、取締役会を設置する旨の定めがあるものとみなすこととされました（同法76条２項）。そのため、登記に、取締役会設置会社である旨が登記官により職権で登記されます（同法136条12項１号）。

このように、定款と登記の記載が整合していないようにみえ、誤解が生じるおそれがあります。そこで、この機に、取締役会設置会社とするのであれば、定款にその旨の規定を設け、取締役会非設置会社とするのであれば、変更登記手続をすることが考えられます。

(エ) 譲渡制限株式と譲渡承認方法

譲渡制限株式の場合には、一般的に定款において、その譲渡承認方法を定めます（会社法139条１項ただし書）。

譲渡承認方法は、株主が株式を譲渡により取得する場合には承認をしたものとみなす（会社法の施行に伴う関係法律の整備等に関する法律９条１項）、株主総会の承認、取締役会の承認などが考えられます。

相続や包括遺贈により取得する場合には譲渡承認は必要ありません（会社法134条４号）。

他方で、生前贈与や特定遺贈により取得する場合には譲渡承認が必要となります。譲渡承認に関する取得者が取締役の場合、その取締役は、その承認決議について、特別の利害関係を有することになりますので、取締役会の議決に加わることができません（同法369条２項）。そのため、取締役会の中で反対派閥などがあると、譲渡承認が認められないおそれがあります。生前贈与の場合には、譲渡承認しない取締役を解任し、意のままに譲渡承認を認めさせることができますが、特定遺贈の場合にはそのようなことができません。そのため、現行の定款における譲渡承認方法で問題がないか検討することが重要です。

(オ) 相続人に対する売渡請求

定款において、会社は、相続によりその株式の取得者に対して、その株式を会社に売渡しを請求することができる旨が定められた場合には、株主総会の決議により、相続人に対してその株式の売渡しを請求することができます（会社法174条、175条）。

この株主総会において、相続人は、議決権を行使することができませんので（同法175条2項）、取締役会において、相続人に対する売渡請求を議題とする株主総会の招集が決定されてしまうと、仮にこの相続人が議決権の過半数を保有していたとしても、売渡請求が承認されるおそれがあります。

そのため、この定款の規定を設けることにより、取締役会の過半数を確保していない場合には、相続人が追い出され、経営権を奪われてしまうおそれがありますので、慎重に検討する必要があります。

（4）各種議事録

ア　議事録がない

会社は、株主総会議事録（会社法318条1項）や取締役会議事録（同法369条3項）を作成し、本店に備置しておくことが必要です。

しかし、株主総会議事録や取締役会議事録が見当たらないことがあります。

議事録がないとしても、決議の効力に影響を与えるものではありませんが、議事録の不記載や虚偽記載、備置義務違反には100万円以下の過料の制裁がありますし（同法976条7、8号）、株主から閲覧謄写請求がなされることもありますので（同法318条4項、371条2項）、議事録がないときには、速やかに作成し直し、備置しておく必要があります[15]。

作成し直すに当たっては、再作成であることを隠ぺいする必要はありませんし、復元前の議事録作成者が改めて押印することが難しいこともありますので、再作成の経緯や再作成の日付を記載し、再作成者が署名又は記名押印しておくことが考えられます。また、登記の記載と齟齬のないようにする必要があります。例えば、商号、本店所在地、公告方法、目的事項、発行可能株式総数、発行済株式総数、資本金の額の変更、役員の就任、退任、重任な

15　大阪株式懇談会編・前田雅弘＝北村雅史著『会社法実務問答集Ⅱ』商事法務（2018年）〔前田雅弘〕269-270、453-454頁

どの登記事項については、その変更のためには、株主総会や取締役会の決議が必要になりますので、それらと株主総会議事録や取締役会議事録が整合するように留意します。登記申請書には、それらの議事録を添付していますので、過去5年分の議事録については閲覧することができますし（商業登記法11条の2、商業登記規則34条4項4号）、登記申請の手続を依頼した専門家（司法書士等）が控えを保有していることもありますので、それらに従って再作成することが考えられます。なお、備置義務の期間は10年ですので（会社法318条2項、371条1項）、過去10年間分の議事録を作成し、備置しておくことになります[16]。

株主総会議事録の場合、実際に開催したときには、基本的には、開催日時及び場所、議事の経過の要領及びその結果、出席取締役及び監査役の氏名、議長の氏名、議事録を作成した取締役の氏名を記載しておけば足ります（会社法318条1項、会社法施行規則72条3項1、2、4～6号）。議事の経過の要領及びその結果は、議題、議案、決議の結果及び閉会時間を記載しておきます。また、書面決議のときには、決議があったものとみなされた事項の内容、提案者の氏名・名称、決議があったものとみなされた日、議事録を作成した取締役の氏名を記載します（会社法318条1項、会社法施行規則72条4項1号）。決議があったものとみなされた事項の内容は、議題及び議案を記載することになります。書面報告のときには、報告があったものとみなされた事項の内容、報告があったものとみなされた日、議事録を作成した取締役の氏名を記載します（会社法318条1項、会社法施行規則72条4項2号）。

他方で、取締役会議事録の場合、実際に開催したときには、基本的には、開催日時及び場所、議事の経過の要領及びその結果、決議事項に特別の利害関係のある取締役の氏名、議長の氏名を記載しておけば足ります（会社法369条3項、会社法施行規則101条3項1、4、5及び8号）。議事の経過の要領及びその結果は、議題、議案、決議の結果及び閉会時間を記載してお

16　閲覧謄写請求の対象となる議事録も備置義務のある議事録に限定されます（東京地決平成18・2・10判時1923号130頁〔28111039〕）。

きます。また、出席取締役及び監査役については、署名又は記名押印が必要とされていますが、再作成のために、当時の出席取締役及び監査役の署名又は記名押印が難しい場合には、再作成者の署名又は記名押印とすることが考えられます。なお、監査役がいる場合でも、監査役の監査の範囲が会計に関するものに限定されているときは、監査役に取締役会の出席義務はありませんので、監査役が取締役会に出席していなくても違法ではありません（会社法２条９号、389条７項）。また、書面決議のときには、決議があったものとみなされた事項の内容、提案取締役の氏名、決議があったものとみなされた日、議事録を作成した取締役の氏名を記載します（会社法369条３項、会社法施行規則101条４項１号）。決議があったものとみなされた事項の内容は、議題及び議案を記載することになります。書面報告のときには、報告を要しないものとされた事項の内容、報告を要しないものとされた日、議事録を作成した取締役の氏名を記載します（会社法369条３項、会社法施行規則101条４項２号）。

イ　決議がない

（ア）株主総会

議事録がないだけでなく、株主総会の決議もないことがあります。

株主総会決議が不存在であるとして、会社組織に関する行為のうち、会社の設立や株式の発行、自己株式の処分、資本金の額の減少、吸収合併等の無効を主張するためには、所定の期間内に訴えを提起することが必要になります（会社法828条１項）。そのため、その所定の期間を経過すれば、株主総会決議が不存在であることを理由として、無効とされることはありませんが所定の期間が経過していない場合には、無効とされる可能性がありますので、改めて株主総会決議をすることを検討することが考えられます。

他方で、それらの事項以外については、株主総会決議が不存在であれば、無効とされる可能性がありますので、改めて決議をしておくべきです。例えば、株主総会決議なくなされた役員報酬の支給について、事後的に株主総会決議がなされれば有効であると解されています[17]。

株主総会の招集手続又は決議の方法が法令若しくは定款に違反し、又は著しく不公正なとき、決議の内容が定款に違反するときには、株主総会決議が取り消される可能性があります（同法831条1項）。もっとも、決議の取消しは、決議の日から3か月以内に訴えを提起する必要があります。そのため、決議の日から3か月を経過すれば、株主総会決議が取り消されることはなく、決議が覆されることはありませんが、3か月が経過していない場合には、取り消される可能性がありますので、改めて株主総会決議をすることを検討することが考えられます。

実際には、株主総会が開催されていない場合であっても、株主全員が取締役で、株主総会議事録に署名又は記名押印していれば、書面決議として有効と解することもできるものと考えられます（同法319条1項）。

（イ）取締役会

議事録がないだけでなく、決議もないことがあるのは、取締役会も同様です。

株主総会決議とは異なり、取締役会の不存在や無効の主張は、訴えを提起する必要がありません[18]。また、所定の期間が経過することにより、争えなくなることもありません。そのため、取締役会決議の不存在や無効とされるおそれがある場合には、追認決議や、改めての決議をし、その瑕疵を治癒しておくべきです。

この点について、取締役会決議が必要な取引について、代表取締役が取締役会決議を経ることなく取引を行った場合であっても、取引相手において、取締役会決議を経ていないことを知り又は知り得るときでなければ、その取引は有効であると解されています[19]。

また、代表取締役選定のための取締役会決議が無効であるとされた場合であっても、その代表取締役の業務執行行為については、善意の第三者には無効を主張することができないと解されています（会社法354条の類推適

17　最判平成17・2・15判時1890号143頁〔28100443〕

18　取締役会決議の不存在や無効の訴えを提起することもでき、その認容判決には対世効があると解されています（会社法838条準用。東京地方裁判所商事研究会編『類型別会社訴訟Ⅱ〈第三版〉』判例タイムズ社（2011年）539-562頁）。

19　最判昭和40・9・22民集19巻6号1656頁〔27001267〕

用）[20]。

取締役の競業取引や利益相反取引については、取締役会の事後承認があれば、取引時から有効であると解されています（同法356条1項、365条1項）[21]。

ウ　取締役の免責

取締役は、会社と委任関係にありますので（会社法330条）、会社に対して、善管注意義務及び忠実義務を負っています（644条、会社法355条）。そのため、その善管注意義務又は忠実義務に違反して、会社や第三者に対して損害を与えた場合には、会社や第三者に対して損害賠償義務を負います（会社法423条、429条）。このうち、第三者に対する責任を免れることはできませんが、株主全員の同意があれば、会社に対する責任を免れることができます（同法424条）。そのため、将来、取締役の会社に対する責任が問題にならないよう、取締役の会社に対する責任を免除する旨の株主全員の同意書を作成しておくことが考えられます。

（5）その他

ア　登記

その他に、登記を確認します。定款変更が反映されているか、現任の役員の任期に従って変更登記手続がなされているかなどを確認します。

イ　代表印

会社には、実印、銀行印その他の印鑑があります。印影がよく似ているものもありますので、印鑑ごとに整理しておくことが必要です。特に、登記手続では、代表取締役が法務局に届けている実印でなければ手続ができません。

ウ　契約書

契約書の確認です。様々な取引先との間で継続的な取引を行っていると、契約書がなければ、契約の内容がわからなくなります。そのため、取引先や商品・サービスごとに、基本契約書、個別契約書、注文書、注文請書、覚書

20　最判昭和56・4・24判時1001号110頁〔27412019〕
21　東京高決昭和34・3・30東高民時報10巻3号68頁〔27621087〕

その他の契約書を整理しておく必要があります。

エ　不動産権利証

不動産権利証の確認です。不動産は、会社にとって重要な資産であることが多いことから、その権利証などを整理しておく必要があります。

オ　許認可

許認可の確認です。許認可は、その会社の事業にとって必要不可欠なものもあるため、許認可の要件を確認しておき、オーナーがいなくなっても、その許認可が維持、継続できるようあらかじめ手当てしておく必要がある場合もあります。

2 後継者への経営権の承継

（1）代表取締役の選定等

ア　後継者のための手続

代表取締役は、株式会社の業務に関する一切の裁判上又は裁判外の行為をする権限を有することになります（会社法 349 条 4 項）。そのため、後継者に経営を任せる場合には、その後継者を代表取締役に就任させることになります。

まず、後継者が取締役に就任していなければ、株主総会を開催し、又は書面決議により、取締役に選任します（同法 341 条）。取締役会設置会社においては、取締役会で、株主総会の開催、又は書面決議のための目的事項の提案を決定します（同法 298 条 4 項）。なお、一人株主の場合には、株主提案の方法により、決議を省略する方法もあります（同法 319 条）。

取締役選任後は、取締役会において、後継者を代表取締役に選定します（同法 362 条 2 項 3 号）。代表取締役の選定には、取締役会での過半数による賛成が必要になりますので、仮に他の取締役が反対し、取締役会での過半数を得るのが難しいときには、株主総会でその取締役を解任し、又は新たに取締役を選任して、取締役会の過半数を得ることが考えられます。なお、決議について特別の利害関係を有する取締役は、その決議の議決に加わることができませんが（同法 369 条 2 項）、代表取締役候補者は、特別の利害関係を有する取締役には該当しませんので[1]、議決に参加することができます。このとき、定款において、取締役会長や取締役社長などの役付取締役の定めがある場合には、役付取締役を選定します。

イ　オーナーのための手続

会社法上、代表取締役の上限数に関する規制はありませんので、定款において特段の定めがないようであれば、オーナーと後継者の 2 人が代表取締役

1　代表取締役の解職決議についてはその代表取締役は特別利害関係人に該当すると解されています（最判昭和 44・3・28 民集 23 巻 3 号 645 頁〔27000832〕）。

になることもできます。

また、オーナーは、代表取締役のみ辞職し、取締役に残ることもできますし、代表取締役と取締役の両方を辞任することもできます。代表取締役や取締役は、辞任の意思表示が会社に到達した日に辞任することになりますが[2]、取締役が辞任する場合には、代表取締役に対して辞任届を提出すれば辞任の意思表示が会社に到達したことになります。他方で、代表取締役が辞職又は辞任する場合には、他の代表取締役、取締役会又は取締役全員に対して辞任届の提出や辞任の意思表示をしなければ辞任の意思表示が会社に到達したことになりません[3]。辞任登記の申請時には、辞任届を添付することになりますが、代表取締役は、通常、法務局に代表印を届けていますので、その代表印により押印する必要があります[4]。

ウ　登記手続

後継者の代表取締役就任後もオーナーが引き続き代表取締役を続ける場合には、オーナーが法務局に届け出ている代表印を押印して、後継者の取締役及び代表取締役就任の登記申請をします。一方、後継者の代表取締役就任後にオーナーが代表取締役を辞職した場合には、後継者の新しい代表印を押印して登記申請し、同時に、法務局に新しい代表印の印鑑届をします[5]。

（2）株式譲渡

ア　売買と生前贈与

オーナーが後継者に、会社代表の地位だけでなく、支配権も承継する方法としては、オーナーが所有している株式を後継者に譲渡する方法があります。譲渡する方法としては、売買又は生前贈与があります。

売買は、株式を有償で譲渡するものです（555条）。一方、生前贈与は、

2　昭和54・12・8民四6104号回答

3　稲葉威雄ほか編『〈新訂版〉実務相談株式会社法3』商事法務研究会（1992年）〔杉浦福夫〕593-595頁

4　市町村長作成の印鑑証明書を添付すれば、市町村に登録している印鑑（実印）による押印でも構いません。

5　松井信憲『商業登記ハンドブック〈第3版〉』商事法務（2015年）397頁

株式を無償で譲渡するものです（549条）。売買も生前贈与も、オーナーと後継者の合意により成立するものです。そのため、生前贈与のように無償であるとしても、オーナーが後継者の承諾を得ずに株式を贈与することはできません。無償であっても、後継者は贈与税の支払が必要になるなど、一定のコストを負うことにもなります。

この売買や生前贈与は、書面によらなくても有効です。しかし、株式の財産的価値が高いことはもちろんのこと、会社の支配権に関わる重要なものですので、事後的に売買や生前贈与の存在が争われることがないよう、売買契約書や贈与契約書を作成すべきです。また、事後的な紛争を回避することを考えれば、オーナーも後継者も自署により署名し、実印により押印するのが望ましいといえます。

イ　売買価額

売買価額は、当事者の協議により決定されればよいわけですが、原則として時価により行う必要があります（第３章２（２）イ（ア）時価の評価方法参照）。財産評価基本通達によると、取引相場のない株式（非上場会社の株式）について、同族株主が取得する場合には、原則として、大会社は類似業種比準方式、小会社は純資産価額方式、中会社は大会社と小会社の評価方法の併用、同族株主以外の株主が取得する場合には、会社の規模にかかわらず、配当還元方式により評価されることになります[6]。売買価額がこれに比べて著しく低い場合等には時価との差額相当額が贈与されたものとみなされるおそれがあります。なお、詳細については、第３章２（２）イ株式の評価方法に記載のとおりです。

ウ　譲渡承認請求及び株主名簿の名義書換請求

譲渡制限株式の場合には、会社に対して、譲渡承認請求及び株主名簿の名義書換請求をする必要がありますので、株式譲渡後に、オーナーと後継者が共同で、譲渡株式数及び株式取得者を明記して、譲渡承認請求と株主名簿の名義書換請求をします（会社法133条、137条、138条２号イ、ロ）[7]。

6　国税庁タックスアンサーNo. 4638「取引相場のない株式の評価」参照

これに対して、会社は、取締役会又は定款の定めに従って譲渡承認をし（同法139条1項）、その旨をオーナーと後継者に通知します（同条2項）。取締役会において、譲渡人及び譲受人は、特別利害関係人になりますので、取締役であっても決議に参加することができません。そのため、譲渡人及び譲受人以外の取締役において取締役会を開催して決議することになります。

他方で、譲渡承認請求後、会社が2週間以内に譲渡を承認する又は承認しない旨を譲渡承認請求者に通知しなければ、譲渡承認があったものとみなされることになります（同法145条1項1号）。譲渡承認があったものとみなされれば、取締役会で譲渡承認したことと変わらないことになります。

譲渡承認後、会社は、株主名簿の名義を書き換え、新しい株主名及び住所、株式数、株主が株式を取得した日、株券を発行している場合には株券の番号を記載します（同法121条）。譲渡制限株式の場合、譲渡承認があってはじめて会社に対して株式譲渡があったといえますので、この「株主が株式を取得した日」は、譲渡承認をした日を記載することになります。

（3）経営に対して影響力を残す方法

ア　株主間契約

株式譲渡により、オーナーが後継者に、会社代表の地位だけでなく、支配権も承継してしまうと、オーナーは、経営に対して影響を及ぼすことができなくなります。そのため、株式譲渡に際して、オーナーは、後継者との間で、株主間契約を締結するなどして、株式譲渡後も経営の根幹に関わる重要な事項等（例えば、取締役の選解任、株主総会の特別決議や特殊決議が必要な事項（会社法309条2～4項に定める事項）等）の決定や変更については、オーナーの事前承諾を条件としておくことが考えられます[8]。この条件に違反した場合の制裁としては、重大な契約違反を売買又は生前贈与の解除条件とすることも考えられます[9]。ただし、会社との関係で、直ちにその解除の効

7　理論的には、譲渡承認が得られることを停止条件とする名義書換請求となります（相澤哲＝葉玉匡美＝郡谷大輔編著『論点解説　新・会社法一千問の道標』商事法務（2006年）144頁）。
8　企業間の株主間契約のほか、合弁契約なども参考になります。

力が生じるものではありませんので、後継者がオーナーの意向に反した議決権行使をした場合でもそれを阻止できない可能性があることには留意するべきです[10]。

イ　株主としての牽制

1株でも株式を所有していれば、定時株主総会において計算書類や事業報告を確認することができますし（会社法437条、438条）、取締役に対する株主代表訴訟を提起することもできます（同法423条等）[11]。これらの方法により、株主として後継者を牽制することが考えられます。

もっとも、後継者が3分の2以上の議決権を保有している場合には、株式併合の方法により、株式を強制的に奪われてしまう可能性もあることには留意が必要です（同法180条）。

ウ　死亡後の株式譲渡

（ア）死因贈与、特定財産承継遺言（相続させる旨の遺言）、遺贈

死亡後に後継者に株式を譲渡する方法があります。

その方法としては、死因贈与（554条）、特定財産承継遺言（相続させる旨の遺言）（1014条2項）、遺贈（964条）があります。

（イ）所有権の移転時期

死因贈与は、生前中に後継者との間で贈与契約を締結するものですが、オーナーの死亡を条件としてその譲渡の効力が生じるものです。そのため、オーナーが死亡するまでは、株式の所有権はオーナーのままですので、オーナーが議決権を行使することになります。

特定財産承継遺言（相続させる旨の遺言）や遺贈は、オーナーが遺言を作成し、その遺言において、その株式を後継者に承継させることとするものです。これも死亡するまで、株式の所有権はオーナーのままですので、オーナ

9　買戻し等の条件にする場合には、改めて会社の譲渡承認が必要になることには留意が必要です。

10　取締役選任合意（議決権拘束契約）の法的拘束力を認めた近時の裁判例として、東京地判令和元・5・17金融商事1569号33頁〔28272689〕があります。

11　東京地方裁判所商事研究会編『類型別会社訴訟Ⅰ〈第三版〉』判例タイムズ社（2011年）141-315頁

ーが議決権を行使することになります。

（ウ）遺留分侵害額請求

遺留分権利者の遺留分が侵害されている場合、遺留分権利者が遺留分に関する権利を行使すると、受遺者及び受贈者は、遺贈又は贈与の目的の価額を上限として、遺留分侵害額の支払義務を負うことになりますが（1046条1項、1047条1項柱書）、相続人の場合には、その相続人が受けるべき遺留分の額を控除した額を上限とすることとなります（1047条1項柱書）。

また、受遺者と受贈者がいるときには、受遺者が先に負担することになります（同項1号）。このとき、死因贈与の取扱いが問題になりますが、遺贈、死因贈与、生前贈与の順に負担することになると解されています[12]。

（エ）譲渡承認、株主名簿の名義書換請求

死因贈与の場合、譲渡承認請求や株主名簿の名義書換請求は、譲渡人が行うことになります。そのため、株主総会又は取締役会の譲渡承認が必要なときには、あらかじめオーナーにおいて譲渡承認請求をしておくことが考えられます。譲渡承認請求は、譲渡の効力発生前に行うこともできますので、生前に行うことができます。一方、株主名簿の名義書換請求は、請求時に書換えがなされることになりますので、停止条件付で請求しておくことが考えられます。株券を発行している場合には、株券を交付しなければ譲渡の効力は生じません（会社法128条1項本文）。そのため、後継者は、オーナーの死亡後に、他の相続人から株券の引渡しを受けなければならず、手続が煩雑になります。そこで、株券不発行としておくこと、又は他の方法を検討することが考えられます。

特定財産承継遺言（相続させる旨の遺言）の場合、被相続人の死亡時に直ちにその特定の遺産が特定の相続人に相続を原因として承継され[13]、一般承継により会社の株式を取得することになります。また、包括遺贈の場合、包括受遺者は、相続人と同一の権利義務を有するとされ（990条）、一般承継により会社の株式を取得することになります。そのため、譲渡承認請求は必

12　東京高判平成12・3・8判時1753号57頁〔28052341〕
13　最判平成7・1・24判時1523号81頁〔27827052〕

要なく（会社法134条4号）、株主名簿の名義書換請求は「一般承継を証する書面その他の資料を提供して請求」することにより、譲受人である後継者が単独で行うことができます（同法133条2項、会社法施行規則22条1項4号）。

特定遺贈の場合、一般承継により会社の株式を取得しているものではありませんので、譲渡承認請求や株主名簿の名義書換請求は、遺言執行者が行うことになりますし、遺言執行者がいなければ、相続人全員と協力して行うことになります。そのため、相続発生後、直ちに譲渡承認請求及び株主名簿の名義書換請求がなされるよう遺言において遺言執行者を指定しておくことが考えられます。

エ　種類株式（取得条項付株式・拒否権付株式）

会社法上、株主総会や取締役会において決議すべき事項について、種類株主を構成員とする種類株主総会の決議があることを必要とする内容の株式を作成することができます[14]（会社法108条1項8号）。これは、種類株式の株主に拒否権を与えるものです。

オーナーにこの拒否権付株式を1株残しておくことが考えられます。例えば、定款変更や合併等の組織再編、株式の譲渡承認、募集株式の発行、株式併合、剰余金の配当、自己株式の取得、解散、多額の資金調達、取締役の選解任、取締役の報酬額等の事業運営に関する重要事項について種類株主総会の決議があることを必要とすることが考えられます。

もっとも、この拒否権付株式がオーナーや後継者以外の第三者に取得されてしまうと、オーナーや後継者は、事業の運営に支障を来すことになります。そのため、この拒否権と併せて会社がオーナーや後継者以外の第三者が取得することなど一定の事由が生じたことを条件としてその株式を取得できるようにしておくことも考えられます（同項6号）。

この種類株式について、既存の普通株式を種類株式に転換する方法で行う場合には、株主総会の特別決議により、所定の要綱及びその発行可能株式総

14　上場会社の実例として、国際石油開発帝石株式会社があります。

数を定款に定め（同条２項）、その後、種類株式への転換を希望する株主全員と会社の合意、普通株式にとどまる株主全員の同意が必要になります。そして、登記をすることになります。

オ　株式の信託

遺言代用信託を活用することが考えられます[15]。

信託の方法により、オーナーの生前中は、オーナーがその意向どおりに議決権の行使をでき、オーナーの死亡後は、後継者がその意向どおりに議決権の行使をできます。

これは、オーナーを委託者兼受益者、後継者を受益者、信託銀行等の第三者を受託者とし、オーナーと信託銀行等の第三者の間で信託契約を締結するものです。この方法による場合、信託契約において、オーナーの生前中における議決権行使に関する指図権及び配当を受領する権限をオーナー、オーナーの死亡後における議決権行使に関する指図権及び配当を受領する権限を後継者が保有するものと定め、信託の終了事由を後継者の死亡時としておきます。これにより、オーナーの生前中は、オーナーの意向どおりに信託銀行等に議決権を行使させることができ、オーナーの死亡後は、タイムラグなしに、後継者の意向どおりに信託銀行等に議決権を行使させることができます。

信託契約は、諾成契約であることから（信託法４条１項）、株式の信託に株式の移転は必要ありませんが、株式は、受託者の信託財産となりますので、オーナーは、会社に対し、受託者を譲受人とする譲渡承認請求及び株主名簿の名義書換請求をします。また、受託者は、信託財産であることを第三者に対抗するため、会社に対し、その有する株式が信託財産に属する旨を株主名簿に記載するよう請求します（同法 14 条、会社法 154 条の２）。

カ　２世代先まで影響を及ぼす方法（後継ぎ遺贈型受益者連続信託）

特殊な方法として、２世代先の後継者まで影響を及ぼす方法があります。

15　中小企業庁・信託を活用した中小企業の事業承継円滑化に関する研究会「中間整理～信託を活用した中小企業の事業承継の円滑化に向けて～」（平成 20 年９月）、日本弁護士連合会日弁連中小企業法律支援センター編『事業承継法務のすべて』金融財政事情研究会（2018 年）254-267 頁後継ぎ遺贈型受益者連続信託[16]といわれるものです。

これは、オーナーを委託者、後継者を受益者、信託銀行等の第三者を受託者とし、オーナーと信託銀行等の第三者の間で信託契約を締結するものです。この方法による場合、信託契約において、後継者の死亡により、その受益権が消滅し、次の後継者が新たな受益権を取得する旨を定めておくことになります[17]。

（4）遺留分に関する権利行使への対策

ア　事業承継における将来のリスク

株式を譲渡する場合には、後継者が贈与税を支払うための資金調達の問題のほかに、将来、他の相続人から遺留分に関する権利行使がなされることへの対策が必要になります。

遺留分とは、兄弟姉妹以外の相続人に認められるもので、遺留分を算定するための財産の価額（1043条）に、直系尊属のみが相続人である場合には３分の１の割合、それ以外の場合には２分の１の割合、相続人が数人ある場合には法定相続分・代襲相続人の相続分（900条、901条）を乗じた割合をそれぞれ乗じた額のことです（1042条）。

平成30年の相続法改正により、遺留分に関する権利行使によっても、株式譲渡が無効になることはありませんが、それでも、後継者が推定相続人に対して相当の金銭の支払が必要になることになります（1046条１項）。そうなりますと、後継者が株式を担保に金銭の借入れをしたり、自己株式の取得の方法により会社に株式を買い取らせて、会社の資金を利用したりして、金銭の支払をしなければならなくなり、後継者や会社にとって負担になります。

イ　経営承継円滑化法の遺留分に関する民法の特例制度

まず、経営承継円滑化法の遺留分に関する民法の特例制度があります。

後継者及び現在のオーナーの推定相続人全員が合意することにより、後継

16　中小企業庁・信託を活用した中小企業の事業承継円滑化に関する研究会・前掲６－７頁
17　遠藤英嗣『全訂　新しい家族信託―遺言相続、後見に代替する信託の実際の活用法と文例』日本加除出版（2019年）451-477、515-524頁

者に贈与される株式を遺留分算定基礎財産から除外する（除外合意）、又は遺留分算定基礎財産に算入する価額を合意時の時価に固定する（固定合意）ことができます。

除外合意により、他の相続人は当該株式について遺留分の主張をすることができなくなるため、紛争の予防になります。他方、固定合意により、将来、株式の評価額が上がった場合でも、遺留分の額に影響させずに済みますので、オーナーが生前に遺留分の額を想定したうえで、相続人に財産を承継させることができるようになります。

この特例制度の適用を受けるためには、中小企業であること、合意時点において３年以上継続して事業を行っている非上場会社であること、被相続人であるオーナーが過去又は合意時点において会社の代表者であること、後継者が合意時点において会社の代表者であること、被相続人であるオーナーからの贈与により株式を取得したことにより、会社の議決権の過半数を保有していることが要件となります。また、合意後１か月以内に、後継者は、経済産業省中小企業庁産業環境部財務課に必要書類を提出し、経済産業大臣から確認書の交付を受け、その１か月以内に家庭裁判所（被相続人であるオーナーの住所地）に申立てをして、家庭裁判所の許可（合意の真意の確認）を受ける必要があります。この裁判所の許可がなければ、合意の効力が発生しません（民法特例の詳細及び書式等は、中小企業庁のサイトを参照（https://www.chusho.meti.go.jp/zaimu/shoukei/shoukei_enkatsu.htm））。

ウ　無議決権株式による対応

次に、無議決権株式を利用する方法があります。

会社法上、株主は、その保有する株式について、配当を受ける権利、残余財産の分配を受ける権利、株主総会における議決権を有しており（会社法105条１項）、配当を受ける権利と残余財産の分配を受ける権利のいずれをも有しないとすることはできません[18]（同条２項）。しかし、これに反しなければ、他の株式と内容の異なる株式を設計することができ（同法108条１

18　相澤＝葉玉＝郡谷編著・前掲91-92頁

項)、無議決権株式（議決権のない株式）を作成することができます（同項３号、105条１項３号、２項）。

例えば、後継者と推定相続人の間で経営承継円滑化法の遺留分に関する民法の特例制度の除外合意に至らない場合には、この無議決権株式を作成し、推定相続人に対して、この無議決権株式を遺贈（遺言による贈与）することが考えられます[19]。無議決権株式は、議決権がありませんので、株式を所有していても、株主総会で決議に参加することができず、会社の経営に関与することができません。その一方で、この無議決権株式は、議決権のある普通株式と同程度の株式評価額となりますので[20]、推定相続人は、これを遺贈されると、多額の相続税を支払わなければならなくなり、経済的に不利益を被ることになります。そのため、オーナーは、推定相続人に対して、このような方法をとり得ることを説明し、推定相続人に経営承継円滑化法の遺留分に関する民法の特例制度の除外合意を促すこともできます。

実際に無議決権株式を遺贈する場合には、無議決権株式の種類株主総会に備えて、種類株主全員の同意により、定款において、種類株主総会の決議を必要としない旨を定めておくことが考えられます（会社法322条４、２項、199条４項等)。また、会社法上、無議決権株式の種類株主総会の決議が必要な事項があることから、その対応として、後継者にも無議決権株式を遺贈することが考えられます（同法322条３項ただし書、１項１号)[21]。

この種類株式について、既存の普通株式を種類株式に転換する方法で行う場合には、株主総会の特別決議により、所定の要綱及びその発行可能株式総数を定款に定め（同法108条２項)、その後、種類株式への転換を希望する株主全員と会社の合意、普通株式にとどまる株主全員の同意が必要になります。また、登記をすることになります。

19　タックスプランニングとして、後継者への承継に際して、その経済的負担を軽減する目的でなされた場合には、税務上否認リスクがあることには留意が必要です（太田洋＝松尾拓也編著『種類株式ハンドブック』商事法務（2017年）60頁）。

20　国税庁の平成19年２月26日の回答「相続等により取得した種類株式の評価について」（https://www.nta.go.jp/law/bunshokaito/hyoka/070226/index.htm）

21　太田＝松尾編著・前掲68-69頁

エ　株式信託における受益者の定めの工夫

財産の管理や承継を目的として、委託者がその死後の財産の承継方法を定めることは、遺贈や死因贈与と類似する機能を有することになるため、遺贈や死因贈与と同様、民法の遺留分の規律の適用を受けると解されています（平成30年改正前1031条類推適用）。そのため、信託によっても遺留分の侵害が問題になります[22]。

この点について、信託法の立案担当官によれば、後継ぎ遺贈型受益者連続信託において、遺留分制度を潜脱することはできず、第２次以降の受益者は、先順位の受益者からその受益権を承継取得するのではなく、委託者から直接に受益権を取得するものと法律構成されることになると解されています。そして、遺留分算定に当たっては、委託者を第１次受益者とした場合における、第２次受益者及び第３次受益者は、委託者兼第１次受益者の死亡時を基準として、第２次受益者及び第３次受益者は、いずれも存続期間の不確定な受益権を取得したものとしてそれぞれの受益権の価額等について必要な算定がなされるべきものであると解されています[23]。

また、中小企業庁・信託を活用した中小企業の事業承継円滑化に関する研究会によれば、遺留分の算定に当たっては、議決権行使の指図権は、独立して取引の対象となる財産ではないことから、財産的価値はなく、遺留分算定基礎財産に算入されないものと解されています[24]。

そこで、配当を受領する権限を後継者と非後継者（他の推定相続人）が保有することとすることで、非後継者（他の推定相続人）の遺留分を侵害しない信託とすることが考えられます。

オ　遺留分の放棄

相続の開始前における遺留分の放棄は、家庭裁判所の許可を受けたときに限り、その効力を生ずるとされています（1049条１項）。そのため、オーナーの生前中に後継者に議決権の過半数を取得させない場合など、経営承継円

22　神田秀樹＝折原誠『信託法講義〈第２版〉』弘文堂（2019年）183頁
23　寺本昌広『逐条解説新しい信託法〈補訂版〉』商事法務（2008年）259、260頁注５
24　中小企業庁・信託を活用した中小企業の事業承継円滑化に関する研究会・前掲４頁注５

滑化法の遺留分に関する民法の特例制度の適用を受けられないときには、家庭裁判所の許可を受けて行うことが考えられます。

遺留分の放棄は、相続人の単独行為で、被相続人に対する意思表示と、家庭裁判所の許可によって生じる要式行為です。相続人が被相続人の住所地を管轄する裁判所に申立てを行い、家庭裁判所は、その相続人の自由意思、放棄理由の合理性及び必要性、放棄と引換えの代償の有無等を考慮して許否を判断し、相当と認めるときに、許可の審判をすることになります（家事事件手続法216条1項2号、別表第1の110項）[25]。

カ　その他

後継者の保有する新会社を利用する方法なども一応考えられますが、「当事者双方が遺留分権利者に損害を加えることを知って贈与をしたとき」（1044条1項）に該当する可能性がありますので、この方法を採用することには注意が必要です。

遺留分を算定するための財産の価額は、被相続人が相続開始の時において有した財産の価額にその贈与した財産の価額を加えた額から債務の全額を控除した額と定められているところ（1043条）、相続人に対する贈与は、相続開始前の10年間にしたもの[26]が対象となるのに対して（1044条3項）、相続人以外の者に対する贈与は、相続開始前の1年間にしたものが対象となるにすぎません（同条1項前段）。しかし、「当事者双方が遺留分権利者に損害を加えることを知って贈与をしたとき」には、それぞれの期間より前にしたものについても対象となります（同条1項後段、3項）。これは、遺留分を侵害する認識があればよく、損害を与えるという加害の意図や誰が遺留分権利者であるかを知っている必要はないと解されていますので[27]、遺留分に関する権利行使を回避するために後継者の保有する新会社を利用する場合には、

25　片岡武＝管野眞一編著『家庭裁判所における遺産分割・遺留分の実務〈第3版〉』日本加除出版（2017年）499頁

26　1年以内の贈与も含め、特別受益に該当するものに限られます（堂薗幹一郎＝神吉康二編著『概説 改正相続法―平成30年民法等改正、遺言書保管法制定』金融財政事情研究会（2019年）120-121頁）。

27　片岡＝管野編著・前掲506頁

被相続人もこの新会社も遺留分権利者に損害を加えることを知ってなされた贈与であると認定され、対象期間を限定する目的を達成することはできないように思われます。

3 後継者への財産承継

（1）生前贈与

ア　法律上の問題

財産を後継者へ承継させる場合、生前贈与（549条）という手段が考えられます。

（ア）特別受益と持戻し免除

婚姻又は養子縁組のため若しくは生計の資本として相続人に対して贈与が行われた場合、特別受益として、原則、相続時に持ち戻すこととなります（903条1項）[1]。

ただし、被相続人は持戻し免除の意思表示をすることができます（903条3項。第2章書式③贈与契約書（生前贈与））。

（イ）遺留分侵害額請求

持戻し免除の意思表示をしても、生前贈与によって遺留分を侵害する場合、遺留分侵害額請求権を行使されます。ただし、令和元年7月1日以降に被相続人が死亡した場合、遺留分の計算において加算される生前贈与の額は、以下のものに限定されます（第4章3遺留分侵害額請求参照）[2]。

被相続人の死亡	1年	10年	
相続人以外	すべて	当事者双方に加害の認識がある贈与	
相続人	特別受益に該当する贈与		特別受益に該当し、かつ、当事者双方に加害の認識がある贈与

1　令和元年7月1日以降に、婚姻期間が20年以上の夫婦の一方である被相続人が、他の一方に対し、居住用の建物又は土地について贈与した場合は、持戻し免除の意思表示が推定されます（903条4項）。

(ウ) 撤回

書面による贈与がなされたときは、その後、解除されることはありません(550条)。

イ　税制面

相続などにより財産を取得した人が、被相続人からその相続開始前３年以内に贈与を受けた財産があるときには、その人の相続税の課税価格に贈与を受けた財産の贈与の時の価額を加算します（相続税法19条)。

ただし、贈与税の配偶者控除の特例や非課税の適用を受けた財産等の金額については加算する必要はありません。また、その加算された贈与財産の価額に対応する贈与税の額は、加算された人の相続税の計算上控除されることになります。なお、加算税、延滞税、利子税の額は含まれません。

(2) 低額譲渡

財産を後継者へ承継させる手段としては売買（555条）もあります。

ア　法律上の問題

①不相当な対価であり、②売買当事者双方が遺留分権利者に損害を加えることを知ってした場合は、遺留分の算定においては、対価を負担額とする負担付贈与とみなされ、遺留分侵害額請求を免れることはできません（1045条２項)。

イ　税制面

個人から著しく低い価額の対価で財産を譲り受けた場合には、その財産の時価と支払った対価との差額に相当する金額は、財産を譲渡した人から贈与により取得したものとみなされ、贈与税が課されます（相続税法７条)。

そのため低額譲渡の場合には、売買価額と時価との差額相当額につき贈与を受けたものとみなされる可能性があります（第３章２（２）ウ（ウ）売買

2　遺留分侵害額は以下の計算式により算出されます。

・遺留分＝(被相続人が相続開始時に有した財産の額＋生前贈与の額－債務の額)×１/２×遺留分権利者の法定相続分の割合（1042条、1043条１項、1044条)

・遺留分侵害額＝遺留分－遺留分権利者が受けた特別受益の額－遺留分権利者が遺産分割において取得すべき財産の額＋遺留分権利者が相続によって負担する債務の額（1046条２項２号)

価額が税務上の時価よりも低い場合の課税関係参照）。

（3）死因贈与

財産を後継者へ承継させる手段としては死因贈与（554条）もあります。

ア　法律上の問題

（ア）特別受益と持戻し免除

婚姻若しくは養子縁組のため若しくは生計の資本として相続人に対して贈与が行われた場合、特別受益として、原則、相続時に持ち戻すこととなります（554条、903条1項）[3]。

ただし、被相続人は持戻し免除の意思表示をすることができます（554条、903条3項）。

（イ）遺留分侵害額請求

持戻し免除の意思表示をしても、死因贈与によって遺留分を侵害する場合、遺留分侵害額請求権を行使されます。

（ウ）第三者への不動産の移転防止

不動産については、死因贈与契約を原因とする始期付所有権移転仮登記手続をすることにより、権利移転の順位保全効を持たせることができます（第2章書式④贈与契約書（死因贈与））。

（エ）撤回

死因贈与の場合、遺贈に関する規定が準用され（554条）、遺言の撤回に関する規定も方式に関する部分を除いて準用される（最判昭和57・4・30民集36巻4号763頁〔27000087〕）ことから、撤回されるリスクがあります。

もっとも、上記最判は、負担付贈与契約につき、「贈与契約締結の動機、負担の価値と贈与財産の価値との相関関係、右契約上の利害関係者間の身分関係その他の生活関係等に照らし右負担の履行状況にもかかわらず負担付死因贈与契約の全部又は一部の取消をすることがやむをえないと認められる特段の事情がない限り」、撤回することができないものとしていることから、

3　注1参照

負担付贈与契約とすることにより、撤回を制限することが考えられます（第２章書式④贈与契約書（死因贈与））。もっとも、贈与される財産の価値と比べて負担が著しく軽い場合や受贈者が負担を履行していない場合は撤回される可能性があります[4]。

イ　税制面

死因贈与によって財産を取得した場合は、その取得した財産を相続又は遺贈により財産を取得したものとして、相続税が課税されます。

（4）遺言

生前贈与、売買、死因贈与のほか、財産を後継者へ承継させる手段として、遺言による承継があります。

ア　法律上の問題

（ア）方式

遺言による財産の承継には、主として、遺贈と特定財産承継遺言（相続させる旨の遺言）があります。遺贈と特定財産承継遺言は、法的性質は異なりますが、とりわけ特定遺贈と特定財産承継遺贈は、実務上おおむね同様の機能を果たしています。ただし、遺贈は法定相続人以外の親族や法人を含む第三者にも財産を承継させることができますが、特定財産承継遺言は法定相続人に限られる点で異なります。

なお、遺贈と生前贈与、売買、死因贈与とは、遺贈が遺言者の一方的な意思表示で行うことができるのに対し（ただし放棄は可能です）、生前贈与、売買、死因贈与は受贈者との合意を前提とする点で異なります。

いずれの手段を選択すべきかは、当事者の意向や従前の家族関係、経済状況や資産の種類、税務など各方面からの検討が必要です。

a　特定財産承継遺言（相続させる旨の遺言）

「遺言者Ａの保有する甲不動産を、相続人Ｂに相続させる」

特定財産承継遺言（相続させる旨の遺言）とは、「遺産の分割の方法の

4　森・濱田松本法律事務所＝MHM 税理士事務所編『設例で学ぶオーナー系企業の事業承継・M&A における法務と税務』商事法務（2018 年）８頁

指定として遺産に属する特定の財産を共同相続人の１人又は数人に承継させる旨の遺言」をいいます（1014条２項）。

この遺言により、特段の事情がない限り、当該特定財産の権利は、被相続人の死亡（遺言の効力発生）と同時に、当然に受益相続人に承継され、遺産分割の対象から外れます。

相続させる旨の遺言は、従来、相続によって特定の財産を相続人に承継させる方法として判例上認められ、実務上も多用されてきたものですが、平成30年の相続法改正により、新たに「特定財産承継遺言」の名称が付され、その規律についても見直されました。

見直しの主たるポイントは、①第三者の取引の安全の観点から、特定財産承継遺言を含む相続による権利の承継について、法定相続分を超える部分について対抗要件主義が導入されたこと（899条の２第１項）、②特定財産承継遺言について、遺言執行者が対抗要件具備行為（相続登記等）をすることができるものとされたこと（1014条２、４項）、③遺言執行者がある場合には相続人による遺言の執行を妨げる行為は無効となるが、善意の第三者には無効を対抗できないとされたこと（1013条１、２項）の３点です。

したがって、特定財産承継遺言により、自社株をはじめとした財産を円滑かつ確実に後継者に承継させたいと考える場合には、あらかじめ遺言により適切な遺言執行者を指定し、遺言執行者によって速やかに対抗要件を具備させるよう心得ておく必要があります（遺言執行については第３章２（３）参照）。

b　遺贈

「遺言者Ａの保有する甲不動産をＢ社に遺贈する」（特定遺贈）

「遺言者Ａの遺産はすべて内縁の妻Ｂに譲る」（全部包括遺贈）

「遺言者Ａの遺産のうち３分の１をＢ施設に寄贈する」（割合的包括遺贈）

遺贈とは、遺言によって、受遺者に遺言者の財産の全部又は一部を処分する（承継させる）行為です（964条）。

遺贈の効力は、被相続人の死亡（遺言の効力発生）と同時に発生します。

特定物の遺贈の場合、遺贈の効力発生によって直ちに受遺者に権利が移転しますが、不動産、債権、動産等については、当該権利を確定的に取得するには受遺者が対抗要件を具備する必要があります。

遺言執行者がある場合には、遺贈の履行は遺言執行者のみが行うことができるとされ（1012条２項）、遺贈義務の履行として対抗要件を備えさせるために必要な行為をしますが（遺贈を登記原因とする所有権移転登記手続など）、遺言執行者がない場合、共同相続人の全員が遺贈義務者となります。したがって、相続人間に対立があり、遺贈義務の履行につき協力が得られないおそれがあるなど、円滑な履行が期待できない場合には、遺言書の作成段階から、適切な遺言執行者を指定しておくべきでしょう（第２章書式⑤遺言書（自筆）１参照）。

（イ）撤回

遺言については、いつでも遺言書を破棄する等の遺言の方式に従って撤回することができます（1022条）。

（５）生前の備えの必要、遺言書作成に当たっての留意点

財産の円滑な承継、ことに親族内での安定的な事業承継を考える場合には、生前贈与等（第２章３（１）生前贈与参照）や遺言により、生前からの備えが不可欠です。これらの備えのないまま代表者が急逝した場合、遺産は遺産分割協議によって分割されることとなりますが、往々にして時間を要し、取締役・株主の構成によってはその間の意思決定が停滞するおそれや、後継予定者が経営権を失うおそれもあります（詳細は第４章２遺産分割調停・審判）。

≪遺言書作成に当たっての主な留意点≫

・財産の配分（自社株を後継者に取得させる場合の代償金の手当て、代表者個人の会社に対する貸付金債権の帰すうについても注意）

・遺留分侵害の有無（遺留分侵害額請求があった場合の資金の備え、民法特例の活用の検討）

・撤回可能性（他の相続人等からの働きかけにより内容が変更されてしまうおそれ）

・承継方法の選択と税務面からの検討（遺言と税務については第２章５事業承継税制、６その他の節税対策等参照）
・適切な遺言執行者の選任

4 遺言書保管制度

（1）改正の趣旨

自筆証書遺言は、どこでも作成することができ、特別の費用がかからない反面、作成や保管について第三者が関与しないため、遺言書の無効、紛失、隠ぺい、偽造、未発見等のリスクがあります。そこで、法務局における自筆証書遺言書の保管制度[1]を創設し、紛失、隠ぺい、偽造、改ざん未発見等のリスクを軽減するとともに、遺言書保管官が自筆証書遺言の方式に関する外形的な確認をすることで、無効リスクを軽減することとしました[2]。

（2）保管の申請手続

遺言者は、遺言者の住所地若しくは本籍地又は遺言者が所有する不動産の所在地を管轄する法務大臣の指定する法務局において、遺言書保管官に対し、手数料を納付して、自筆証書遺言の保管を申請します（遺言書保管法１条、２条、４条、12条[3]）。

保管の申請は、遺言者自らが出頭する必要があります（同法４条）。

保管の申請に当たっては、法務局における遺言書の保管等に関する省令10条で定める様式に従って作成した無封の遺言書に遺言者の氏名、生年月日、住所及び本籍（外国人にあっては、国籍）を証明する書類その他法務局における遺言書の保管等に関する省令12条で定める書類を添付する必要があります（遺言書保管法４条）。

また、本人確認のため、申請人を特定するために必要な氏名その他の法務局における遺言書の保管等に関する省令13条で定める事項を示す書類の提示若しくは提出をする必要があります（遺言書保管法５条）。

1　法務省ウェブサイト「法務局における自筆証書遺言保管制度について」（http://www.moj.go.jp/MINJI/minji03_00051.html）が参考になります。

2　『一問一答』208頁

3　書式や書き方については、法務局における遺言書の保管等に関する省令や法務省ウェブサイト（http://www.moj.go.jp/MINJI/minji03_00051.html）に掲載されています。

遺言書保管官は、968条の定める方式に適合しているかの外形的な確認及び遺言書の作成者と申請者の同一性の確認（遺言書保管政令2条）を行うため、自筆証書遺言が無効となるリスクは相当に低減されます。

なお、遺言者、受遺者、遺言執行者の氏名や住所等に変更があったときは、法務大臣の指定する法務局（遺言書を現に保管する法務局に限られない）において、法務局における遺言書の保管等に関する省令29条で定める書類を添付して、変更の届出をしなければなりません（同省令26条）。

自筆証書遺言書保管制度の遺言書保管所は以下のとおりです（令和2年法務省告示45号、令和2年法務省告示46号）。なお、管轄については、法務局及び地方法務局の支局及び出張所設置規則の一部を改正する省令（令和2年法務省令24号）を参照してください。

法務局又は地方法務局	本局、支局又は出張所
札幌法務局	本局、小樽支局、室蘭支局、岩見沢支局、苫小牧支局、滝川支局、倶知安支局、日高支局
函館地方法務局	本局、江差支局、八雲支局
旭川地方法務局	本局、留萌支局、稚内支局、紋別支局、名寄支局
釧路地方法務局	本局、帯広支局、北見支局、根室支局
仙台法務局	本局、石巻支局、塩竈支局、古川支局、気仙沼支局、大河原支局、登米支局
青森地方法務局	本局、弘前支局、八戸支局、五所川原支局、十和田支局、むつ支局
盛岡地方法務局	本局、宮古支局、水沢支局、花巻支局、二戸支局
秋田地方法務局	本局、能代支局、大館支局、本荘支局、大曲支局
山形地方法務局	本局、米沢支局、鶴岡支局、酒田支局、新庄支局、寒河江支局
福島地方法務局	本局、若松支局、郡山支局、いわき支局、白河支局、相馬支局
東京法務局	本局、板橋出張所、八王子支局、府中支局、西多摩支局
水戸地方法務局	本局、日立支局、土浦支局、龍ケ崎支局、下妻支局、常陸太田支局、鹿嶋支局

宇都宮地方法務局	本局、足利支局、栃木支局、日光支局、真岡支局、大田原支局
前橋地方法務局	本局、高崎支局、桐生支局、伊勢崎支局、太田支局、沼田支局、富岡支局、中之条支局
さいたま地方法務局	本局、川越支局、熊谷支局、秩父支局、所沢支局、東松山支局、越谷支局、久喜支局
千葉地方法務局	本局、市川支局、船橋支局、館山支局、木更津支局、松戸支局、香取支局、佐倉支局、柏支局、匝瑳支局、茂原支局
横浜地方法務局	本局、川崎支局、横須賀支局、湘南支局、西湘二宮支局、相模原支局、厚木支局
新潟地方法務局	本局、長岡支局、三条支局、柏崎支局、新発田支局、新津支局、十日町支局、村上支局、糸魚川支局、上越支局、佐渡支局、南魚沼支局
甲府地方法務局	本局、大月支局、鰍沢支局
長野地方法務局	本局、松本支局、上田支局、飯田支局、諏訪支局、伊那支局、大町支局、飯山支局、佐久支局、木曽支局
静岡地方法務局	本局、浜松支局、沼津支局、富士支局、掛川支局、藤枝支局、袋井支局、下田支局
名古屋法務局	本局、豊橋支局、岡崎支局、一宮支局、半田支局、春日井支局、津島支局、刈谷支局、豊田支局、西尾支局、新城支局
富山地方法務局	本局、高岡支局、魚津支局、砺波支局
金沢地方法務局	本局、七尾支局、小松支局、輪島支局
福井地方法務局	本局、敦賀支局、武生支局、小浜支局
岐阜地方法務局	本局、大垣支局、高山支局、多治見支局、中津川支局、美濃加茂支局、八幡支局
津地方法務局	本局、四日市支局、伊勢支局、松阪支局、桑名支局、伊賀支局、熊野支局
大阪法務局	本局、堺支局、岸和田支局、北大阪支局、富田林支局、東大阪支局
大津地方法務局	本局、彦根支局、長浜支局、甲賀支局
京都地方法務局	本局、福知山支局、舞鶴支局、宇治支局、宮津支局、京丹後支局、園部支局

神戸地方法務局	本局、姫路支局、尼崎支局、明石支局、西宮支局、洲本支局、伊丹支局、豊岡支局、加古川支局、龍野支局、社支局、柏原支局
奈良地方法務局	本局、葛城支局、桜井支局、五條支局
和歌山地方法務局	本局、橋本支局、御坊支局、田辺支局、新宮支局
広島法務局	本局、呉支局、尾道支局、福山支局、三次支局、東広島支局、廿日市支局
鳥取地方法務局	本局、米子支局、倉吉支局
松江地方法務局	本局、浜田支局、出雲支局、益田支局、西郷支局
岡山地方法務局	本局、倉敷支局、津山支局、笠岡支局、高梁支局、備前支局
山口地方法務局	本局、下関支局、宇部支局、萩支局、周南支局、岩国支局
高松法務局	本局、丸亀支局、観音寺支局
徳島地方法務局	本局、阿南支局、美馬支局
松山地方法務局	本局、今治支局、宇和島支局、西条支局、大洲支局、四国中央支局
高知地方法務局	本局、安芸支局、須崎支局、四万十支局、香美支局
福岡法務局	本局、北九州支局、久留米支局、直方支局、飯塚支局、田川支局、柳川支局、朝倉支局、八女支局、行橋支局、筑紫支局
佐賀地方法務局	本局、唐津支局、伊万里支局、武雄支局
長崎地方法務局	本局、佐世保支局、島原支局、諫早支局、五島支局、平戸支局、壱岐支局、対馬支局
熊本地方法務局	本局、八代支局、人吉支局、玉名支局、天草支局、山鹿支局、宇土支局、阿蘇大津支局
大分地方法務局	本局、中津支局、日田支局、佐伯支局、竹田支局、杵築支局、宇佐支局
宮崎地方法務局	本局、都城支局、延岡支局、日南支局
鹿児島地方法務局	本局、川内支局、鹿屋支局、奄美支局、霧島支局、知覧支局
那覇地方法務局	本局、宮古島支局、石垣支局、名護支局、沖縄支局

出典：法務省ウェブサイト（http://www.moj.go.jp/MINJI/minji03_00051.html）

（3）遺言書の撤回

保管申請者は、遺言書を保管した法務局に自ら出頭し、遺言書保管官に対し、撤回書に書類を添付して提出することで遺言書を撤回することができます。

遺言書が撤回されると、遺言者に保管遺言書が返還され、遺言書に係る情報は消去されます（遺言書保管法8条）。

（4）遺言者死亡後の手続

遺言者が死亡した後、相続人、受遺者、遺言執行者等の関係相続人（以下「関係相続人」といいます）は、法務大臣の指定する法務局（遺言書を現に保管する法務局に限られない）において、法務局における遺言書の保管等に関する省令44条で定める書類を添付して、遺言書保管事実証明書の交付を請求することができ（遺言書保管法10条）、これにより遺言書の存在を確認することができます。

関係相続人は、手数料を納付して、法務大臣の指定する法務局（遺言書を現に保管する法務局に限られない）において、法務局における遺言書の保管等に関する省令34条で定める書類を添付して、遺言書情報証明書の交付を請求することができます（遺言書保管法9条1、2、4項、12条）。

また、関係相続人は、遺言書を現に保管する法務局において、手数料を納付して、遺言書の閲覧を請求することができます（同法9条3、4項、12条）。

法務局に保管されている遺言書の検認は不要です（同法11条）。

遺言書情報証明書の交付請求又は遺言書の閲覧請求がされた場合、遅滞なく、相続人、受遺者及び遺言執行者に対し、遺言書を保管している旨の通知がされます（同法9条5項本文）。なお、遺言書保管に関する手数料は以下のとおりです（法務局における遺言書の保管等に関する法律関係手数料令）。

自筆証書遺言書等保管制度の手数料一覧

手数料項目	手数料
遺言書保管申請料	1件 3,900円
遺言書閲覧請求料（原本）	1回 1,700円
遺言書情報証明書交付請求料	1通 1,400円
遺言書保管事実証明書交付請求料	1通 800円
遺言書閲覧請求料（モニター）	1回 1,400円
申請書等・撤回書等の閲覧請求料	1回の申請に関する申請書等又は1回の撤回に関する撤回書等につき、1,700円

（5）自筆証書遺言(自己保管)、公正証書遺言及び遺言書保管制度の比較

遺言書保管制度ができたことにより、自筆証書遺言であっても、同制度を利用すれば、方式違背による無効のリスクが軽減され、紛失、隠ぺい、偽造、改ざん、未発見リスクはほぼなくなり、検認手続も不要となりますが、遺言内容に問題があり、紛争が発生するリスクや遺言能力をめぐり争いになるリスクが残ることから、差し支えがなければ、公正証書遺言によるべきと考えられます。

	自筆証書遺言（自己保管）	公正証書遺言	遺言書保管制度
メリット	・いつでもどこでも作成できる。 ・費用がかからない。	・遺言が無効になるリスクは、ほぼない。 ・紛失、隠ぺい、偽造、改ざん、未発見のリスクは、ほぼない。 ・字が書けなくても作成できる。 ・費用を払えば、公証人が出張してくれる。 ・遺言書検索システムで検索できる。 ・検認手続が不要。	・方式についての外形的な確認がされる。 ・検認手続が不要。 ・紛失、隠ぺい、偽造、改ざん、未発見リスクは、ほぼない。 ・遺言書情報証明書の交付請求等ができる。

デメリット	・財産目録以外は自筆で作成する必要がある。 ・方式を満たさないと無効になる。 ・紛失、隠ぺい、偽造、改ざん、未発見のリスクがある。 ・遺言内容に問題があると紛争になるリスクがある。 ・遺言能力をめぐり争いになるリスクがある。 検認手続が必要。	・作成費用がかかる[4]。 ・証人２人の立会いが必要となる。 ・固定資産評価証明書など一定の書類を用意する必要がある。	・財産目録以外は自筆で作成する必要がある。 ・遺言者が法務局に出頭する必要がある。 ・手続をする際に書類の添付が必要となる。 ・少額ながら手数料がかかる。 ・遺言内容に問題があると紛争になるリスクがある。 ・遺言能力をめぐり争いになるリスクがある。

4　手数料は、相続人それぞれが相続する金額を基礎に計算した額に、遺産が合計１億円以下の場合は、11,000円を加算するものとされています（公証人手数料令９条、19条１項、別表）。公証人が出張する場合は、加算前の金額を1.5倍にした金額に旅費実費と日当がかかります（同令32条、43条）。ほかに枚数加算（同令25条）などがされることがあります。

5 事業承継税制

（1）概要

事業承継税制は、経営承継円滑化法に基づく認定のもと、会社や個人事業の後継者が取得した資産について、贈与税や相続税の納税を猶予又は免除される制度です。

この事業承継税制には、個人事業者の事業用資産を対象とする「個人版事業承継税制」と会社の株式等を対象とする「法人版事業承継税制」があります。

（2）個人版事業承継税制

個人版事業承継税制は、青色申告に係る事業を行っていた事業者の後継者として経営承継円滑化法の認定を受けた者が、個人の事業用資産を贈与又は相続等により取得した場合において、その事業用資産に係る贈与税・相続税について、一定の要件のもとで納税が猶予され、後継者が死亡した場合等には、猶予されていた贈与税・相続税の納付が免除される制度です（出典：国税庁ホームページ（https://www.nta.go.jp/publication/pamph/jigyo-shokei/kojin.htm））。

（3）法人版事業承継税制

ア　一般措置と特例措置

法人版事業承継税制は、後継者である受贈者・相続人等が、経営承継円滑化法の認定を受けている非上場会社の株式等を贈与又は相続により取得した場合に、その非上場株式等に係る贈与税・相続税について、一定の要件のもと納税が猶予され、後継者が死亡した場合等には、猶予されていた贈与税・相続税が免除される制度です。

平成30年度の税制改正では、法人版事業承継税制について、これまでの措置（以下「一般措置」といいます）に加え、10年間の措置として、納税猶予の対象となる非上場株式等の制限の撤廃や、納税猶予割合の引上げ等がされた特例措置（以下「特例措置」といいます）が創設されました。

	特例措置	一般措置
事前の計画策定等	５年以内の特例承継計画の提出 （2018 年４月１日～2023 年３月 31 日）	不要
適用期限	10 年以内の贈与・相続等 （2018 年１月１日～2027 年 12 月 31 日）	なし
対象株数	全株式 （ただし、議決権に制限のない株式に限る）	総株式数の最大３分の２まで（ただし、議決権に制限のない株式に限る）
納税猶予割合	100%	相続等：80% 贈与：100%
後継者の数	３人以内	１人
雇用確保要件	原則として、承継後５年間平均８割の雇用維持が必要だが、要件を満たさなかった理由等を記載した報告書（認定経営革新等支援機関の意見が記載されているものに限る）を都道府県知事に提出し、その確認を受けることで、引き続き納税が猶予される	承継後５年間平均８割の雇用維持が必要
事業の継続が困難な事由が生じた場合の免除	譲渡対価の額等に基づき再計算した猶予税額を納付し、従前の猶予税額との差額を免除	なし （猶予税額を納付）
相続時精算課税の適用	60 歳以上の贈与者から 20 歳以上の者への贈与	60 歳以上の贈与者から 20 歳以上の推定相続人（直系卑属）・孫への贈与

出典：国税庁ホームページ（https://www.nta.go.jp/publication/pamph/jigyo-shokei/houjin.htm）

イ　非上場株式等についての相続税の納税猶予制度「特例措置」

後継者が相続又は遺贈により取得した株式等（ただし、議決権を行使することができない株式は除きます）に係る相続税の 100% が猶予されます。

本制度の適用を受けるためには、経営承継円滑化法に基づく都道府県知事の「認定」を受け、報告期間中（原則として相続税の申告期限から５年間）は代表者として経営を行う等の要件を満たす必要があり、その後は、後継者が対象株式等を継続保有すること等が求められます。また、後継者の死亡等があった場合には、猶予された相続税が免除されます。

○猶予税額を納税する場合
・後継者が代表権を有しないこととなった場合
・同族で過半数の議決権を有しないこととなった場合
・同族内で、後継者よりも多くの議決権を有する者がいる場合
⇒経営承継円滑化法の認定有効期間内のみ適用されます。
・株式等を譲渡した場合（※）
・会社が解散した場合（※）
・資産保有型会社等に該当した場合等
⇒経営承継円滑化法の認定有効期間後も適用されます。
（※）経営環境の変化に該当する場合には、猶予税額の再計算をすることができます。

○猶予税額の免除の場合
・後継者の死亡
⇒経営承継円滑化法の認定有効期間内であっても免除されます。
・会社の倒産
・次の後継者へ贈与
・同族関係者以外の者に株式等を全部譲渡した場合（譲渡対価等を上回る税額を免除）等
⇒経営承継円滑化法の認定有効期間後に限り免除されます。

出典：「一経営承継円滑化法一申請マニュアル【相続税、贈与税の納税猶予制度の特例】令和２年４月施行」（中小企業庁）（https://www.chusho.meti.go.jp/zaimu/shoukei/2019/190403shoukei_manual_1.pdf）

また、本制度の適用を受けるためには、会社、後継者である相続人等及び先代オーナー等である被相続人について要件を満たし、加えて、担保提供が必要になります。

1　会社の主な要件

次の会社のいずれにも該当しないこと

（1）上場会社

（2）中小企業者に該当しない会社

（3）風俗営業会社

（4）資産管理会社（一定の要件を満たすものを除きます）

2　後継者である相続人等の主な要件

（1）相続開始の日の翌日から５か月を経過する日において会社の代表権を有していること

（2）相続開始の時において、後継者及び後継者と特別の関係がある者で総議決権数の50％超の議決権数を保有することとなること

（3）相続開始の時において後継者が有する議決権数が、次のイ又はロに該当すること（特例措置）

イ　後継者が１人の場合

後継者と特別の関係がある者（他の後継者を除きます）の中で最も多くの議決権数を保有することとなること

ロ　後継者が２人又は３人の場合

総議決権数の10％以上の議決権数を保有し、かつ、後継者と特別の関係がある者（他の後継者を除きます）の中で最も多くの議決権数を保有することとなること

（4）相続開始の直前において、会社の役員であること（被相続人が60歳未満で死亡した場合を除きます）

3　先代経営者等である被相続人の主な要件

（1）会社の代表権を有していたこと

（2）相続開始直前において、被相続人及び被相続人と特別の関係がある者で総議決権数の50％超の議決権数を保有し、かつ、後継者を除

いたこれらの者の中で最も多くの議決権数を保有していたこと

4　担保提供

納税が猶予される相続税額及び利子税の額に見合う担保の提供

出典：国税庁ホームページ「非上場株式等についての贈与税・相続税のの納税猶予・免除（法人版事業承継税制）のあらまし」（https://www.nta.go.jp/publication/pamph/sozoku-zoyo/201905/01.pdf）

ウ　非上場株式等についての贈与税の納税猶予制度「特例措置」

後継者が贈与により取得した株式等（ただし、議決権を行使することができない株式を除きます）に係る贈与税の100％が猶予されます。

本制度の適用を受けるためには、経営承継円滑化法に基づく都道府県知事の「認定」を受け、報告期間中（原則として贈与税の申告期限から５年間）は代表者として経営を行う等の要件を満たす必要があり、その後は、後継者が対象株式等を継続保有すること等が求められます。また、後継者の死亡等があった場合には、猶予された贈与税が免除されます。

○猶予税額を納税する場合

・後継者が代表権を有しないこととなった場合

・同族で過半数の議決権を有しないこととなった場合

・同族内で、後継者よりも多くの議決権を有する者がいる場合

⇒経営承継円滑化法の認定有効期間内のみ適用されます。

・株式等を譲渡した場合（※）

・会社が解散した場合（※）

・資産保有型会社等に該当した場合等

⇒経営承継円滑化法の認定有効期間後も適用されます。

（※）経営環境の変化に該当する場合には、猶予税額の再計算をすることができます。

○猶予税額が免除される場合

・後継者の死亡
・先代経営者の死亡（相続税の課税対象となる）
　⇒経営承継円滑化法の認定有効期間内であっても免除されます。
・会社の倒産
・次の後継者へ贈与
・同族関係者以外の者に株式等を全部譲渡した場合（譲渡対価等を上回る税額を免除）等
　⇒経営承継円滑化法の認定有効期間後に限り免除されます。

出典：「一経営承継円滑化法一申請マニュアル【相続税、贈与税の納税猶予制度の特例】令和２年４月施行」（中小企業庁）（https://www.chusho.meti.go.jp/zaimu/shoukei/2019/190403shoukei_manual_1.pdf）

　また、本制度の適用を受けるためには、会社、後継者である相続人等及び先代オーナー等である被相続人について要件を満たし、加えて、担保提供が必要になります。

１　会社の主な要件
　次の会社のいずれにも該当しないこと
（１）上場会社
（２）中小企業者に該当しない会社
（３）風俗営業会社
（４）資産管理会社（一定の要件を満たすものを除きます）

２　後継者である受贈者の主な要件
　贈与の時において、
（１）会社の代表権を有していること
（２）20歳以上であること
（３）役員の就任から３年以上を経過していること
（４）後継者及び後継者と特別の関係がある者で総議決権数の50％超の議決権数を保有することとなること

（5）後継者の有する議決権数が、次のイ又はロに該当すること（特例措置）

イ　後継者が1人の場合

後継者と特別の関係がある者（他の後継者を除きます）の中で最も多くの議決権数を保有することとなること

ロ　後継者が2人又は3人の場合

総議決権数の10％以上の議決権数を保有し、かつ、後継者と特別の関係がある者（他の後継者を除きます）の中で最も多くの議決権数を保有することとなること

3　先代オーナー等である贈与者の主な要件

（1）会社の代表権を有していたこと

（2）贈与の直前において、贈与者及び贈与者と特別の関係がある者で総議決権数の50％超の議決権数を保有し、かつ、後継者を除いたこれらの者の中で最も多くの議決権数を保有していたこと

（3）贈与時において、会社の代表権を有していないこと

4　担保提供

納税が猶予される贈与税額及び利子税の額に見合う担保の提供

出典：国税庁ホームページ「非上場株式等についての贈与税・相続税の納税猶予・免除（法人版事業承継税制）のあらまし」（https://www.nta.go.jp/publication/pamph/sozoku-zoyo/201905/01.pdf）

エ　贈与税の納税猶予中に贈与者が死亡した場合

贈与税の納税猶予中に贈与者が死亡した場合には、猶予されていた贈与税は免除されたうえで、贈与を受けた株式等を贈与者から相続又は遺贈により取得したものとみなして相続税が課されます（贈与時の価額で計算）。

その際、一定の要件を満たす場合には、都道府県知事の確認を受けることで、相続税の納税猶予を受けることができます。

オ　事業承継税制と相続時精算課税制度の併用

平成29年度の税制改正において事業承継税制と相続時精算課税制度を併用することが可能となり、平成30年度の税制改正において事業承継税制と併用する際の相続時精算課税制度の適用範囲も「60歳以上の者から20歳以上の者への贈与」へと拡充されました。

事業承継税制の認定が取り消された場合には、その適用を受けた特例受贈非上場株式等については、暦年贈与によった場合の税率により贈与税額が計算されることとなってしまい、高額な贈与税課税のリスクがありました。しかし、贈与時に相続時精算課税制度を適用することで、事業承継税制の認定が取り消された場合でも暦年課税制度により算出された高額な贈与税額を負担するリスクが回避できるようになりました。

参考文献

・松岡章夫＝山岡美樹編著『図解　事業承継税制〈平成31年２月改訂版〉』大蔵財務協会（2019年）

6 その他の節税対策等

（1）相続関係の税務申告

ア　準確定申告

相続関係の税務申告にはまず、準確定申告があります。これは、年の中途で死亡した被相続人の所得について相続人が代理で行う確定申告です。主に被相続人が自営業や不動産賃貸をしていた場合に必要となります。

通常の確定申告とは異なり、原則として相続の開始（被相続人の死亡）を知った日の翌日から４か月以内に申告と納税をしなければなりません。

イ　相続税申告

次に、相続税申告があります。これは、個人が被相続人から取得した財産について行う申告です。被相続人の親族に限らず遺産を受け取った人には相続税が課されますので、申告が必要になります。

被相続人が死亡時に所有していた財産は相続税の対象となる資産と非課税資産に区分されます。また、相続税の対象となる資産は民法上の相続財産とみなし相続財産に区分されます。

原則として、相続の開始（被相続人の死亡）を知った日の翌日から10か月以内に申告と納税をしなければなりません。

（2）貸付金の処理

ア　貸付金の相続

オーナーの会社に対する貸付金は、金銭債権ですので、相続されます(896条本文)。そのため、そのままにしておいても問題はありません。しかし、会社に資力がないなど、実際にはオーナーが会社に対して返済を求めることを予定していないようであれば、相続税の負担を回避するため、相続財産に含まれないようにしておく必要があります。

イ　債務免除

まず、債務免除することが考えられます。

債権者が債務者に対して、債務を免除する意思を表示したときには、その債権は消滅します（519条）。そのため、オーナーから会社に対して、会社のオーナーに対する貸付金債務を特定し、その債務を免除する旨を通知します。これにより、オーナーの会社に対する貸付金債権は消滅します。

このとき、債務者である会社は、債務免除により利益を受けることになります。そのため、会社が資力を喪失して債務を弁済することが困難である場合でなければ、オーナーから会社に対して貸付金債権相当額の贈与がなされたものとみなされることには留意が必要です。

ウ　デット・エクイティ・スワップ（DES）

（ア）概要

次に、デット・エクイティ・スワップ（DES）が考えられます。

このDESとは、会社の負債（デット）を資本（エクイティ）に交換（スワップ）することです。会社が募集株式を発行し、会社に対する債権で現物出資することになります。そのため、会社においては、債務と株式を交換することになります。

（イ）DESの手続

募集株式の引受人は、会社に対する債権を自働債権、募集株式の払込金の支払債務を受働債権とする相殺をすることはできません（会社法208条3項）。同様に、会社も、募集株式の払込金の請求権を自働債権、募集株式の引受人に対する債務を受働債権とする相殺をすることもできません。あくまでも、募集株式の引受人の債権による現物出資が許されているにすぎませんので[1]、募集事項の決定（同法199条1項3号）の際には注意を要します。

DESの手続は、まず、株主総会において、募集株式数、募集株式の払込金額（貸付金債権の額面の額）、金銭以外の財産を出資の目的とする旨並びに貸付金債権であること及びその額面の額（同法199条1項3号）、募集株式と引換えにする財産の給付の期日、増加する資本金及び資本準備金に関する事項を決議（特別決議）します（同法199条1、2項、309条2項5号）。

1　神田秀樹編『会社法コンメンタール5-株式(3)』商事法務（2013年）〔川村正幸〕93頁

資本金の額は、原則として給付をした財産の額となりますが、給付に係る額の２分の１までは、資本金として計上せず、資本準備金に計上することができます（同法445条１、２項）。

会社は、会社法199条１項３号に掲げる事項（現物出資財産の内容等）を定めますが、その現物出資財産が会社に対する金銭債権ですので、その金銭債権について定められた価額がその金銭債権に係る負債の帳簿価額を超えないときには、その金銭債権についての現物出資財産の価額を調査させるため、検査役の選任の申立てをする必要はありません（同法207条９項５号）。ただし、この金銭債権は、弁済期が到来していなければなりませんので、仮に弁済期が到来していないときには、会社において期限の利益を放棄することになります[2]。

次に、会社とオーナーの間で、募集株式の数、募集株式の割当て方法、募集株式の払込金額、払込金額の総額、金銭以外の財産を出資の目的とする旨並びに貸付金債権であること及びその額面の額、払込期日を定めた総数引受契約を締結します（同法205条１項）。そして、取締役会においてその総数引受契約の締結を承認します（同条２項）。

募集株式の発行後は、発行済株式総数及び資本金の額に変更がありますので、変更登記手続が必要になります（同法915条１項、911条３項５、９号）。添付書類は、株主総会議事録・取締役会議事録（商業登記法46条２項）、株主リスト（商業登記規則61条３項）、総数引受契約書（商業登記法56条１号）、金銭債権について記載された会計帳簿（同条３号ニ）、資本金の額の計上に関する証明書（商業登記規則61条９項）です。この資本金の額の計上に関する証明書には、会社名義で、払込みを受けた金銭の額（会社計算規則14条１項１号）、給付を受けた金銭以外の財産の給付があった日における当該財産の価額（同項２号）、資本金等増加限度額を記載し、「募集株式の発行により増加する資本金の額○円は、会社法445条及び会社計算規則14条の規定に従って計上されたことに相違ないことを証明する。なお、本募集株式

2　相澤哲＝葉玉匡美＝郡谷大輔編著『論点解説　新・会社法―千問の道標』商事法務（2006年）207頁

の発行においては、自己株式の処分を伴わない。」などと記載して作成し、代表印（届出印）を押印します。また、資本金等増加限度額の２分の１を超えない額を資本金として計上しないこととした場合は、その旨をこの証明書に記載するとともに、その額を決定したことを証する取締役会議事録等の添付が必要です。

エ　DESの課税関係

（ア）贈与税のおそれ

DESを実施した場合において、株式の発行価額が税務上の時価と乖離するときには、DESを実施した後の１株当たりの株価が増額すると、その株価の増額部分が現物出資者から他の既存の株主に対する贈与とみなされ、贈与税が課されるおそれがあります。

（イ）中小企業に対する優遇税制を受けられなくなるおそれ

また、DESを実施した場合には資本金の額が増額するため、必要に応じて減資手続を行わなければ、次のような中小企業に対する優遇税制が受けられなくなるおそれがあります。

なお、法人住民税均等割や外形標準課税の資本割等については、地方税法上に規定する資本金等の額により決まり、無償減資の影響を受けないため、減資手続を行っても影響はありません。

a　資本金1,000万円未満の中小企業が適用可能な優遇税制

通常、法人の設立後２年間は消費税における基準期間がないため免税事業者となります。しかし、設立時や期首における資本金が1,000万円を超える場合は課税事業者となってしまいます。

b　資本金3,000万円以下の中小企業が適用可能な優遇税制

資本金3,000万円以下の中小企業で青色申告を選択している場合、特定中小企業者等に区分されます。この特定中小企業者等は、中小企業投資促進税制の税額控除が受けることができ、対象資産の購入金額やリース総額の７％の税金が免除されます。しかし、資本金が3,000万円を超える場合は特定中小企業者等に区分されなくなり、中小企業投資促進税制の税額控除を受けられなくなってしまいます。

c　資本金１億円以下の中小企業が適用可能な優遇税制

(a) 年800万円以下の所得金額に対する軽減税率の適用

中小企業の場合、所得金額のうち年800万円以下の部分については軽減税率が適用されます。しかし、資本金が１億円を超える場合は、この適用を受けられなくなってしまいます。

(b) 交際費課税の特例

中小企業の場合は、接待費や贈答費用などの交際費等のうち年800万円までを損金に算入することができます。しかし、資本金が１億円を超える場合は、交際費等が原則として損金不算入となってしまいます。

(c) 留保金課税の対象外

特定同族会社が株式配当をせずに内部留保をしている場合、その内部留保額に法人税を追加課税する留保金課税がありますが、中小企業の場合は特定同族会社から除かれるため、留保金課税の対象外となります。しかし、資本金が１億円を超える場合は、留保金課税の対象となってしまいます。

(d) 貸倒引当金の繰入れ

中小企業の場合は、貸倒引当金につき一定額の損金算入が認められます。しかし、資本金が１億円を超える場合は、貸倒引当金の繰入れは原則として損金不算入となってしまいます。

(e) 外形標準課税の対象外

法人事業税に適用される外形標準課税については、所得金額だけでなく付加価値額や資本割に対しても課税されますが、中小企業の場合は、外形標準課税の対象外となります。しかし、資本金が１億円を超える場合は、外形標準課税の対象となってしまいます。

(f) 青色申告欠損金の全額控除及び欠損金の繰戻還付

青色申告法人の欠損金は翌年度以降10年間の所得金額から控除できますが、中小企業の場合は欠損金の全額を所得金額から控除ができ、また、青色申告法人の中小企業に限り、前年度納付分の法人税の還付請求ができます。しかし、資本金が１億円を超える場合は、欠損金の控除限度額は原則として各年度の所得金額の50%となってしまいます。

(g) 少額減価償却資産の特例

中小企業は、パソコンなど固定資産について、経費に一括計上できる取得価額の基準が10万円未満から30万円未満までに拡充されます。しかし、資本金が１億円を超える場合は、取得価額の基準が10万円未満からとなってしまいます。

(h) 中小企業投資促進税制

中小企業の場合、一定額以上の新品資産を購入すると特別償却又は特別控除が適用されます。この特別償却により、中小企業が新品資産の取得価額の30％相当額を前倒しで損金に計上することができ、法人税の繰延効果があります。また、特別控除により、中小企業が新品資産の取得価額の７％相当額を税額控除することができ、法人税の減額効果があります。しかし、資本金が１億円を超える場合は、この特別償却や特別控除ができなくなってしまいます。

(3) 宅地等の取得

ア　小規模宅地等の評価減の特例

個人が相続や遺贈により宅地等を取得した場合に、小規模宅地等の評価減の特例の適用を受けることができる可能性があります。

この特例は、その相続開始の直前において被相続人又は被相続人と生計を一にしていた被相続人の親族の事業の用又は居住の用に供されていた宅地等のうち一定のものがある場合に、相続税の課税価格に算入すべき価額の計算上、その土地の評価額の一定割合を減額するものです。

イ　小規模宅地等の評価減の特例の除外

もっとも、次の宅地等については、小規模宅地等の評価減の特例の対象から除外され、この特例の適用を受けることができません。

・相続時精算課税に係る贈与によって取得した宅地等

・「個人の事業用資産についての贈与税の納税猶予及び免除」の適用を受けた特例事業受贈者に係る贈与者から相続又は遺贈により取得した特定事業用宅地等

・「個人の事業用資産についての相続税の納税猶予及び免除」の適用を受ける特例事業相続人等に係る被相続人から相続又は遺贈により取得した特定事業用宅地等

ウ　小規模宅地等の評価減の特例の要件

特例の適用を受けるためには、一定の要件を満たす必要があります。

また、特例の適用により相続税がゼロ円となる場合でも、相続税の申告が必要となります。

さらに、申告期限までに遺産分割が完了していない場合には、申告期限後３年以内に遺産分割が完了する見込みであることを内容とする分割見込書を当初申告書に添付する必要があります（詳細は第１章４（２）税金の申告・特例の期限参照）。

納税者は、小規模宅地等の評価減の特例の適用を受ける宅地等を選択することができますが、適用対象とする宅地等やその取得者によって要件を満たさなかったり、相続税の減額の利益を享受できなかったりします（小規模宅地等の評価減の特例等については次頁表をご参照ください）。特例を適用して当初申告した場合、事後になって特例を適用する宅地等を変更することはできませんので、遺産分割時には、小規模宅地等の評価減の特例の適用を受けることができるかを慎重に検討する必要があります。

なお、相続に関連する税金の具体的な内容については、相続専門の税理士に相談されることをお勧めします。

小規模宅地等の評価減の特例の要件等

<table>
<tr><th colspan="3">相続開始の直前における宅地等の利用区分</th><th colspan="2">要件</th><th>限度面積</th><th>減額割合</th></tr>
<tr><td rowspan="5">被相続人等の事業の用に供されていた宅地等</td><td colspan="2">貸付事業以外の事業用の宅地等</td><td>①</td><td>特定事業用宅地等に該当する宅地等</td><td>400 m^2</td><td>80%</td></tr>
<tr><td rowspan="4">貸付事業用の宅地等</td><td rowspan="2">一定の法人に貸し付けられ、その法人の事業（貸付事業を除きます）用の宅地等</td><td>②</td><td>特定同族会社事業用宅地等に該当する宅地等</td><td>400 m^2</td><td>80%</td></tr>
<tr><td>③</td><td>貸付事業用宅地等に該当する宅地等</td><td>200 m^2</td><td>50%</td></tr>
<tr><td>一定の法人に貸し付けられ、その法人の貸付事業用の宅地等</td><td>④</td><td>貸付事業用宅地等に該当する宅地等</td><td>200 m^2</td><td>50%</td></tr>
<tr><td>被相続人等の貸付事業用の宅地等</td><td>⑤</td><td>貸付事業用宅地等に該当する宅地等</td><td>200 m^2</td><td>50%</td></tr>
<tr><td colspan="3">被相続人等の居住の用に供されていた宅地等</td><td>⑥</td><td>特定居住用宅地等に該当する宅地等</td><td>330 m^2</td><td>80%</td></tr>
</table>

特例の適用を選択する宅地等	限度面積
特定事業用等宅地等（①又は②）及び 特定居住用等宅地等（⑥） （貸付事業用宅地等がない場合）	（①＋②）≦ 400 $m^2$⑥≦ 330 m^2 両方を選択する場合は、合計 730 m^2
貸付事業用宅地等（③、④又は⑤）及び それ以外の宅地等（①、②又は⑥） （貸付事業用宅地等がある場合）	（①＋②）×200/400＋⑥×200/330＋（③＋④＋⑤） ≦200

7 成年後見制度等

（1）概要

相続開始前、判断能力が衰えた場合の財産管理の方法として、成年後見制度等（法定後見制度、任意後見制度、財産管理契約等）の活用も考えられます[1、2]。

ア 法定後見制度

法定後見制度は、本人の判断能力の程度に応じ、家庭裁判所の審判により、補助・保佐・後見（以下「後見等」といいます）を開始し、本人の行為能力を制限することによって、判断能力が不十分となった本人の財産の保護を図る制度です。「精神上の障害により事理を弁識する能力が不十分である者」[3]（15条1項）については補助人が、「精神上の障害により事理を弁識する能力が著しく不十分である者」[4]（11条）については保佐人が、「精神上の障害により事理を弁識する能力を欠く常況にある者」[5]（7条）については後見人がそれぞれ選任され、本人の財産管理や身上監護に当たります。後見人等は、その事務を行うに当たっては、身上配慮義務が課され、本人の意思を尊重し、かつその心身の状態及び生活の状況に配慮しなければならないとされています。後見等の開始は、後見登記等ファイルに記録される方法により登記されます。

---

1 後見制度の詳細は、東京家庭裁判所後見センター作成の「よくある質問」が参考になります。（https://www.courts.go.jp/tokyo-f/vc-files/tokyo-f/file/13y-2.pdf）

2 参考文献として、赤沼康弘＝鬼丸かおる編著『成年後見の法律相談〈第3次改訂版〉』学陽書房（2014年）、片岡武＝金井繁昌＝草部康司＝川畑晃一『家庭裁判所における成年後見・財産管理の実務―成年後見人・不在者財産管理人・遺産管理人・相続財産管理人・遺言執行者〈第2版〉』日本加除出版（2014年）等

3 心身耗弱にまでは至らないが、精神的能力が衰えている状態（内田貴『民法Ⅰ　総則・物権総論〈第4版〉』東京大学出版会（2008年）115頁）

4 意思能力はあるが、財産管理に関する判断能力が平均より著しく低い状態（内田・前掲111-112頁）

5 意思能力さえない状態（内田・前掲109頁）

イ　任意後見制度

任意後見制度は、あらかじめ（判断能力の低下前に）任意後見受任者と任意後見契約を締結しておき、判断能力低下後に、任意後見契約を発効させて、判断能力が不十分となった本人の財産の保護を図る制度です（任意後見契約に関する法律２条１号）。任意後見契約は公証人が作成する公正証書によることを要します（同法３条）。任意後見契約は、家庭裁判所で任意後見監督人が選任されることにより発効し、任意後見人は、任意後見契約に定められた委任の範囲において、財産管理や身上監護の事務を行います（同法２条１号、４条）。判断能力低下前にあらかじめ契約をしておく点のほか、後見人を自ら選ぶことができる点、委任すべき後見事務の範囲を自ら設定しておける点で、法定後見と異なります。法定後見等と同じく、任意後見についても、後見登記等ファイルに記録する方法で登記されます（同法11条）。

ウ　財産管理契約等

法定後見、任意後見のほか、同種の機能を有するものとして、財産管理契約（生前事務委任契約）があります[6]。委任契約の一種であり、本人（委任者）と受任者との間の契約により、受任者に財産管理等の事務を委任します。委任の範囲は自由に設定できます。法定後見や任意後見が判断能力の低下を前提としているのに対し、財産管理契約は、判断能力は低下していないが身体上の障害や高齢により多額の財産を管理することが負担であるような場合に活用されます。財産管理を切れ目なく行う目的で、判断能力低下前は財産管理契約による財産管理を、判断能力低下後は任意後見による財産管理を行う複合的な契約（いわゆる「移行型」）も多く用いられます。

6　財産管理とは趣旨を異にしますが、自らの死後に備える契約として、死後事務委任契約があります。これは、葬儀や埋葬など、法定の遺言事項以外の死後の事務処理について、あらかじめ受任者に委任しておくものです。また、重篤な疾病等により治療等に関する意思表示ができない場合に備え、尊厳死宣言公正証書（事実実験公正証書の一種）やエンディングノートを作成しておくこともできます。

第2章書式②委任契約及び任意後見契約公正証書 DL

委任契約及び任意後見契約公正証書

本公証人は、委任者○○（以下「甲」という。）と受任者○○（以下「乙」という。）の嘱託により、以下の法律行為に関する陳述の趣旨を録取し、この証書を作成する。

第1　委任契約

（契約の趣旨）

第1条　甲は、乙に対し、以下のとおり、甲の生活、療養看護及び財産管理についての事務を委任し、乙はこれを受任する。

（委任事務の範囲等）

第2条　甲は、乙に対し、別紙代理権目録記載の事務（以下「本委任事務」という。）を委任し、その事務処理のための代理権を付与する。

2　乙は、善良なる管理者の注意をもって本委任事務の処理を行う。

（身上配慮義務）

第3条　乙は、本委任事務を処理するにあたっては、甲の意思を尊重し、かつ甲の身上に配慮するものとする。乙は、本委任事務を処理するため、適宜甲と面談し、ヘルパーその他の日常生活援助者から甲の生活状況を聞き、主治医その他の医療関係者から甲の心身の状態について説明を受けることなどにより、甲の生活状況及び健康状態の把握に努める。

（証書等の引き渡し・保管等）

第4条　甲は、乙に対し、本委任事務の処理に必要と認める範囲で、適宜の時期に、次の証書等を引き渡す。

①実印・銀行取引印　②印鑑登録カード・マイナンバーカード　③預貯金通帳・各種キャッシュカード・クレジットカード　④有価証券・その預かり証　⑤年金関係書類　⑥登記済権利証・不動産賃貸借契約書等の重要な契約書類　⑦その他本委任事務の処理に必要な一切の証書等

2　乙は、前項の証書等の引き渡しを受けたときは、甲に対し、預かり証を交付し、本委任事務の処理のためにこれらを使用・保管する。

3　乙は、甲以外の者が前項記載の証書等を所持しているときは、その者からこれらの証書等の引渡しを受けて、自らこれを保管することができる。

（費用の負担）

第５条　本委任事務を処理するために必要な費用は甲の負担とし、乙はその管理する財産の中からこれを支出することができる。

（報酬）

第６条　本委任事務処理に関する報酬は、無報酬とする。

２　報酬を無報酬とすることが不相当になったときは、甲乙協議して報酬を定めるものとする。

（報告）

第７条　乙は、甲に対し、３カ月ごとに、甲の財産の管理状況、費用の収支その他本委任事務の処理の状況について書面で報告する。

２　乙は、甲の請求があるときは、求められた事項につき速やかに報告する。

（契約の変更）

第８条　本契約に定める代理権の範囲を変更する契約は、公正証書によってするものとする。

（契約の解除）

第９条　甲及び乙は、いつでも本契約を解除することができる。ただし、解除の申出は、公証人の認証を受けた書面によってしなければならない。

（任意後見契約との関係）

第10条　本契約締結後、甲が任意後見契約に関する法律第４条第１項に定める「精神上の障害により事理を弁識する能力が不十分な状況」になったときは、乙は、家庭裁判所に対し、甲の同意を得て（ただし甲がその意思を表示することができないときはこの限りではない）、任意後見監督人の選任の申立をしなければならない。

２　本契約は、任意後見監督人が選任され、後記任意後見契約が効力を生じたときに終了する。

（契約の終了）

第11条　本契約は、前条第２項に定める場合のほか、次の場合に終了する。

①甲が死亡し、又は破産開始決定を受けたとき

②乙が死亡し、破産開始決定を受け、又は後見開始の審判を受けたとき

第２　任意後見契約

（契約の趣旨）

第１条　甲は、乙に対し、以下のとおり、任意後見契約に関する法律に基づき、同法第４条第１項に定める「精神上の障害により事理を弁識する能力が不十分な状況」になった場合における甲の生活、療養看護及び財産の管理に関する事務を委任し、乙はこれを受任する。

（契約の発効）

第２条　本契約は、任意後見監督人が選任されたときからその効力を生じる。

（委任事務の範囲等）

第３条　甲は、乙に対し、別紙代理権目録２記載の事務（以下「本後見事務」という。）を委任し、その事務処理のための代理権を付与する。

２　乙は、善良なる管理者の注意をもって本後見事務の処理を行う。

（身上配慮義務）

第４条　乙は、本後見事務を処理するにあたっては、甲の意思を尊重し、かつ甲の身上に配慮するものとする。乙は、本後見事務を処理するため、適宜甲と面談し、ヘルパーその他の日常生活援助者から甲の生活状況を聞き、主治医その他の医療関係者から甲の心身の状態について説明を受けることなどにより、甲の生活状況及び健康状態の把握に努める。

（証書等の引き渡し・保管等）

第５条　甲は、乙に対し、本後見事務の処理のため、次の証書等を引き渡す。

①実印・銀行取引印　②印鑑登録カード・マイナンバーカード　③預貯金通帳・各種キャッシュカード・クレジットカード　④有価証券・その預かり証　⑤年金関係書類　⑥登記済権利証・不動産賃貸借契約書等の重要な契約書類　⑦その他本件委任事務の処理に必要な一切の証書等

２　乙は、前項の証書等の引き渡しを受けたときは、甲に対し、預かり証を交付し、本後見事務の処理のためにこれを使用・保管する。

３　乙は、甲以外の者が第１項記載の証書等を占有又は所持しているときは、その者からこれらの証書等の引き渡しを受けて、これらを自ら保管することができる。

（費用の負担）

第６条　本後見事務を処理するために必要な費用は甲の負担とし、乙はその管理する財産の中からこれを支出することができる。

（報酬）

第７条　本後見事務処理に関する報酬は、無報酬とする。

２　報酬を無報酬とすることが不相当になったときは、甲乙協議して報酬を定めるものとする。

３　前項の場合において、甲がその意思を表示することができないときは、乙は、任意後見監督人の同意を得てこれを変更することができる。

４　本契約に定める報酬額を変更する契約は、公正証書によってするものとする。

（報告）

第８条　乙は、任意後見監督人に対し、３カ月ごとに、本後見事務に関する次の事項について書面で報告する。

①乙が管理する甲の財産の管理状況

②甲の身上監護について行った措置

③費用の支出及び使用の状況

④報酬を定めたときの報酬の支払い日とその額

２　乙は、任意後見監督人の請求があるときは、求められた事項につき速やかに報告する。

（契約の解除）

第９条　任意後見監督人が選任される前においては、甲及び乙は、いつでも本契約を解除することができる。ただし、解除の申出は、公証人の認証を受けた書面によってしなければならない。

２　任意後見監督人が選任された後においては、甲及び乙は、正当な事由がある場合に限り、家庭裁判所の許可を得て、本契約を解除することができる。

（契約の終了）

第10条　本契約は、前条第２項に定める場合のほか、次の場合に終了する。

①甲が死亡し、又は破産開始決定を受けたとき

②乙が死亡し、破産開始決定を受け、又は後見開始の審判を受けたとき

③甲が法定後見（後見、補佐又は補助）の審判を受けたとき

④その他法定の終了事由が生じたとき

2　前項の場合、甲又は乙は、任意後見契約終了の登記申請手続きをする。

以上

（以下略）

別紙代理権目録（参考①）任意後見契約に関する法律第３条の規定による証書の様式に関する省令　附録第１号様式

代理権目録

Ａ　財産の管理・保存・処分等に関する事項

Ａ１□　甲に帰属する別紙「財産目録」記載の財産及び本契約締結後に甲に帰属する財産（預貯金〔Ｂ１・Ｂ２〕を除く。）並びにその果実の管理・保存

Ａ２□　上記の財産（増加財産を含む。）及びその果実の処分・変更
□売却
□賃貸借契約の締結・変更・解除
□担保権の設定契約の締結・変更・解除
□その他（別紙「財産の管理・保存・処分等目録」記載のとおり）

Ｂ　金融機関との取引に関する事項

Ｂ１□　甲に帰属する別紙「預貯金等目録」記載の預貯金に関する取引（預貯金の管理、振込依頼・払戻し、口座の変更・解約等。以下同じ。）

Ｂ２□　預貯金口座の開設及び当該預貯金に関する取引

Ｂ３□　貸金庫取引

Ｂ４□　保護預り取引

Ｂ５□　金融機関とのその他の取引
□当座勘定取引　□融資取引
□保証取引　□担保提供取引
□証券取引〔国債、公共債、金融債、社債、投資信託等〕
□為替取引
□信託取引（予定（予想）配当率を付した金銭信託（貸付信託）を含む。）
□その他（別紙「金融機関との取引目録」記載のとおり）

Ｂ６□　金融機関とのすべての取引

Ｃ　定期的な収入の受領及び費用の支払に関する事項

Ｃ１□　定期的な収入の受領及びこれに関する諸手続
□家賃・地代
□年金・障害手当金その他の社会保障給付
□その他（別紙「定期的な収入の受領等目録」記載のとおり）

Ｃ２□　定期的な支出を要する費用の支払及びこれに関する諸手続
□家賃・地代　□公共料金
□保険料　□ローンの返済金
□その他（別紙「定期的な支出を要する費用の支払等目録」記載のとおり）

Ｄ　生活に必要な送金及び物品の購入等に関する事項

Ｄ１□　生活費の送金

Ｄ２□　日用品の購入その他日常生活に関する取引

Ｄ３□　日用品以外の生活に必要な機器・物品の購入

Ｅ　相続に関する事項

Ｅ１□　遺産分割又は相続の承認・放棄

Ｅ２□　贈与若しくは遺贈の拒絶又は負担付の贈与若しくは遺贈の受諾

Ｅ３□　寄与分を定める申立て

Ｅ４□　遺留分侵害額の請求

Ｆ　保険に関する事項

Ｆ１□　保険契約の締結・変更・解除

Ｆ２□　保険金の受領

Ｇ　証書等の保管及び各種の手続に関する事項

Ｇ１□　次に掲げるものその他これらに準ずるものの保管及び事項処理に必要な範囲内の使用
□登記済権利証
□実印・銀行印・印鑑登録カード
□その他（別紙「証書等の保管等目録」記載のとおり）

Ｇ２□　株券等の保護預り取引に関する事項

Ｇ３□　登記の申請

Ｇ４□　供託の申請

Ｇ５□　住民票、戸籍謄抄本、登記事項証明書その他の行政機関の発行する証明書の請求

Ｇ６□　税金の申告・納付

Ｈ　介護契約その他の福祉サービス利用契約等に関する事項

Ｈ１□　介護契約（介護保険制度における介護サービスの利用契約、ヘルパー・家事援助者等の派遣契約等を含む。）の締結・変更・解除及び費用の支払

Ｈ２□　要介護認定の申請及び認定に関する承認又は審査請求

Ｈ３□　介護契約以外の福祉サービスの利用契約の締結・変更・解除及び費用の支払

Ｈ４□　福祉関係施設への入所に関する契約（有料老人ホームの入居契約等を含む。）の締結・変更・解除及び費用の支払

Ｈ５□　福祉関係の措置（施設入所措置等を含む。）の申請及び決定に関する審査請求

Ｉ　住居に関する事項

Ｉ１□　居住用不動産の購入

Ｉ２□　居住用不動産の処分

Ｉ３□　借地契約の締結・変更・解除

Ｉ４□　借家契約の締結・変更・解除

Ｉ５□　住居等の新築・増改築・修繕に関する請負契約の締結・変更・解除

Ｊ　医療に関する事項

Ｊ１□　医療契約の締結・変更・解除及び費用の支払

Ｊ２□　病院への入院に関する契約の締結・変更・解除及び費用の支払

Ｋ□　**Ａ～Ｊ以外のその他の事項**（別紙「その他の委任事項目録」記載のとおり）

Ｌ　以上の各事項に関して生ずる紛争の処理に関する事項

Ｌ１□　裁判外の和解（示談）

Ｌ２□　仲裁契約

Ｌ３□　行政機関等に対する不服申立て及びその手続の追行

Ｌ４・１　任意後見受任者が弁護士である場合における次の事項

Ｌ４・１・１□　訴訟行為（訴訟の提起、

調停若しくは保全処分の申立て又はこれらの手続の追行、応訴等）

Ｌ４・１・２□　民事訴訟法第５５条第２項の特別授権事項（反訴の提起、訴えの取下げ・裁判上の和解・請求の放棄・認諾、控訴・上告、復代理人の選任等）

Ｌ４・２□　任意後見受任者が弁護士に対して訴訟行為及び民事訴訟法第５５条第２項の特別授権事項について授権をすること

Ｌ５□　紛争の処理に関するその他の事項（別紙「紛争の処理等目録」記載のとおり）

Ｍ　復代理人・事務代行者に関する事項

Ｍ１□　復代理人の選任

Ｍ２□　事務代行者の指定

Ｎ　以上の各事務に関連する事項

Ｎ１□　以上の各事項の処理に必要な費用の支払

Ｎ２□　以上の各事項に関連する一切の事項

注１　本号様式を用いない場合には、すべて附録第２号様式によること。

２　任意後見人が代理権を行うべき事務の事項の□にレ点を付すること。

３　上記の各事項（訴訟行為に関する事項〔Ｌ４・１〕を除く。）の全部又は一部について、数人の任意後見人が共同して代理権を行使すべき旨の特約が付されているときは、その旨を別紙「代理権の共同行使の特約目録」に記載して添付すること。

４　上記の各事項（訴訟行為に関する事項〔Ｌ４・１〕を除く。）の全部又は一部について、本人又は第三者の同意（承認）を要する旨の特約が付されているときは、その旨を別紙「同意（承認）を要する旨の特約目録」に記載して添付すること。（第三者の同意（承認）を要する旨の特約の場合には、当該第三者の氏名及び住所（法人の場合には、名称又は商号及び主たる事務所又は本店）を明記すること。）。

５　別紙に委任事項・特約事項を記載するときは、本目録の記号で特定せずに、全文を表記すること。

出典：e-Gov ウェブサイト（https://www.e-gov.go.jp）

別紙代理権目録（参考②）任意後見契約に関する法律第３条の規定による証書に関する省令　附録第２号様式

代　理　権　目　録

一、　何　　　何

一、　何　　　何

一、　何　　　何

一、　何　　　何

一、　何　　　何

注１　附録第１号様式を用いない場合には、すべて本号様式によること。

２　各事項（訴訟行為に関する事項を除く。）の全部又は一部について、数人の任意後見人が共同して代理権を行使すべき旨の特約が付されているときは、その旨を別紙「代理権の共同行使の特約目録」に記載して添付すること。

３　各事項（任意後見受任者が弁護士である場合には、訴訟行為に関する事項を除く。）の全部又は一部について、本人又は第三者の同意（承認）を要する旨の特約が付されているときは、その旨を別紙「同意（承認）を要する旨の特約目録」に記載して添付すること（第三者の同意（承認）を要する旨の特約の場合には、当該第三者の氏名及び住所（法人の場合には、名称又は商号及び主たる事務所又は本店）を明記すること。）。

４　別紙に委任事項・特約事項を記載するときは、本目録の記号で特定せずに、全文を表記すること。

出典：e-Gov ウェブサイト（https://www.e-gov.go.jp）

（2）精神上の障害により事理を弁識する能力が著しく不十分である場合等と取締役等の責任

ア　善管注意義務

取締役や監査役が精神上の障害により事理を弁識する能力が著しく不十分である場合等であっても、直ちに退任することにはなりません。

任期中は、取締役や監査役としての善管注意義務（会社法330条、民法644条）を負うことになりますが、それは、行為者の有している個別的・具体的な能力や注意力とは関係なく、行為者が従事する職業や地位に対して通常期待される一般的・抽象的な注意義務ですので[7]、取締役や監査役を続けるリスクは大きいと言わざるを得ません。

イ　退任方法

取締役や監査役の退任事由は、任期満了、死亡、辞任、解任及び資格喪失（会社法331条、335条）です。

取締役や監査役が精神上の障害により事理を弁識する能力が著しく不十分である場合等に辞任することができるかが問題になりますが、法律行為の当事者が意思表示をした時に意思能力を有しなかったときは、その法律行為は、無効です（3条の2）。辞任の意思表示は、受任者の一方的意思表示により、委任契約を終了させる法律効果を生じさせる単独行為ですので[8]、取締役や監査役に意思能力がなければ、取締役や監査役を辞任することはできません。したがって、取締役や監査役が精神上の障害により事理を弁識する能力が著しく不十分である場合等において、辞任するときには、意思能力がある時に、辞任届を作成することになります[9]。ただし、取締役や監査役の辞任登記に際して、取締役や監査役に意思能力があったことを証明する必要はありませんので、実際上は、本人において辞任届を作成することができれば、辞任することに支障はありません。

7　東京地方裁判所商事研究会編『類型別会社訴訟Ⅰ〈第三版〉』商事法務（2011年）238頁
8　川島武宜＝平井宜雄編『新版注釈民法⑶総則⑶』有斐閣（2003年）〔平井宜雄〕49-50頁
9　後見開始の要件である「精神上の障害により事理を弁識する能力を欠く常況にある」というのは、意思能力さえない状態です（内田・前掲109頁）。

もっとも、辞任することにより取締役や監査役の員数を欠く場合[10]には、取締役や監査役としての権利義務が残ることになります（会社法 346 条１項）。その場合には、残りの取締役に対して、速やかに新たな取締役や監査役を選任するよう求めることになります。しかし、適任者がいないなどの理由から新たな取締役や監査役を選任しない場合には、解任するよう求めることになります。

仮に何らかの事情により、解任してもらえない場合には、資格喪失する方法を検討することになります。成年被後見人や被保佐人は取締役や監査役となることができません（会社法 331 条１項２号、335 条１項）。したがって、取締役や監査役は、後見や保佐の開始日（開始の審判の効力発生日）[11]に退任することになります[12]。また、代表取締役は、取締役の地位を失うことにより、代表取締役を退任することになります。ただし、令和元年の会社法改正により、同法 331 条１項２号は削除されたため、その施行後は、退任できないことには留意が必要です。

成年後見や保佐の開始は、家庭裁判所の審判が必要になりますが、その申立ては、本人、配偶者、四親等内の親族等によりすることができます（７条、11 条）。したがって、精神上の障害により事理を弁識する能力が著しく不十分である場合等には、成年後見又は保佐開始の審判を申立てることが考えられます。

（３） 精神上の障害により事理を弁識する能力が著しく不十分である場合等と株主総会における議決権の行使

ア　本人による議決権の行使

株主が精神上の障害により事理を弁識する能力が著しく不十分である場合等に株主総会において議決権を行使することができるかが問題になりますが、法律行為の当事者が意思表示をした時に意思能力を有しなかったときは、そ

10　取締役会設置会社の場合には代表取締役１人以上（会社法 362 条３項）、取締役３人以上（同法 331 条５項）、監査役を設置する会社の場合には監査役１人以上。

11　審判の告知を受けた日から２週間を経過した日（838 条２号、876 条、家事事件手続法 74 条２項ただし書、４項、86 条、123 条、132 条）

12　松井信憲『商業登記ハンドブック〈第３版〉』商事法務（2015 年）408-409 頁

の法律行為は、無効です（3条の2）。株主総会における議決権の行使は、意思表示に準ずるもので、意思表示に関する民法上の一般原則が適用されると解されています[13]。したがって、株主が精神上の障害により事理を弁識する能力が著しく不十分である場合等には、意思能力がある時でなければ議決権を行使することはできません。

イ　代理人による議決権の行使

会社法上、株主は、代理人によってその議決権を行使することができると定められています（会社法310条1項前段）。もっとも、実務上、代理人の資格を株主に限るとの定款の定めを設けていることが一般的であり、そのような定款の定めも有効であると解されています[14]。そのため、株主に意思能力がある場合には（3条の2）、他の株主に代理権を授与することにより、株主総会において議決権を行使することができます。

また、株主に意思能力がある場合には（3条の2）、会社の委任状勧誘に対して白紙委任をすることにより、株主総会において議決権を行使することもできます。

定款による代理人の資格制限については、まず、例えば、法人の使用人による議決権の行使[15]や病気・老齢である株主の親族による議決権の行使[16]等、特段の事情がある場合には、株主以外の者を代理人として議決権の行使もできると解されています。株主総会が攪乱され会社の利益が害されるおそれがないこと、株主資格を持たない代理人による議決権行使を認めなければ、事実上議決権行使の機会を奪うに等しくなることの要素から限界の範囲は画されるとの整理がなされています[17]。したがって、株主に意思能力がある場合には（3条の2）、親族に代理権を授与することにより、株主総会において議決権を行使することもできると考えられます。

13　大森忠夫「議決権」田中耕太郎編『株式會社法講座第3巻』有斐閣（1956年）901頁、大隅健一郎＝今井宏『会社法論中巻〈第3版〉』有斐閣（1992年）53頁
14　最判昭和43・11・1民集22巻12号2402頁〔27000901〕
15　最判昭和51・12・24民集30巻11号1076頁〔27000299〕
16　大阪高判昭和41・8・8下級民集17巻7＝8号647頁〔27411059〕
17　岩原紳作編『会社法コンメンタール7－機関(1)』商事法務（2013年）〔山田泰弘〕172-173頁

次に、代理人の資格を株主に限るとの定款の定めは、任意代理に関するもので、法定代理人には適用されないと解されています[18]。成年後見人や保佐人、補助人は、それぞれ成年被後見人や被保佐人、被補助人の法定代理人ですので、成年後見人や被保佐人、被補助人は、株主総会において議決権を行使することができますが、包括的な代理権を有する成年後見人の場合を除き（859条１項）、保佐人や補助人の場合には、「株主権の行使」を授権事項として定めておく必要があると考えられます（876条の４第１項、876条の９第１項）。

任意後見契約の場合、任意後見人は、法定代理人ではありませんが、任意後見契約に関する法律に基づき所定の様式に従って締結される契約ですので（任意後見契約に関する法律２条１号、３条）、任意後見人に株主総会において議決権を行使させても株主総会が攪乱され会社の利益が害されるおそれはなく、また、任意後見人に株主総会において議決権を行使させないことは、事実上議決権行使の機会を奪うに等しくなるといえます。したがって、任意後見人の事務として、「株主権の行使」を授権事項として定めている場合には（同法２条１号、６条）、任意後見人による議決権の行使は許されるものと考えられます。

ウ　信託による議決権の行使

その他、株式を信託することにより（信託法３条１号）、受託者が議決権を行使することができます。株主に意思能力がある時に、株式の信託契約を締結することになります（３条の２）。

株式信託については、その株式の発行会社を受託者とする場合や、受託者による議決権行使に対してその株式の発行会社が指図し得るような場合には、会社法308条２項、310条２項の趣旨に反するとして、受託者による議決権行使は無効であるとの見解もあることには注意が必要です[19]。

18　大隅＝今井・前掲59頁
19　岩原編・前掲〔山田泰弘〕182-183頁

8 安定・多数株主確保対策

（1）会社経営において保有すべき議決権の割合

ア 株主総会決議の類型

会社法上、株主総会における決議には、普通決議、特別決議及び特殊決議といわれるものがあります。このうち、普通決議が過半数、特別決議が３分の２以上、特殊決議がそれ以上の割合としています（会社法309条１、２、４項）。その他に、例外的に、全員一致の場合に効力が認められるものもあります。

イ 普通決議

非上場会社の場合には、オーナーの後継者において議決権の過半数を確保することは必要不可欠となります。

取締役の選任や解任は、株主総会の普通決議によることとされています（会社法341条）。そのため、議決権の過半数を確保できていなければ、取締役に選任されることもなく、解任されてしまうおそれもあります。

ウ 特別決議

次に、オーナーの後継者において議決権の３分の２を確保できていれば、より望ましいといえます。

会社の基本的な事項を定める定款の変更（会社法466条、309条２項11号）や、合併、会社分割等の組織再編（同法743条～816条、309条２項12号）、株式併合等（同法180条、309条２項４号）の会社の重要事項を決定するのは、株主総会です。これらは、株主総会の特別決議によることになりますので（同法309条２項）、議決権の３分の２を確保できていれば、会社の重要事項についても自由に決定できることになります。

ただし、議決権の３分の２を確保できていないとしても、経営に支障があるということはありません。

エ 全員一致

最後に、すべての議決権を保有していれば手続は柔軟になります。

会社法上、すべての株主が同意しなければならないものは、取締役の会社に対する損害賠償責任の免除（会社法424条）や、発行済株式の種類株式への変更、株主総会の招集手続や決議、報告の省略（同法300条、319条、320条）などわずかです。

株主総会の招集手続や決議、報告の省略ができれば、柔軟な手続ができるようになりますが、それほど重要なことではありません。

（2）生前贈与・遺言

安定・多数株主を確保するため、後継者を決め、その者にすべての株式を譲渡することが考えられます。

譲渡する方法は、生前贈与、死因贈与、遺贈又は特定財産承継遺言（相続させる旨の遺言）により承継することが考えられますが、これらのいずれにするかは、遺留分や税金などを考えて決定することになります。

ところで、平成30年の相続法改正前には、遺留分減殺の順序の指定制度がありました。これは、遺留分減殺請求があった場合に減殺される財産の順序を指定するものです。この指定がない場合には、民法の定めに従って、遺贈、死因贈与、死亡時に近い生前贈与の順に減殺されることになります。しかし、平成30年の相続法改正により、遺留分減殺請求が価額賠償を原則とする制度に変更されたため、遺留分減殺の順序の指定制度は廃止されました。

（3）全株式を取得する方法

ア　合意

全株式を取得する方法としては、まず、株式譲渡の合意をすることが考えられます。

すべての株主から株式を譲り受けることができれば、全株式を取得することができます。この株式譲渡は、無償でも有償でも構いません。

ただし、遺留分や税金については別途考慮する必要があります。

イ　特別支配株主の株式売渡請求

次に、特別支配株主の株式売渡請求をすることが考えられます（会社法

179条～179条の10)。これは、平成26年会社法改正により新たに設けられた制度で、株式の90%以上を保有している株主（特別支配株主。同法179条1項）に限り採用することができる方法です。

特別支配株主の株式売渡請求は、株式の90%以上を保有している特別支配株主が他の株主全員に対してその株式の全部を売り渡すことを請求するものです（同法179条)。この請求は、特別支配株主が買主になり、全株式を取得しなければならないものですので、特別支配株主において資金の手当てが必要になります。特別支配株主は、所定の事項を定めて、会社に対して株式の売渡を請求し（同法179条の2)、会社は、取締役会において承認するかを決定し（同法179条の3第1、3項)、特別支配株主に決定内容を通知し（同条4項)、他の株主に承認した旨、特別支配株主の氏名等を通知します（同法179条の4第1項1号、179条の2第1項1～5号、会社法施行規則33条の6)。その他、事前備置書面（会社法179条の5）や事後備置書面（同法179条の10）を作成します。

この方法によれば、20日で特別支配株主が他の株主の株式すべてを取得することができます（同法179条の4第1項柱書)。

ウ　株式併合

また、株式併合をすることが考えられます（会社法180条～182条の6)。これは、株式の90%以上を保有していない場合であっても、株主総会の特別決議による承認を得られることが見込まれるときに採用することができる方法です（同法180条2項、309条2項4号)。株主総会の特別決議は、その株主総会において議決権を行使することができる株主の議決権の過半数（3分の1以上の割合を定款で定めた場合にあっては、その割合以上）を有する株主が出席し、出席した当該株主の議決権の3分の2以上に当たる多数をもって行うことになります。

この株式併合は、併合比率を定めますが、後継者の保有することとなる株式のみ1株以上となるよう併合比率を調整します。例えば、発行済株式総数が300株で、後継者が保有する株式が200株、他の株主が保有する株式が50株、30株、20株のときに、100株を1株とする併合比率とすることにより、後継者が保有する株式は２株、他の株主が保有する株式は、0.5、0.3、0.2となり、後継者が唯一の株主として残ることになります（同法235条）。

株式併合により、１株に満たない端数株式が生じた場合には、その端数の合計数に相当する数の株式を、競売又は裁判所の許可を得て、会社又は第三者に売却し、端数株式の株主にその代金を交付する必要があります（同法235条、234条２～５項）。会社の取得については財源規制があります（同法461条１項７号）。また、裁判所の許可を得て売却する場合には、取締役全員の同意が必要になります（同法235条２項、234条２項）。

通常は、裁判所の許可を得て行うことになりますが、申立書の添付書類には、会社の登記事項証明書、会社の定款、取締役全員の同意書、株主に対する通知（同法181条１項）、株式併合の手続に関する株主総会議事録、事前開示書面（同法182条の２）、事後開示書面（同法182条の６）、株式の買受けに関する取締役会議事録（会社が買い受ける場合）又は買受書（会社以外の第三者が買い受ける場合）、株価を根拠付ける客観的な資料（株価算定書等）、端数相当株式目録などの関係資料の準備が必要になります。

この方法によれば、20日で会社又は第三者が他の株主の株式を取得することができます（同法181条１項、182条の４第３項）。

エ　全部取得条項付種類株式

平成26年の会社法改正前は、全部取得条項付種類株式を用いる方法が一般的でした。しかし、現在は、特別支配株主の株式売渡請求又は株式併合の方法が一般的で、全部取得条項付種類株式を用いることはされていません。

（４）会社分割（新設分割）

ア　後継者を１人に限定しない方法

会社の事業が複数ある場合には、後継者を１人に限定しない方法もあります。新設分割（会社分割）を用いる方法です（会社法２条30号、762条～764条、775条～780条、782条～792条、794条～801条）。例えば、本業と副業（不動産賃貸等）がある場合において、それぞれの事業が独立しているときには、一方の事業を元の会社に残し、他方の事業を新設分割設立会社に承継させます。事業を承継する方法としては、この新設分割（会社分割）のほかに、事業譲渡がありますが、事業譲渡では、すべての債権や取引について債権者や取引先の承諾を得る必要があり、手続が煩雑になりますので、会社法上、債権者や取引先の承諾を必要としない新設分割（会社分割）の方法が便利です。なお、契約上、会社分割などが契約の解除事由になっていることもあり、そのようなときには、個別に承諾を得ることになります。

イ　事業の承継

新設分割の場合には、新設分割計画書を作成し、新設分割設立株式会社に承継する資産、債務、雇用契約その他の権利義務に関する事項を定めます。本業に関する事業を元の会社に残し、副業に関する事業を新設分割設立会社に承継するか、又は本業に関する事業を新設分割設立会社に承継し、副業に関する事業を元の会社に残すかは、契約や許認可の制約、税務上のメリットなどを考慮して決定することになります。

ウ　株主の調整

また、新設分割設立会社の株主には、元の会社の株主がなります。そのため、元の会社の株主と新設分割設立会社の株主を調整することになります。

まず、無議決権株式（種類株式）を用いる方法があります。例えば、株主グループＡとＢがある場合に、株主グループＡが元の会社の経営権を握り、株主グループＢが新設分割設立会社の経営権を握る場合には、元の会社及び新設分割設立会社の双方で無議決権株式（種類株式）を作成し、元の会社では、株主グループＢの保有する株式をすべて無議決権株式に変更し、新設分割設立会社では、株主グループＡの保有する株式をすべて無議決権株式に変更します。そうすることにより、元の会社では株主グループＡのみが議決権を保有することになり、また、新設分割設立会社では株主グループＢのみが議決権を保有することになります。この場合には、株式グループＡ及びＢの間で株式の譲渡が必要ないため、課税されることがありません。ただし、配当の支払や種類株主総会の対応、株式グループＡ及びＢがその株式を相続することになれば、実質的に価値のない株式の相続により相続税の負担が発生することになる問題があります。

次に、株式を譲渡する方法があります。例えば、株主グループＡとＢがある場合に、株主グループＡが元の会社の経営権を握り、株主グループＢが新設分割設立会社の経営権を握る場合には、株主グループＢの株主が元の会社の株式を株主グループＡの株主に譲渡し、株主グループＡの株主が新設分割設立会社の株式を株主グループＢの株主に譲渡します。このとき、元の会社と新設分割設立会社の価値の割合が株主グループＡとＢの従前の株式保有割合に応じたものになっていれば、株主グループＢの保有する元の会社の株式の価値と株主グループＡの保有する新設分割設立会社の株式の価値は等しくなります。そのため、株主グループＡとＢの間で金銭の支払は一切ありません。株主グループＡとＢの間で株式譲渡契約を締結し、必要な譲渡承認手続や株主名簿の名義書換手続を行うことで足り、手続は簡便ですし、それぞれ元の会社の株主は株主グループＡのみ、新設分割設立会社の株主は株主グループＢのみとなり、わかりやすい構成になります。もっとも、株主グループＡとＢの間における株式譲渡に対する課税の問題があり、納税資金の調達方法について別途手当てが必要になります。

第２章書式③贈与契約書（生前贈与）

贈与契約書

贈与者○（以下「甲」という）と受贈者○（以下「乙」という）とは本日、以下のとおり贈与契約を締結した。

第１条　甲は乙に対し、甲の所有する下記の財産を贈与することを約し、乙はこれを承諾した。

記

○株式会社　　　　　　　　　　　○株[1]

第２条　甲は、第１条に基づき贈与した財産を、○年○月○日までに、乙へ引き渡すものとし、当該引渡しにより所有権が移転する。

第３条　甲及び乙は第１条の財産の移転手続を遅滞なく行う。

第４条　甲は、第１条の財産の贈与については、甲の相続に関し、共同相続人の相続分を算定する場合、特別受益としての持戻しを免除する[2]。

以上を証するため、本書２通を作成し、甲乙双方が記名押印のうえ、各１部を保有する。

○年○月○日

（甲）住所
　　　氏名　　　　　　　　　　　印
（乙）住所
　　　氏名　　　　　　　　　　　印

1　株式の種類が複数ある場合は、種類も記載します。

2　自社株など、相続時に高額になることが見込まれる場合は、持戻し免除を検討します。ただし、遺留分を侵害する場合、遺留分侵害額請求を拒めるものではありません。

第2章書式④贈与契約書（死因贈与） DL

贈与契約書

贈与者○（以下「甲」という）と受贈者○（以下「乙」という）とは本日、以下のとおり死因贈与契約を締結した。

第1条　甲は乙に対し、甲の死亡を停止条件として効力を生じ、死亡と同時に所有権が乙に移転するものと定めて、甲の所有する別紙物件目録記載の不動産（以下「本件不動産」という）を贈与することを約し、乙はこれを承諾した（以下「本件死因贈与契約」という）。
第2条　乙は、本件死因贈与契約を受ける負担として、甲の妻A（○年○月○日）の生涯にわたって、同人を扶養し、面倒をみなければならない。
第3条　甲が死亡する前に乙が死亡した場合は、本契約に基づく贈与の効力は生じない。
第4条　甲及び乙は、本件不動産について乙のために○年○月○日までに本件死因贈与契約を原因とする始期付所有権移転仮登記手続を行うものとし、甲は、乙が上記仮登記申請手続をすることを承諾した[1]。
第5条　甲は、次の者を執行者に指定する。

記

住所　　　○○
氏名　　　○○
生年月日　○年○月○日

以上を証するため、本書2通を作成し、甲乙双方が記名押印のうえ、各1部を保有する。

○年○月○日
（甲）住所
　　　氏名　　　　　　　　　　　　印
（乙）住所
　　　氏名　　　　　　　　　　　　印

1　始期付所有権移転仮登記手続を行えば、被相続人が、第三者に唆されて不動産を売却したとしても、受贈者が優先することになります。

（別紙）

物件目録

1　土地

所在　　○○

地番　　○○

地目　　○○

地積　　○○ m^2

2　建物

所在　　　○○

家屋番号　○○

種類　　　○○

構造　　　○○

床面積　　1階　○○ m^2

　　　　　2階　○○ m^2

第2章書式⑤遺言書（自筆）1 DL

遺言書[1]

第1条　遺言者は、妻A（平成○年○月○日生）に、別紙財産目録1及び2記載の不動産を相続させる。

第2条　妻Aが遺言者より以前に死亡していたときは、前項の不動産を長男Bの（平成○年○月○日生）に相続させる[2]。

第3条　遺言者は、長男Bに、別紙財産目録3記載の預貯金を相続させる。

第4条　遺言者は、次男C（平成○年○月○日生）に、別紙財産目録4記載の㊞~~預貯金~~[3]を相続させる。
　　株式

第5条　遺言者は、遺言者及び祖先の祭祀を主宰すべき者として、長男Bを指定する。

第6条　遺言者は、この遺言の遺言執行者として、次の者を指定する。

住所　○○　職業　○○　氏名　○○　生年月日　○○

2　遺言執行者は、この遺言に基づく不動産に関する登記手続並びに預貯金、株式等の金融資産の名義変更、解約、払戻し及び貸金庫の開扉・解約その他この遺言の執行に必要な一切の行為をする権限を有する。

3　遺言執行者に対する報酬は金○万円とする。

令和元年4月7日

山　田　太　郎　㊞[4]

上記3中、三字削除二字追加

山　田　太　郎[5]

1　財産目録以外は自署します（968条1、2項参照）。
2　遺言者が亡くなるより前に相続人が死亡するおそれがあるときは、次順位の者を定めておくことで、より遺言者の意思を反映することができます。
3　変更部分には押印をします（同条3項）。
4　日付、氏名の自署及び押印が必要になります（同条1項）。
5　変更の付記及び署名をします（同条3項）。

（別紙）

財産目録

1　土地

所在　　○○

地番　　○○

地目　　○○

地積　　○○ m^2

持分　　○分の1

2　建物

所在　　　○○

家屋番号　○○

種類　　　○○

構造　　　○○

床面積　　1階　○○ m^2

　　　　　2階　○○ m^2

3　預貯金

（1）ゆうちょ銀行　通常貯金　記号　○○　番号　○○

（2）○銀行　○支店　普通預金　口座番号　○○

4　株式

（1）　○株式会社　普通株式　○株

（2）　株式会社○　第1種優先株式　○株

5　投資信託

○○ファンド　○口

山　田　太　郎　㊞[6]

6　本文と異なる印鑑でもよいとされていますが（『一問一答』106頁）、偽造を疑われるリスクがあるため、同一の印鑑とすべきです。財産目録については、毎頁（両面の場合、両面）に署名押印する必要があります（968条2項）。

6　国債

　第○回個人向け国債固定○年　　　額面　○万円

山　田　太　郎　　㊞

第２章書式⑥遺言書（自筆）２

遺言書[1]

1　妻Aに、別紙1および2の不動産を相続させる。

2　長男Bに、別紙3の預貯金を相続させる。

令和元年四月七日

山　田　太　郎　　㊞[2]

1　財産目録以外は自署します（968条１、２項参照）。

2　日付、氏名の自署及び押印が必要になります（同条１項）。

（別紙1）

※　令和2年1月14日以降に発行される証明書のイメージです。

東京都特別区南都町1丁目101　　　全部事項証明書　　　（土地）

表　題　部　（土地の表示）		調製	余白	不動産番号	0000000000000
地図番号	余白	筆界特定	余白		
所　在	特別区南都町一丁目			余白	
①　地　番	②地　目	③　地　積　㎡		原因及びその日付〔登記の日付〕	
101番	宅地	300｜00		不詳 〔平成20年10月14日〕	
所　有　者	特別区南都町一丁目1番1号　甲　野　太　郎				

権　利　部　（甲　区）　（所　有　権　に　関　す　る　事　項）			
順位番号	登　記　の　目　的	受付年月日・受付番号	権　利　者　そ　の　他　の　事　項
1	所有権保存	平成20年10月15日 第637号	所有者　特別区南都町一丁目1番1号 甲　野　太　郎
2	所有権移転	令和1年5月7日 第806号	原因　令和1年5月7日売買 所有者　特別区南都町一丁目5番5号 法　務　五　郎

見本

権　利　部　（乙　区）　（所　有　権　以　外　の　権　利　に　関　す　る　事　項）			
順位番号	登　記　の　目　的	受付年月日・受付番号	権　利　者　そ　の　他　の　事　項
1	[illegible]当権設定	令和1年5月7日 第807号	原因　令和1[illegible]7日金銭消費貸借同日設定 債権額　金4[illegible]0万円 利息　年2[illegible]6[illegible]%（[illegible]365日日割計算） 損害金[illegible]年14[illegible]5%（年365日日割計算） 債務者　特別区[illegible]都町一丁目5番5号 法　務　五　郎 抵当権者　特別区北都町三丁目3番3号 株　式　会　社　南　北　銀　行 （取扱店　南都支店） 共同担保　目録(あ)第2340号

共　同　担　保　目　録			
記号及び番号	(あ)第2340号	調製	令和1年5月7日
番　号	担保の目的である権利の表示	順位番号	予　　備
1	特別区南都町一丁目　101番の土地	1	余白
2	特別区南都町一丁目　101番地　家屋番号　101番の建物	1	余白

＊　下線のあるものは抹消事項であることを示す。　　整理番号　D12445　（1／3）　　1／2

※　令和２年１月１４日以降に発行される証明書のイメージです。

東京都特別区南都町１丁目１０１　　全部事項証明書　　（土地）

見　本

これは登記記録に記録されている事項の全部を証明した書面である。

令和２年１月１４日
関東法務局特別出張所　　登記官　　法　務　八　郎　みほん 電子公印

＊　下線のあるものは抹消事項であることを示す。　　整理番号　D１２４４５　（　１／３　）　　２／２

山　田　太　郎　㊞[3]

出典：法務省ウェブサイト（http://www.moj.go.jp/content/001309855.pdf）

3　目録の押印は、本文と異なる印鑑でもよいとされていますが（『一問一答』106頁）、偽造を疑われるリスクがあるため、同一の印鑑とすべきです。

（別紙２）

※　令和２年１月１４日以降に発行される証明書のイメージです。

東京都特別区南都町１丁目１０１　　　全部事項証明書　　　（建物）

表　題　部　（主である建物の表示）		調製	余白	不動産番号	００００００００００００００
所在図番号	余白				
所　　在	特別区南都町一丁目　１０１番地			余白	
家屋番号	１０１番			余白	
①　種　類	②　構　造	③　床　面　積　㎡		原因及びその日付〔登記の日付〕	
居宅	木造かわらぶき２階建	１階　８０：００ ２階　７０：００		令和１年５月１日新築 〔令和１年５月７日〕	

表　題　部　（附属建物の表示）				
符　号	①種　類	②　構　造	③　床　面　積　㎡	原因及びその日付〔登記の日付〕
１	物置	木造かわらぶき平家建	３０：００	〔令和１年５月７日〕
所　有　者	特別区南都町一丁目５番５号　法　務　五　郎			

権　利　部　（　甲　区　）　（所　有　権　に　関　す　る　事　項）			
順位番号	登　記　の　目　的	受付年月日・受付番号	権　利　者　そ　の　他　の　事　項
１	所有権保存	令和１年５月７日 第８０５号	所有者　特別区南都町一丁目５番５号 法　務　五　郎

見本

権　利　部　（　乙　区　）　（所　有　権　以　外　の　権　利　に　関　す　る　事　項）			
順位番号	登　記　の　目　的	受付年月日・受付番号	権　利　者　そ　の　他　の　事　項
１	抵当権設定	令和１年５月７日 第８０７号	原因　令和１年５月７日金銭消費貸借同日設定 債権額　金４，０００万円 利息　年２・６０％（年３６５日日割計算） 損害金　年１４・５％（年３６５日日割計算） 債務者　特別区南都町一丁目５番５号 法　務　五　郎 抵当権者　特別区北都町三丁目３番３号 株　式　会　社　南　北　銀　行 （取扱店　南都支店） 共同担保　目録(あ)第２３４０号

共　同　担　保　目　録			
記号及び番号	(あ)第２３４０号	調製	令和１年５月７日
番　号	担保の目的である権利の表示	順位番号	予　　備
１	特別区南都町一丁目　１０１番の土地	１	余白
２	特別区南都町一丁目　１０１番地　家屋番号　１０１番の建物	１	余白

＊　下線のあるものは抹消事項であることを示す。　　　整理番号　Ｄ１２４４５　（　２／３　）　　１／２

※　令和２年１月１４日以降に発行される証明書のイメージです。

東京都特別区南都町１丁目１０１　　　　全部事項証明書　　　　（建物）

見　　本

これは登記記録に記録されている事項の全部を証明した書面である。

令和２年１月１４日
関東法務局特別出張所　　　　登記官　　　　法　務　八　郎　みほん 電子公印

＊　下線のあるものは抹消事項であることを示す。　　　　整理番号　D12445　（2／3）　　2／2

山　田　太　郎　㊞

出典：法務省ウェブサイト（http://www.moj.go.jp/content/001309856.pdf）

（別紙3）

普通預金

おなまえ

ヤマダ　タロウ　サマ

	金額	変更後金額	店番号	口座番号
○優通帳限度額は次の通りです。	円	円 円		

株式会社 ○○○○○銀行
（銀行コード：0000）

お取引店　××支店

電話 ×××（×××）××××

印紙税申告納
付につき麹町
税務署承認済

お客さまへ
- この預金は、お取引店のほか全国の当行の窓口または現金自動預金機でお預入れができます。
- キャッシュカードがあれば、通帳・印鑑がなくても、全国の当行および提携金融機関の現金自動預金機でお引き出しができます。なお、提携金融機関でのお引き出しには、所定の手数料が必要です。

このご案内のつづきは、裏表紙見開きにあります。

山　田　太　郎　㊞

第2章書式⑦遺言書（自筆）3 DL

遺言書

遺言者は、遺言者の有する一切の財産を、遺言者の妻A（平成○年○月○日生）に相続させる。

令和元年四月七日

山　田　太　郎　　㊞[1]

1　日付、氏名の自署及び押印が必要になります（968条1項）。

第3章

相続発生

1　直後

（1）預貯金の引出し

事例

Xは、令和2年3月10日に死亡した。

Xには、妻Aと、前妻Bとの間に長男C、次男Dがいた（法定相続分はAが1/2、Cが1/4、Dが1/4）。

Xの資産は、以下のとおりであった。

①自宅（1億円の土地、2,000万円の建物）
②預貯金（P銀行V支店普通預金5,000万円、P銀行W支店定期預金3,000万円、③Q銀行Z支店普通預金100万円）
④債務（友人Hに100万円（弁済期令和2年3月1日））
⑤Xの葬儀費用として、500万円がかかった。

喪主である妻Aは、長男C、次男Dとの折り合いが悪く、Xの預貯金の引出しに長男C、次男Dの協力は得られなかった。

妻AはXに扶養されており、特に資産を持っていなかった。Xは自営業で遺族年金の要件も満たしておらず、Aは、葬儀費用とHへの債務の支払、今後の自分の生活費に苦慮していた。

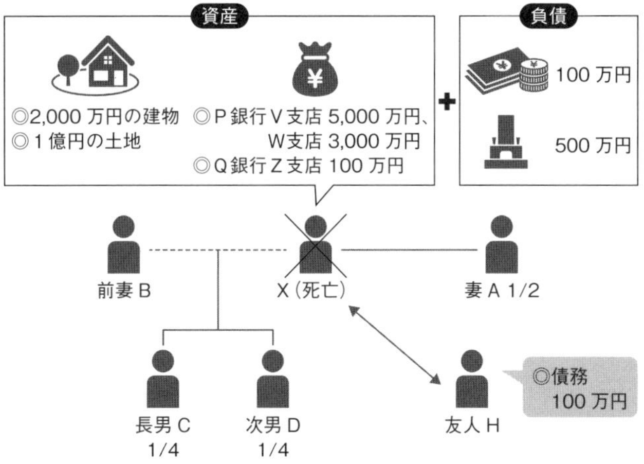

Q1 AはXがHから借りた 100 万円を返済したかったが、預貯金の引出しにつき、C、Dの同意を得ることができなかった。AがXの借金を返済する方法はあるか。

Q2 AはXの生前は、月 20 万円ほどXから生活費を受け取っていた。しかし、Aは預貯金の引出しにつき、C、Dの同意を得ることができなかった。Aが、遺産分割協議の間、自分の生活費を確保する方法はあるか。

Q3 Aが葬儀費用 500 万円を支払うために、考えられる方法はないか。

Point

・家庭裁判所の判断を経ない相続人単独での相続預貯金の払戻しの制度が創設された（909 条の 2）。

・家庭裁判所における預貯金債権の仮分割の仮処分の要件が緩和された（家事事件手続法 200 条 3 項）。

解説

ア　預貯金の引出し

(ア) 遺言書がある場合

遺言書がある場合、遺言に基づき預貯金を引き出すことができます。預貯金を引き出すためには、おおむね以下の書類が必要となります[1]。なお、金融機関により必要書類が異なることがあるため、事前に当該金融機関に必要書類を確認します。

①遺言書
②（遺言書保管制度を利用しない自筆証書遺言の場合）検認調書又は検認済証明書
③被相続人の死亡が確認できる戸籍謄本
④（遺言執行者がいない場合）相続人の印鑑証明書
⑤（遺言執行者がいる場合）遺言執行者の印鑑証明書
⑥（家庭裁判所で遺言執行者が選任された場合）遺言執行者の選任審判書謄本

(イ) 遺産分割協議書がある場合

遺産分割協議書がある場合、遺産分割協議書に基づき預貯金を引き出すことができます。預貯金を引き出すためには、おおむね以下の書類が必要となります[2]。なお、金融機関により必要書類が異なることがあるため、事前に当該金融機関に必要書類を確認します。

①遺産分割協議書（相続人全員の署名、実印による捺印があるもの）及び相続人全員の印鑑証明書[3]
②被相続人の出生から死亡までの戸籍（除籍）謄本
③相続人全員の戸籍謄本

1　一般社団法人全国銀行協会 HP（https://www.zenginkyo.or.jp/article/tag-f/7705/#c18679）
2　注1参照
3　家庭裁判所で遺産分割調停ないし審判をした場合は、遺産分割調停調書、又は審判書謄本及び確定証明書が必要となります。

（ウ）遺言書も遺産分割協議書もない場合

a　払戻方法

遺言書がない場合に、遺産分割前に、預貯金の引出しをする方法としては以下のものがあります。

ⅰ共同相続人全員の同意のもと預貯金を引き出す

ⅱ家庭裁判所の判断を経ない相続人単独での相続預貯金の払戻し（909条の2）

ⅲ家庭裁判所における預貯金債権の仮分割の仮処分決定を得たうえで、相続人単独で相続預貯金の払戻しをする（家事事件手続法200条3項）

ⅳ金融機関による便宜払

平成30年の相続法改正によりⅱが創設され、ⅲは要件が緩和されました。

b　必要書類

手続に必要な書類はおおむね、以下のとおりとなります。なお、金融機関により必要書類が異なることがあるため、事前に当該金融機関に必要書類を確認します。

（a）ⅰについて

①被相続人の出生から死亡までの戸籍（除籍）謄本

②相続人全員の戸籍謄本

③相続人全員の印鑑証明書

（b）ⅱについて[4]

①被相続人の出生から死亡までの戸籍（除籍）謄本

②相続人全員の戸籍謄本

③引出人の印鑑証明書

（c）ⅲについて[5]

①家庭裁判所の審判書謄本及び確定証明書

4　一般社団法人全国銀行協会HPリーフレット（https://www.zenginkyo.or.jp/fileadmin/res/article/F/7705_heritage_leaf.pdf）

5　注4参照

②引出人の印鑑証明書

イ　改正の経緯

（ア）平成28年最決前

最大決平成28・12・19民集70巻8号2121頁〔28244524〕（以下「平成28年最決」といいます）以前は、最判昭和29・4・8民集8巻4号819頁〔27003180〕が、「相続財産中に金銭その他の可分債権あるときは、その債権は法律上当然分割され各共同相続人がその相続分に応じて権利を承継する」ものとし、最判平成16・4・20裁判集民214号13頁〔28091158〕が、預貯金債権につき、可分債権であることから、当然分割され、遺産分割の対象にはならないものと判示していました。

そのため、遺産分割前であっても、預貯金の引出しは、法律上は単独でできるものとされ、実務上、金融機関は原則としては、相続人全員の同意を求めつつも、事案に応じて法定相続分相当額の払戻しに応じてきました[6]。

（イ）平成28年最決

平成28年最決は、判例を変更し、「普通預金債権、通常貯金債権及び定期貯金債権は、いずれも、相続開始と同時に当然に相続分に応じて分割されることはなく、遺産分割の対象となるもの」としました。

そのため、遺産分割前に預貯金を引き出すためには共同相続人全員の同意が必要となりました。

その結果、相続債務や被相続人から扶養を受けていた共同相続人の当面の生活費などのために被相続人の預貯金を遺産分割前に払い戻すことができなくなるという不都合が生じました。

そこで、①遺産分割前に家庭裁判所の判断を経ることなく一定範囲で預貯金を引き出すことができる制度が創設され（909条の2）、②家庭裁判所における預貯金債権の仮分割の仮処分についての要件が緩和されました（家事事件手続法200条3項）。

6　本橋総合法律事務所編『法律家のための相続預貯金をめぐる実務』新日本法規（2019年）48-49頁

ウ　家庭裁判所の判断を経ない相続人単独での相続預金の払戻し

相続人は、909条の2により、以下の金額の預貯金の払戻しを受けることができます。

> 相続開始時の預金額（口座・明細[7]ごと）× 1 / 3 ×払戻しを求める相続人の法定相続分の金額
> ※ただし、同一の金融機関（複数支店に口座がある場合は全支店）からの払戻しは150万円を上限とします[8]。

払い戻された預貯金債権については、権利行使をした共同相続人が遺産の一部分割により取得したものとみなされます（909条の2後段）。そのため、払戻しをした相続人に特別受益があるなどの事情があり、払戻しされた預貯金額が共同相続人の具体的持分を超過する場合は、遺産分割において超過分を精算する義務を負うことになります[9]。

なお、債権者対抗要件が具備されるまでは、金融機関は預貯金債権が遺産に属していることを前提に処理すれば足り、払戻しが無効になることはないものと考えられます[10]。

エ　預貯金債権の仮分割の仮処分

(ア) 要件

預貯金債権の仮分割の仮処分は、

7　定期預金については、明細に記載された定期預金１口ごとに判断されます。

8　民法第九百九条の二に規定する法務省令で定める額を定める省令。例えば、相続人の法定相続分が１/２で、X銀行A支店に普通預金300万円、定期預金300万円、B支店に定期預金330万円がある場合、

A支店の普通預金300万円×１/３×１/２＝50万円
A支店の定期預金300万円×１/３×１/２＝50万円
B支店の定期預金330万円×１/３×１/２＝55万円

となり、任意に指定した口座から合計150万円まで引き出すことができます。

Y銀行にも預貯金がある場合は、別途、上限を150万円として、預貯金を引き出すことができます。

9　『一問一答』75頁

10　『一問一答』79頁

①遺産の分割の審判又は調停の申立てがあった場合において（本案係属要件）、

②相続財産に属する債務の弁済、相続人の生活費の支弁その他の事情により遺産に属する預貯金債権を行使する必要があるときは、

③他の共同相続人の利益を害しない限り、

遺産に属する特定の預貯金債権の全部又は一部をその者に仮に取得させることができるものとされています（家事事件手続法200条3項）。

②については例示列挙であり、必要性の判断は家庭裁判所の裁量に委ねるものとされています[11]。

③については一般には、預貯金債権は取得を希望する共同相続人が多いと考えられるため、当該預貯金額に申立人の法定相続分を乗じた額に限定するのが相当な場合が多いものと考えられます。また、申立人に多額の特別受益がある場合は、それを踏まえて金額を減ずるものと考えられます[12]。

（イ）審判に要する期間

仮処分は、仮地位を定めるものであるため、共同相続人全員に対してその陳述を聴取する期日を通知し、その陳述を現実に聴取、若しくは照会書を送付することにより陳述を聴取するなどの手続が必要となることから（家事事件手続法107条）、相応の日数が必要となります。

したがって、葬儀費用については、仮処分によって対応することは困難と考えられます。

（ウ）仮処分の効果

仮分割の仮処分がなされた場合、民事事件における仮地位仮処分と本案訴訟との関係（最判昭和54・4・17民集33巻3号366頁〔27000200〕参照）と同様に、本案においては、仮処分について考慮せず、改めて仮分割された預貯金債権も含めて遺産分割調停又は審判をすべきと考えられます[13]。

---

11 『一問一答』80頁。必要性の立証のためには、申立人の収入状況を裏付ける書類（給与明細、源泉徴収票、課税証明書など）や仮払を必要とすることを裏付ける資料（請求書、陳述書など）が必要になるものと考えられます（『一問一答』85頁参照）。

12 『一問一答』82頁

13 『一問一答』84頁

オ　金融機関による便宜払

平成28年最決以降も、実務上、金融機関によっては、葬儀費用の支出や被相続人の債務の弁済のために、一定の手続を定めて払戻請求に応じるという対応もなされてきたようです[14]。

家庭裁判所の判断を経ない相続人単独での相続預貯金の払戻し制度の創設及び預貯金債権の仮分割の仮処分の要件緩和がなされたことにより、原則としては、両制度による対応が求められることになると見込まれます。もっとも、葬儀費用など被相続人の死後、速やかに必要、かつ高額な支出については、時間的に仮分割の仮処分では対応が難しく、かつ金額的に相続預貯金の払戻し制度でも対応が難しいこともあるため、なお、便宜払がなされる可能性は残っているものと考えられます。

A1　Aは909条の2に基づき、単独で預貯金の払戻しを受けることが考えられる。P銀行V支店の普通預金は5,000万円であり、5,000万円×1/3×1/2≒833万となる。P銀行W支店の定期預金は3,000万円であり、3,000万円×1/3×1/2＝500万円となる。1金融機関当たりの上限は150万円であるため、Aはいずれかの預貯金から150万円を引き出して、Hに借金の返済をすることができる。なお、Q銀行Z支店の普通預金は100万円であり、100万円×1/3×1/2≒16万円であることから、Aは、同預金からP銀行とは別に約16万円を引き出すこともできる。

A2　909条の2に基づき払戻しを受けることのできる金額は約166万円（P銀行から150万円、Q銀行から約16万円）であること、遺産分割調停は長期間かかることが通常であることから、生活費が不足することが見込まれる。そこで、預貯金債権の仮分割の仮処分により対応することが考えられる。

A3　葬儀費用500万円は、909条の2に基づく、単独での預貯金の払

14　福谷賢典「ここが変わる相続法改正と窓口対応第1回（家庭裁判所の判断によらない預貯金の払戻し）」銀行法務21　No.836（2018年）45頁

戻しでは対応できない。また、葬儀後、速やかに支払う必要があるため、仮分割の仮処分でも対応することができない。そのため、C、Dが同意しない場合、金融機関に対し、便宜払をしてもらえないか交渉することが考えられる。

(2) 代表取締役・取締役・監査役の死亡

ア　代表取締役死亡後の手続

(ア) 代表取締役が1人の場合

a　新たな代表取締役の選定

代表取締役は、死亡により代表取締役及び取締役を退任することになります（653条1号、会社法330条）。そのため、オーナーが唯一の代表取締役の場合、代表取締役が不在になります。

取締役会設置会社の場合には、代表取締役は、取締役会において選定することになります（会社法362条2項3号）。そのため、直ちに取締役会を開催して、新たな代表取締役を選定します。取締役会の招集権者は、代表取締役又は取締役社長とされていることがほとんどですが、代表取締役又は取締役社長に事故あるとき又は欠けたときの取締役会招集権者をあらかじめ定めている場合には、その者が取締役会を招集します（同法366条1項ただし書）。ただし、取締役及び監査役全員の同意があれば、招集手続を省略することができますので（同法368条2項）、誰が招集しても構いません。

会社法上、取締役会設置会社の取締役は3人以上とされています（同法331条5項）。取締役が3人の会社の場合には、代表取締役の死亡により、取締役が2人となり、取締役の員数を欠くことになります。そのため、一時役員の職務を行うべき者の選任申立てをしなければいけないのかが問題になります（同法346条2項）。この点について、登記実務では、取締役の員数が3人の場合において、代表取締役が死亡し、取締役2人が取締役会を開き、後任の代表取締役を選定したときには、その代表取締役がする代表取締役の変更登記申請は受理して構わないと取り扱われています[15]。したがって、一時役員の職務を行うべき者の選任申立てをすることなく、取締役2人で代表取締役を選定することができます。

b　新たな取締役の選任

また、取締役の員数を欠く場合には、株主総会において新たに取締役を選任することになります。会社法上、取締役会設置会社の場合には、取締役は3人以上とされていますが、取締役の員数については、定款に定めが置かれていることが多いため、定款を確認したうえで、手続を行います。取締役会設置会社の場合、株主総会の招集は、取締役会で決議する必要がありますので(会社法298条1、4項)、新たな代表取締役の選定と合わせて株主総会を招集することが考えられます。

取締役の選任決議には、定足数の定めがあり、会社法上、議決権の過半数(3分の1以上の割合を定款で定めた場合にあっては、その割合以上)を有する株主が出席する必要があるとされています(同法341条)。そのため、オーナーの保有する株式数次第では、オーナーの相続人や受遺者の協力が得られなければ定足数を満たさないことになる可能性があることには注意が必要です。すなわち、死因贈与、遺贈又は特定財産承継遺言(相続させる旨の遺言)による場合には、その受贈者又は受遺者が株主ということになりますので、その受贈者又は受遺者から譲渡承認請求や株主名簿の名義書換請求が必要になります。このとき、特定財産承継遺言(相続させる旨の遺言)や包括遺贈の場合には、相続人や包括受遺者の単独で、譲渡承認請求や株主名簿の名義書換請求をすることができますが、死因贈与や特定遺贈の場合には、受贈者や受遺者の単独では、譲渡承認請求や株主名簿の名義書換請求をすることができず、推定相続人全員又は遺言執行者と共同で譲渡承認請求及び株主名簿の名義書換請求をする必要があります。他方で、法定相続の場合には、遺産分割協議が終わるまで推定相続人の準共有となります(898条、264条)。そして、法定相続人の過半数の者によ

15　昭和40・7・13民事甲1747号民事局長回答(神崎満治郎編『商業登記・法人登記重要先例集』有斐閣(2013年)75頁所収)

り権利行使者の指定が必要になります（会社法106条）。そのため、法定相続人の協力が必要になります。株主総会における新たな取締役の選任議案については、受贈者、受遺者又は相続人に議決権を行使してもらう必要があります。なお、取締役に欠員が生じた場合、新たに取締役が就任するまで退任した取締役は、取締役としての権利義務を有することになりますが（同法346条1項）、これは、任期満了又は辞任により退任した場合に限られますので、死亡した取締役が権利義務を保有することはありません。

c　登記手続

新たな代表取締役の選定及び新たな取締役の選任後には、変更登記手続をする必要があります。

代表取締役の退任登記申請には、添付書面として、退任を証する書面（商業登記法54条4項）が必要になります。具体的には、戸籍謄抄本、死亡診断書、住民票、遺族等からの会社に対する死亡届出等です。

また、新たな代表取締役の就任登記申請には、添付書面として、取締役会議事録（同法46条2項）、出席取締役・出席監査役の印鑑証明書（商業登記規則61条6項）、就任承諾書が必要になります。なお、代表印の改印手続も合わせて行うことが考えられます。

これは株主総会決議によるものですので、株主リストを作成します[16]。株主リストには、株主総会時又は基準日の株主名を記載することになりますが、株主総会時又は基準日までに、相続人全員を知るものではないときには、死亡した株主を記載します。また、相続人全員を知るときでも、遺産分割が完了していないときには、会社法106条による指定がなされていても、相続人全員を記載します。さらに、遺産分割が完了し、株主名簿の名義書換請求がなされているときには、その承継人を記載します。株主名簿の名義書換請求がなされていないにもかかわらず、会社の責任で承継人に権利行使させたときには、承継人を記載し[17]、そうでないときには死亡した株主を記載します。

16　法務省ウェブサイト「株主リストに関するよくあるご質問」「A10　主要な株主Aが死亡した場合の株主リストの記載」参照（http://www.moj.go.jp/content/001245821.pdf）

d　連帯保証、取引先、許認可等

その他には、金融機関その他の取引先との契約において、代表取締役の変更が報告事由とされていることがあります。そのため、契約の定めに従って、代表取締役の変更を書面で通知します。また、オーナーが連帯保証人となっていることがあります。この経営者保証については、平成25年に「経営者保証に関するガイドライン」が公表され、令和元年12月、経営者保証の後継者への承継について、「事業承継時に焦点を当てた『経営者保証に関するガイドライン』の特則」（経営者保証に関するガイドライン研究会）が公表されていますので、今後の実務の動向を踏まえて、金融機関に対応することが必要になります[18]。

また、会社の許認可の関係で必要な手続がないか確認することが必要です。

（イ）代表取締役が２人以上の場合

代表取締役が２人以上いる場合には、代表取締役が不在になるわけではありませんので、新たな代表取締役を選定する必要はありません。ただし、定款において、代表取締役の員数に関する規定がある場合には、それに従うことになります。

また、代表取締役の死亡により、会社法又は定款に定める取締役の員数に関する規定に違反することになる場合には、株主総会において新たに取締役を選任することになります。その手続は、前記（ア）と同様です。

その他には、代表取締役の退任登記申請が必要になります。

イ　代表取締役以外の取締役死亡後の手続

（ア）新たな取締役の選任

代表取締役以外の取締役が死亡した場合には、会社法又は定款に定める取締役の員数に関する規定に違反しないかどうかを確認し、違反する場合には、

17　登記実務において、承継人の住所や氏名が不明の場合には、株主リストに、「なお、第○順位の株主○については、株主名簿に記載はなく、その氏名及び住所につき、当社が把握している限度で記載した」などと記載する取扱いになっています。

18　一般社団法人全国銀行協会 HP 参照（https://www.zenginkyo.or.jp/adr/sme/guideline/）

株主総会において新たに取締役を選任することになります。

(イ) 適任者がいないとき

取締役の適任者がいない場合に、新たな取締役を選任しないことは、取締役の善管注意義務又は忠実義務に違反することになります（会社法330条、355条、民法644条）。理論的には、これにより、会社又は第三者に何らかの損害が発生した場合には、会社又は第三者に対して損害賠償責任を負うことになりますが（会社法423条、429条）、実際には、損害が発生することは考えにくいようにも思います。

変更登記手続は、会社法上、会社において登記事項（同法911条3項各号）に変更が生じたときは、2週間以内に、その本店の所在地において、変更の登記をしなければならないこととされており（同法915条1項）、それに違反したときには、取締役個人が最高100万円の過料に処せられる可能性があります（同法976条1号）。

取締役の適任者がいない場合の対応方法として、取締役の員数に関する制限を廃止することが考えられます。取締役会設置会社においては、取締役の員数を3人以上とし（同法331条5項）、基本的には監査役を置かなければいけません（同法327条2項）。しかし、取締役会設置会社でなければ、取締役の員数に関する制限はなくなり（同法326条1項）、監査役を置く必要もなくなります。この取締役会設置会社の廃止や監査役の廃止のためには、定款変更が必要になります（同法466条）。そのため、取締役会において株主総会を招集し、株主総会の特別決議（過半数又は3分の1以上の出席、出席株主の3分の2以上の賛成）によることになります（同法309条2項11号）。このとき、代表取締役の選定方法についても定款に定めるのが一般的です。そして、株主総会又は取締役の互選により選定されることになりますと（同法349条3項）、取締役会設置会社の場合と比べて代表取締役の選定方法が変更されることになります。選定方法が変更された場合には、改めて新しい選定方法により、代表取締役を選定すべきであると解されています。この点について、従前の代表取締役が変更後の選定方法でも再任された場合には、登記実務上、代表取締役には登記事項に変更を生じないとして取り扱われています。ただし、会社としては、従来の代表取締役については辞任手続を行ったうえで、変更後の選定方法によりすべての代表取締役を選定する等、法律関係を明確にすることが望まれるとの見解もあります[19]。

ウ　監査役死亡後の手続

（ア）新たな監査役の選任

監査役を置いている会社の場合には、監査役は、死亡により監査役を退任することになります（会社法330条、民法653条1号）。そのため、唯一の監査役が死亡した場合、監査役は不在になります。

監査役を置いている会社の場合には、会社法上、監査役の員数は1人以上いなければいけませんので、監査役の員数を欠くことになります。そのため、株主総会において新たに監査役を選任することになります（会社法341条）。ただし、監査役の選任決議には、取締役の選任決議と同様、定足数の定めがあります。会社法上、議決権の過半数（3分の1以上の割合を定款で定めた場合にあっては、その割合以上）を有する株主が出席する必要があるとされています。そのため、経営者の保有する株式数次第では、経営者の相続人や受遺者の協力が得られなければ定足数を満たさないことになる可能性があることに注意が必要であることも取締役の選任の場合と同様です。なお、監査役に欠員が生じた場合、新たに監査役が就任するまで退任した監査役は、監査役としての権利義務を有することになりますが（同法346条1項）、これは、任期満了又は辞任により退任した場合に限られますので、死亡した監査役が権利義務を保有することはありません。

（イ）登記手続

新たな監査役の選任後に、変更登記手続をする必要があります。

監査役の退任登記申請には、添付書面として、退任を証する書面（商業登記法54条4項）が必要になります。具体的には、戸籍謄抄本、死亡診断書、住民票、遺族等からの会社に対する死亡届出等です。

また、新たな監査役の就任登記申請には、添付書面として、株主総会議事

19　松井信憲『商業登記ハンドブック〈第3版〉』商事法務（2015年）389-390頁

録（同法46条２項）、就任承諾書が必要になります。株主リストも必要になることは取締役の選任の場合と同様です。

（ウ）適任者がいないとき

監査役は、兼任が禁止されており、その会社や子会社の取締役や支配人その他の使用人を兼ねることができません（会社法335条２項）。そのため、従業員をその地位のまま監査役とすることはできません[20]。ただし、兼任禁止に違反して監査役に選任された場合でも、従前の地位を辞任して監査役に就任したとみなされ、事実上、従前の地位を継続したとしても、監査役の任務懈怠にすぎないと解されています[21]。

監査役の適任者がいない場合に、新たな監査役を選任しないことは、取締役の善管注意義務又は忠実義務に違反することになります（会社法330条、355条、民法644条）。理論的には、これにより、会社又は第三者に何らかの損害が発生した場合には、会社又は第三者に対して損害賠償責任を負うことになりますが（会社法423条、429条）、実際には、損害が発生することは考えにくいようにも思います。

変更登記手続は、会社法上、会社において登記事項（同法911条３項各号）に変更が生じたときは、２週間以内に、その本店の所在地において、変更の登記をしなければならないこととされており（同法915条１項）、それに違反したときには、取締役個人が最高100万円の過料に処せられる可能性があります（同法976条１号）。

監査役の適任者がいない場合の対応方法として、監査役を置かないこととすることが考えられます。取締役会設置会社においては、基本的に、監査役を置かなければなりませんが（同法327条２項）、取締役会設置会社でなければ、監査役を置かないこととすることができます。この取締役会設置会社の廃止及び監査役の廃止のためには、定款変更が必要になります（同法466条）。そのため、取締役会において株主総会を招集し、株主総会の特別決議

20　顧問弁護士が監査役を兼ねることについては、専属的である等の特段の事情のない限り許されると解されています（大阪高判昭和61・10・24金融法務1158号33頁〔27802217〕）。

21　最判平成元・９・19判時1354号149頁〔27808596〕

（過半数又は３分の１以上の出席、出席株主の３分の２以上の賛成）によることになります（同法 309 条２項11 号）。

監査役は、原則として、業務監査と会計監査を任務としていますので、取締役会に出席し（同法 383 条）、計算書類及び事業報告並びにこれらの附属明細書の監査を行い（同法 436 条１項）、監査報告を作成します（同法 381 条１項、会社法施行規則 105 条）。他方で、監査役の監査の範囲を会計に関するものに限定する旨の定款の定めがあるときには（会社法 389 条１項）、監査役に、取締役会に出席する義務はありませんので（同条７項、383 条）[22]、計算書類及び事業報告並びにこれらの附属明細書の監査を行い（同法 436 条１項）、監査報告を作成していれば足りることになります（同法 389 条２項、会社法施行規則 107 条）。会社法上、計算書類及び事業報告並びにこれらの附属明細書については、監査役の監査を経て、取締役会で承認をし（会社法 436 条３項）、株主総会に提出されることとされていますので（同法 438 条）、監査役がいなければ、この手続ができないことになります。

エ　役員責任の相続

取締役や監査役は、会社及び第三者に対して、任務懈怠があるときには、損害賠償責任を負うことになります（会社法 423 条、429 条）。

取締役及び監査役の生前中の任務懈怠行為により、会社又は第三者に対して損害賠償責任がある場合、その遺族は、その損害賠償責任を負うのでしょうか。

この点については、使用貸借契約に基づく債務や身元保証における保証債務などの人的信頼関係に基礎を置く場合を除き、債務も相続により承継されると解されています（899 条）[23]。したがって、取締役及び監査役の生前中の損害賠償債務も相続により遺族（相続人）に承継されることになります。取

22 「監査役設置会社」については、「監査役を置く株式会社（その監査役の監査の範囲を会計に関するものに限定する旨の定款の定めがあるものを除く）又はこの法律の規定により監査役を置かなければならない株式会社をいう」（会社法２条９号）と定義されており、「その監査役の監査の範囲を会計に関するものに限定する旨の定款の定めがあるもの」は除外されています。

23 潮見佳男編『新注釈民法⒆相続⑴』有斐閣（2019 年）〔川淳一〕159 頁

締役及び監査役の法定相続人は、状況によって限定承認することを検討することも考えられます（922条〜937条）。

オ　遺族の退任登記手続請求

会社は、取締役や監査役の退任後、2週間以内に退任登記をしなければなりません（会社法911条3項13、14、17号、915条1項）、それに違反したときには、取締役個人が最高100万円の過料に処せられる可能性があります（同法976条1号）。

取締役や監査役の退任者は、退任登記をしない会社に対して、退任登記をするよう求めることができます。また、会社が任意に退任登記をしないときには、訴えを提起することもできます[24]。その判決は、登記手続をなすべきとするもので、当事者が登記申請の意思表示をしたものとみなされます（民事執行法174条）。そのため、勝訴判決を得た退任者は、会社の代理人として、単独で退任登記申請をすることができます。

取締役や監査役は、在任中に死亡しますと、取締役や監査役を退任することになります。そのため、会社は、取締役や監査役の死亡後2週間以内に退任登記をしなければなりません。遺族も、退任登記をしない会社に対して、退任登記をするよう求めることができます。また、会社が任意に退任登記をしないときには、訴えを提起することもできると考えられます。この点については、退任登記請求の根拠を委任契約終了による原状回復義務であるとすると原状回復請求権を相続したこと、登記に関する法規の精神や条理であるとすると利害関係のある第三者であることをそれぞれ理由として原告適格が認められると解することになるのではないかと考えられます。

（3）役員退職慰労金、弔慰金等、生命保険金の支給

ア　役員退職慰労金

（ア）役員退職慰労金の支給方法

役員退職慰労金は、退任した役員に対して、在職中の職務執行の対価とし

24　東京地方裁判所商事研究会編『類型別会社訴訟Ⅰ〈第三版〉』判例タイムズ社（2011年）72-80頁

て支給されるものです。

会社法上、役員退職慰労金は、「報酬、賞与その他の職務執行の対価として株式会社から受ける財産上の利益」（報酬等）（会社法361条1項、387条1項）とされますので[25]、定款に定めがないときには、株主総会において、金額又は算定方法を決議します。このとき、役員退職慰労金規程に従って具体的な金額を決定することもありますし、取締役会に決定を一任することもあります。

（イ）死亡前に退任し、会社において役員退職慰労金の支給が株主総会において決議されている場合

退職慰労金請求権は、定款の定めがない場合には、株主総会の決議によって具体的な請求権が発生します[26]。死亡前に退任し、会社において役員退職慰労金の支給が株主総会において決議されている場合には、生前に具体的な請求権が発生しています。

被相続人の死亡時に被相続人の財産に属している一切の権利が相続されるところ（882条、896条）、退職慰労金請求権は、被相続人の死亡時に被相続人の財産に属していますので、被相続人の財産に属しており、相続されます。

他方で、退職慰労金請求権は、金銭債権ですので、相続時に共同相続人に相続分に応じて帰属することになり、遺産分割の対象とはなりません[27]。

したがって、相続人は、会社に対して、退職慰労金のうち、相続分に応じた金銭を請求することができます。

なお、会社としては、相続分を確認するため、相続人関係図及びその戸籍関係資料の提供を求めるべきです。

（ウ）死亡前に退任していたが、会社において役員退職慰労金の支給が株主総会において決議されていない場合

退職慰労金請求権は、定款の定めがない場合には、株主総会の決議によっ

25　最判昭和39・12・11民集18巻10号2143頁〔27001339〕

26　最判平成15・2・21金融商事1180号29頁〔28081806〕、東京高判平成12・6・21判タ1063号185頁〔2851598〕

27　片岡武＝管野眞一編著『家庭裁判所における遺産分割・遺留分の実務〈第3版〉』日本加除出版（2017年）155-156頁

てはじめて具体的な請求権として発生しますので、死亡前に退任していたが、会社において役員退職慰労金の支給が株主総会において決議されていない場合には、被相続人の死亡時に退職慰労金請求権は発生しておらず、被相続人の財産に属していません。したがって、相続財産には含まれません。

遺族に対して退職慰労金を支給する場合には、株主総会において退職慰労金の支給を決議し、具体的な支払方法などは取締役会に一任することが考えられます。取締役会は、退職慰労金規程に特段の定めがないようであれば、遺族と協議し、受給者を決定するほかないことになります[28]。

（エ）死亡により退任し、会社において役員退職慰労金の支給が株主総会において決議されていない場合

死亡により退任し、会社において役員退職慰労金の支給が株主総会において決議されていない場合には、生前に役員退職慰労金の支給が株主総会において決議されていませんので、相続財産に含まれないこと、退職慰労金規程に特段の定めがないようであれば、株主総会における決議後に、遺族と協議し、受給者を決定することは、前記（ウ）と同様です。

（オ）税制面

生前に退職して退職金を受け取った場合は退職所得として所得税が課税されますが、被相続人の死亡後３年以内に支給が確定して相続人等が受け取った退職手当金等は相続税の課税対象となります。

退職手当金等は下記の非課税限度額を超えた部分に対して相続税が課されます。なお、相続人以外の人が取得した退職手当金等には、非課税の適用はありません。

500万円×法定相続人の数＝非課税限度額

イ　弔慰金等

（ア）弔慰金

弔慰金は、役員の死亡時に死亡した役員や遺族に支払われるもので、役員退職慰労金規程に定めがあるのが一般的です。

28　東京地方裁判所商事研究会編・前掲111-112頁

それが、在職中の職務執行の対価として支給される場合には[29]、「報酬等」（会社法361条1項、387条1項）に該当するため、株主総会における決議が必要になります。

他方で、その金額がその役員の社会的地位、会社の規模、役員の在職年数、職別等から判断して退職慰労金相当額より明らかに低額である場合には、それは、社会通念に照らして、死者に対する弔い、喪主に対する贈与等の趣旨で支払われる香典で、会社の冠婚葬祭に関する交際費であり、在任中の職務執行の対価とはいえませんので、株主総会における決議は必要ありません[30]。

取締役会は、退職慰労金規程に特段の定めがないようであれば、遺族と協議し、受給者を決定するほかないことになります。

（イ）香典

香典は、葬儀や法事に参列する際に持参するものです。

これは、社会通念に照らして、死者に対する弔い、喪主に対する贈与等の趣旨で支払われるもので、在任中の職務執行の対価とはいえませんので、株主総会における決議は必要ありません。役員慶弔金規程があれば、それに従って金額を決定します[31]。

（ウ）社葬費用

会社負担において社葬を行う場合、その費用については、死亡した役員等の死亡の事情、生前における会社に対する貢献度等を総合的に判断し、社会通念に照らして相当な範囲であれば、在任中の職務執行の対価とはいえませんので、株主総会における決議は必要ありません。ただし、密葬の費用、墓石、仏壇、位牌等の費用など、社会通念に照らして遺族が負担すべき費用については、除かれます[32]。

---

29 最判昭和48・11・26判時722号94頁〔27411556〕

30 味村治＝品川芳宣『役員報酬の法律と実務〈新訂第2版〉』商事法務研究会（2001年）131-132頁、東京地方裁判所商事研究会編・前掲111頁

31 小林公明『会社法による役員報酬・賞与・慰労金の実務Q&A－法令・書式・判例のすべて』税務研究会出版局（2013年）886-893頁

32 味村＝品川・前掲400-401頁

(エ) 税制面

被相続人の死亡によって受ける弔慰金や花輪代、葬祭料等については、通常相続税の対象とはなりません。

ただし、被相続人の死亡が業務上の死亡であるときは給与の3年分に相当する額、被相続人の死亡が業務上の死亡でないときは給与の半年分に相当する額を超える金額は退職手当金等として相続税の対象となります。

また、弔慰金等の名目で受け取った金額のうち、実質上退職手当金等に該当すると認められる部分は相続税の対象になります。

ウ　生命保険金

(ア) 生命保険

生命保険金とは、保険者と保険契約者が被保険者の生存又は死亡に関して、保険金受取人に対して一定の保険給付を行うことを約束する生命保険契約に基づき保険者が保険金受取人に対して支払う保険金です（保険法2条8号等)。

この生命保険契約には、保険者（同条2号)、保険契約者（同条3号)、被保険者（同条4号)、保険金受取人（同条5号）がいます。保険者は、保険会社です。保険契約者は、被相続人個人に限らず、会社の場合もあります。被保険者は、被相続人です。保険金受取人は、会社、被相続人、相続人、相続人以外の者の場合があります。

(イ) 保険金受取人＝相続人の特定の者の場合

被相続人が保険契約者の場合において、自己を被保険者とし、相続人の特定の者を保険金受取人と指定したときには、保険金受取人として指定された者は、その固有の権利として保険金請求権を取得することになります[33]。そのため、遺産分割の対象にはなりません。

したがって、被相続人の死亡後、保険金受取人として指定された者は、保険会社に対して、保険金の支払を請求できます。

33　最判昭和40・2・2民集19巻1号1頁〔27001334〕

（ウ）保険金受取人＝「被保険者又はその死亡の場合はその相続人」の場合

被相続人が保険契約者の場合において、自己を被保険者とし、「被保険者又はその死亡の場合はその相続人」を保険金受取人と指定したときには、427条の別段の意思表示があるとして、共同相続人は、相続分の割合により、その固有の権利として保険金請求権を取得することになります[34]。そのため、遺産分割の対象にはなりません。

したがって、被相続人の死亡後、共同相続人は、保険会社に対して、その相続分の割合に相当する保険金の支払を請求できます。

（エ）保険金受取人＝未指定の場合

被相続人が保険契約者の場合において、自己を被保険者とし、保険金受取人を指定しなかったときには、保険約款及び保険法等の法令の定めに従って判断されることになり、約款において、「被保険者の相続人に支払う」と定められていれば、相続人は、その固有の権利として保険金請求権を取得することになります[35]。そのため、遺産分割の対象にはなりません。

したがって、被相続人の死亡後、相続人は、保険会社に対して、保険金の支払を請求できます。

（オ）保険金受取人＝被保険者の場合

被相続人又は第三者が保険契約者の場合において、被相続人を被保険者及び保険金受取人と指定したときには、保険契約者の意思を合理的に解釈すれば、相続人を保険金受取人と指定する黙示の意思表示があったと解し、相続人は、その固有の権利として保険金請求権を取得することになります[36]。そのため、遺産分割の対象にはなりません。

したがって、被相続人の死亡後、相続人は、保険会社に対して、保険金の支払を請求できます。

なお、この場合も、満期保険金請求権については、被相続人の死亡前に満

34　最判昭和40・2・2民集19巻1号1頁〔27001334〕、最判平成6・7・18判時1511号138頁〔27824765〕

35　最判昭和48・6・29民集27巻6号737頁〔27000489〕

36　片岡＝管野編著・前掲174頁

期となり、その請求権が発生していれば、その効力発生と同時に被相続人の固有の財産となることから、遺産分割の対象となります。

(カ) 税制面

被相続人の死亡によって取得した生命保険金や損害保険金で、その保険料の全部又は一部を被相続人が負担していたものは、相続税の課税対象となります。

生命保険金等は下記の非課税限度額を超えた部分に対して相続税が課されます。ただし、相続人以外の人が取得した生命保険金等には、非課税の適用はありません。

500万円×法定相続人の数＝非課税限度額

なお、保険料の負担者と保険金受取人とが同一人である場合は所得税が課され、保険料の負担者、被保険者及び保険金の受取人がすべて異なる場合は贈与税が課されます。

また、相続開始の時において、まだ保険事故が発生していない生命保険契約で、その保険料の全部又は一部を被相続人が負担していたものは、生命保険契約に関する権利として相続税の課税対象となります。

(4) 権利行使株主の指定等

ア　株式の相続

被相続人の死亡時に被相続人の財産に属している一切の権利が相続されますので（882条、896条）、株式も相続されます。株式は、遺産分割の対象となり、遺産分割が完了するまで共同相続人の準共有となります（264条）[37]。

イ　準共有の場合における権利行使者の指定

会社法上、遺産分割協議が完了していない場合には、原則として、株式は相続人の準共有になり、その株式に関する権利行使をするためには、準共有者による権利行使者の指定が必要になります（会社法106条本文）。

これについては、会社において準共有者が権利を行使することに同意した

37　最判平成26・2・25民集68巻2号173頁〔28220780〕

ときには権利行使することができるとされていますので（同条ただし書）、準共有者による権利行使者の指定がなくても、共同相続人に権利行使を許すこともできますが、その場合であっても、民法の共有に関する規律に従って権利を行使する必要がありますので[38]、実務上、準共有者の権利行使が管理行為、処分行為又は変更行為のいずれであるかによって対応が異なる難しさがあります[39]。

そこで、会社としては、準共有者に対して、権利行使者を指定するよう求めることが考えられます。その指定方法について、会社法上定めはありませんが、共有物の管理行為に該当するとして（252条）、持分の過半数の決定をもって決定することができると解されています[40]。会社は、共同相続人において、権利行使者を1人定めて、その氏名を通知してもらい[41]、株主名簿上に共同相続関係を記載します。このとき、権利行使者の氏名を株主名簿に記載する必要はありませんが、共同相続人の連名による権利行使者の指定書を添付します[42]。

指定があった場合には、それ以降、会社が株主に対してする通知や催告も、その権利行使者に対して行えば足りることになります（会社法126条3、4項）。

（5）債務

ア　金銭債務

相続人は、被相続人の財産に属した一切の権利義務を承継します（896条本文）。一切の義務も承継しますので、死亡時に被相続人が負っていた金銭債務も、当然に各相続人に相続分に応じて承継されます[43]。

38　最判平成27・2・19民集69巻1号25頁〔28230661〕

39　仲卓真『準共有株式についての権利の行使に関する規律―事業承継の場面を中心に』商事法務（2019年）43-49、54-55頁

40　最判平成9・1・28判時1599号139頁〔28020336〕

41　親権者が未成年の子を代理して権利行使者を指定した場合にも、826条の利益相反行為には該当しないと解されています（最判昭和52・11・8民集31巻6号847頁〔27000270〕）。

42　神作裕之「会社訴訟における株式共有者の原告適格」神作裕之ほか編『会社裁判にかかる理論の到達点』商事法務（2014年）237-241頁

したがって、遺産分割が完了する前であっても履行期が到来していれば、相続人は承継した債務について弁済する義務を負うことになります。

イ　連帯保証人

被相続人が連帯保証人になっている場合、その保証債務は、相続人に承継されます[44]。

他方で、個人根保証契約（一定の範囲に属する不特定の債務を主たる債務とする保証契約で、保証人が法人でないもの。465条の２）については、保証人が死亡したときに、主たる債務の元本が確定します（465条の４第１項３号）。そのため、連帯保証人である被相続人の死亡時までに発生した主債務の保証債務を限度に相続人に承継され、被相続人の死亡後に発生した主債務の保証債務は承継されません[45]。

なお、金融機関は、すべての相続人又は少なくとも十分な資力のある相続人に対して、被相続人が負っていた保証債務全額を負担する債務引受けをさせるなどの措置を講じるなどの対応を求めることもあるようですが[46]、相続人にはこれに応じる義務はありません。

43　最判昭和34・６・19民集13巻６号757頁〔27002565〕

44　大判昭和９・１・30民集13巻103頁〔27510007〕

45　最判昭和37・11・９民集16巻11号2270頁〔27002079〕

46　遠藤俊英ほか監修『金融機関の法務対策5000講　Ⅲ巻貸出・管理・保証編』金融財政事情研究会（2018年）560-561頁

COLUMN 2

財産調査の方法

相続人が被相続人の遺産すべてを把握していないことや遺産が想定していたよりも少ないことから、他にも財産があるのではないかと思われることや、判明しているほかにも負債があるのではないかと思われることから、相続財産を調査する必要があることがしばしばあります。

1　不動産の調査

不動産については、相続人が把握している情報や納税通知書から調査します。そのうえで、他にも不動産を所有している可能性がある場合には固定資産税評価証明書を調査します。もっとも、自治体によっては固定資産税評価証明書に非課税の私道、山林などが記載されていないこともあります。そのため、遺産を正確に把握するためには、名寄帳を取り寄せます。

固定資産税評価証明書、名寄帳はいずれも不動産が所在する都税事務所又は市区町村に請求します[1]。

ただし、自治体によっては名寄帳にも私道の記載がないこともあることから、不動産の所在を把握した後、Google Map、登記情報提供サービス、ブルーマップ又は公図等から、私道がないかを確認し、私道と思われる土地があるときは、登記情報提供サービスや法務局で全部事項証明書を取得します。公図は、登記情報提供サービス又は法務局から取得できます。

2　預貯金の調査

（1）口座の調査

口座は通帳やキャッシュカードのほか、郵便物、パソコンの使用状況、金融機関のノベルティ、税理士からの聴き取り（確定申告を依頼している場合、確定申告書に記載があります）などを基に口座を調査します。そのうえで、

1　未登記建物がある可能性がある場合は、不動産が所在する都税事務所又は市区町村に家屋課税台帳を請求します。

支店名が不明な金融機関については全店照会をかけます。支店も不明な場合は、自宅や勤務地、実家などから近い場所にある金融機関の支店への照会を検討します。

（2）銀行取引明細の調査

口座を調査し残高証明書を請求したところ、残高が想定より相当に低い場合又は他の財産の調査に利用したい場合は、取引履歴の調査を検討します。

判例[2]は、「金融機関は、預金契約に基づき、預金者の求めに応じて預金口座の取引経過を開示すべき義務を負うと解するのが相当である。そして、預金者が死亡した場合、……共同相続人全員に帰属する預金契約上の地位に基づき、被相続人名義の預金口座についてその取引経過の開示を求める権利を単独で行使することができる（同法〔民法〕264条、252条ただし書)」としており、相続人単独でも取引明細の開示請求をすることができます[3]。したがって、同判例に基づき、取引明細の開示を求めるのが原則となります。もっとも、金融機関によっては、判例があるにもかかわらず、全相続人の同意を求めるものや弁護士会照会であれば応じるもの、高額の費用を請求するものや期間を限るものもあります。それゆえ、取得費用や取得する必要のある期間、取得にかかる時間などを踏まえて対応を検討します。

取引明細を取得した後、ATMではない高額の出金については、誰が払戻し手続を行ったか等を確認するため、手続の際の伝票の写しの請求を検討します。伝票の写しが、上記判例の開示義務の対象に含まれているかという点については議論があろうかと思われるところですが、他の相続人に対する守秘義務の問題はなかろうということで、開示に応じている金融機関は割とあるようですので[4]、金融機関に確認のうえ、可能であれば弁護士会照会等に

2　最判平成21・1・22民集63巻1号228頁〔28150202〕

3　ただし、生前に解約した口座については、開示請求を否定した裁判例があります（東京高判平成23・8・3金融法務1935号118頁〔28175906〕）。

より請求をします。

また、取引明細は、調査嘱託や文書提出命令の対象となります[5]。弁護士会照会では黒塗りされていた部分が調査嘱託では黒塗りされていなかったという例もありますので[6]、黒塗り部分に重要な情報が記載されていることが見込まれる場合は、訴訟において、再度、調査嘱託等することも検討します。

3　株式等の調査

株式等は、相続人が把握している情報や取引残高証明書などの郵便物、確定申告書等により調査します。また、パソコンの使用状況、税理士からの聴き取りなどから判明している証券会社や信託銀行に対して、残高証明書を請求します。

もっとも、被相続人が書類を破棄している場合やネット証券を利用していて、書類がないこともあります。判明していない証券会社や信託銀行を調査するためには、証券保管振替機構を利用します[7]。ただし、上場していない株式や投資信託、外国株式、国債、社債を保管する証券会社や信託銀行は証券保管振替機構では調査できません。

4　生命保険の調査

生命保険加入先については、被相続人の通帳の入出金履歴や被相続人の保

4　潮見佳男ほか「〈座談会〉改正相続法の金融実務への影響」旬刊金融法務事情 2100 号（2018 年）17 頁

5　最決平成 19・12・11 民集 61 巻 9 号 3364 頁〔28140155〕は、銀行取引明細は「民訴法 220 条 4 号所定の事由のいずれにも該当せず、提出義務の認められる文書である」としています。

6　名古屋地方裁判所民事プラクティス検討委員会「被相続人の生前に引き出された預貯金等をめぐる訴訟について」判例タイムズ 1414 号（2015 年）84 頁

7　登録済加入者情報の開示請求（http://www.jasdec.com/system/less/certificate/kaiji/chokusetu/index.html）

管資料、生命保険会社の名前が入った文房具などから調査します。その他にも生命保険の加入の可能性がある場合、従前は、生命保険協会へ弁護士会照会をすることで一括照会をすることができましたが、平成29年5月にサービスが終了したため、個別に調査をする必要があります。

5　貸金庫の調査

貸金庫の開扉は、全相続人の同意があれば、行うことができます。全相続人の同意がない場合は、金融機関によって対応が異なることから、単独での開扉等が可能か、金融機関に確認します。

金融機関が開扉に応じない場合、公証人による貸金庫の中身を確認する事実実験公正証書の作成が可能かどうかを確認のうえ、作成します。

事実実験公正証書の作成にも応じない場合は、保全処分により遺産管理人を選任し、貸金庫を開扉します。

6　負債の調査

負債は、預貯金通帳や郵便物から調査します。

その他にも負債が疑われる場合、一般社団法人全国銀行協会（銀行、信用金庫）、株式会社シー・アイ・シー（クレジットカード、信販会社）、株式会社日本信用情報機構（消費者金融会社）に対して信用情報開示請求を行います。ただし、個人的借入れや闇金融は対象外となります。

参考文献

・森公任＝森元みのり『弁護士のための遺産相続実務のポイント―遺産分割・遺言無効・使途不明金ほか遺産分割の付随問題』日本加除出版（2019年）21頁以下

COLUMN 3

法定相続分（時期による差異）

法定相続分は相続開始時により異なることがあるため注意が必要です。

1　昭和56年1月1日以降に開始した相続の法定相続分

（1）子2人と配偶者が相続人の場合（887条、890条、900条1、4号本文）

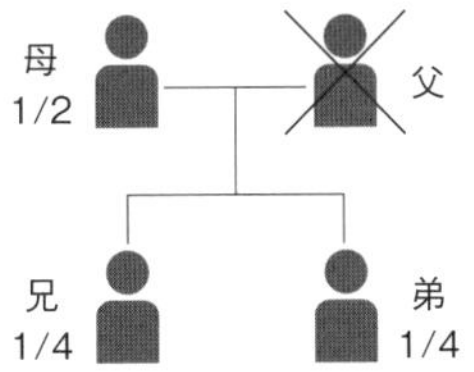

※子が、相続開始前に死亡したとき、又は廃除されたときは、その子が代襲相続人となります（ただし、養子縁組前に生まれた養子の子は代襲相続人となりません。887条2項、727条）。また、代襲相続人が、相続開始前に死亡したとき、又は廃除されたときは、その子が再代襲相続人となります（887条3項）。

（2）子がおらず、配偶者と直系尊属2人が相続人の場合（889条1項1号、890条、900条2、4号本文）

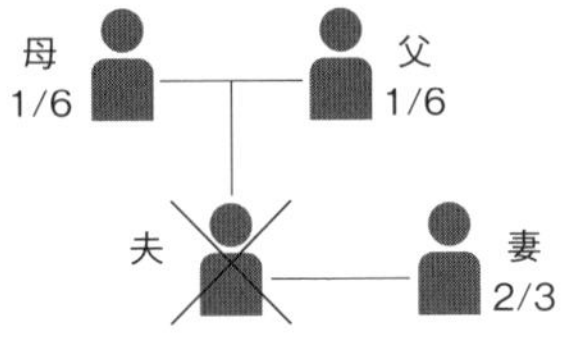

（3）子がおらず、直系尊属も生存しておらず、配偶者と兄弟姉妹1人が相続人の場合（889条1項2号、890条、900条3号）

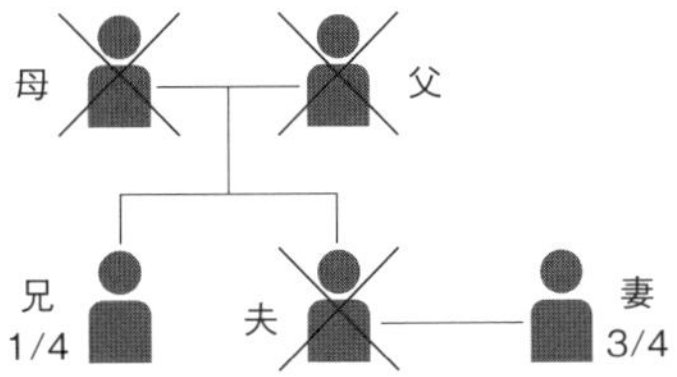

※兄弟姉妹が、相続開始前に死亡したときは、その子が代襲相続人となります（889条２項、887条２項、727条）。兄弟姉妹の再代襲相続はありません（889条２項が887条３項を準用しません）。

（４）子がおらず、直系尊属も生存しておらず、配偶者、父母を同じくする兄弟姉妹１人と父母の一方のみを同じくする兄弟姉妹１人が相続人の場合（889条１項２号、890条、900条３、４号ただし書）

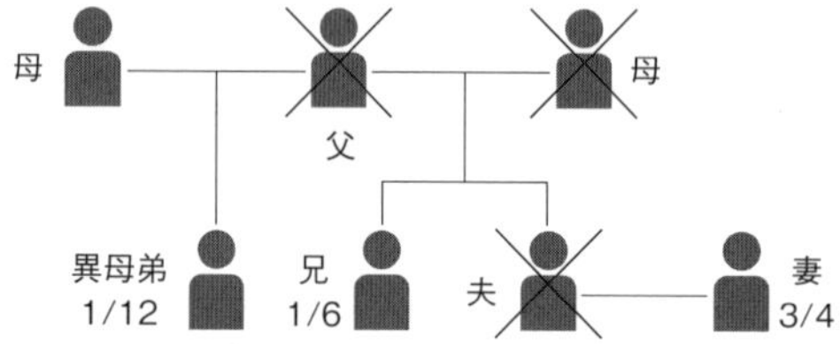

2　昭和23年１月１日から昭和55年12月31日までの間に開始した相続の法定相続分[1]

（１）配偶者の法定相続分は、以下のとおりでした。

子と相続する場合……３分の１

直系尊属と相続する場合……２分の１

兄弟姉妹と相続する場合……３分の２

（２）兄弟姉妹の再代襲相続が認められていました。

（３）なお、遺留分についても、①直系卑属のみが相続人であるとき又は直系卑属及び配偶者が相続人であるときの遺留分は２分の１、②その他

1　法制審議会民法（相続関係）部会第１回会議参考資料２「これまでの改正の経緯」参照。なお、明治31年７月16日から昭和22年５月２日までは明治民法が、昭和22年５月３日から同年12月31日までは「日本国憲法の施行に伴う民法の応急的措置に関する法律」（昭和22年法律74号）が、昭和23年１月１日からは「民法の一部を改正する法律」（昭和22年法律222号）が適用されます。

の場合の遺留分は3分の1とされていました[2]。

3　非嫡出子の相続分

（1）平成25年9月5日以降に開始した相続

900条により、嫡出子の相続分と同等となります（民法の一部を改正する法律（平成25年法律94号）附則2条により900条の規定は同日以降に適用するものとされています）。

（2）平成13年7月1日から平成25年9月4日までの間に開始した相続

遺産の分割をする場合は、最大決平成25・9・24民集67巻6号1320頁〔28212731〕に従い、嫡出子と嫡出でない子の相続分は同等のものとして扱われます[3]。

（3）平成12年10月から平成13年6月までに開始された相続

嫡出子でない子の相続分が嫡出子の相続分の2分の1として扱われるかどうかは、争いの余地があるところです。

（4）平成12年9月までに開始した相続

嫡出子でない子の相続分は嫡出子の相続分の2分の1として扱われます[4]。

2　昭和55年改正により、直系尊属のみが相続人である場合は、3分の1、それ以外の場合は2分の1となりました。なお、兄弟姉妹には遺留分はありません（1028条）。

3　平成13年7月1日から平成25年9月4日までの間に開始した相続であっても、遺産の分割の協議や審判が終了しているなど、確定的なものとなった法律関係に当たる場合には、その効力は覆りません（法務省ウェブサイト（http://www.moj.go.jp/MINJI/minji07_00143.html））。

4　最大決平成25・9・24民集67巻6号1320頁〔28212731〕は、「平成7年大法廷決定並びに前記3（3）キの小法廷判決及び小法廷決定が、それより前に相続が開始した事件についてその相続開始時点での本件規定の合憲性を肯定した判断を変更するものではない」としており、上記小法廷判決及び小法廷決定のうち相続開始が最も遅いものは、平成12年9月相続開始となっています。

COLUMN 4

遺言書の扱い

1　遺言書の存在の確認

被相続人が遺言を残したかどうかがわからない場合、公正証書遺言や遺言書保管制度[1]を利用した自筆証書遺言については、被相続人の死後、以下の方法で確認をすることができます。

（1）公正証書遺言

相続人、受遺者、遺言執行者等の法律上の利害関係がある者は、平成元年以降の遺言書であれば、全国どこの公証役場においても照会をすることができます[2]。相続人の場合、遺言者の死亡の記載がある戸籍（除籍）謄本、遺言者の相続人であることを示す戸籍謄本、請求者の身分証明書（運転免許証、個人番号カード等）と認印を持参して検索します[3]。

（2）遺言書保管制度を利用した自筆証書遺言

相続人、受遺者、遺言執行者等の関係相続人は、法務大臣の指定する法務局（遺言書を現に保管する法務局に限られません。具体的な法務局については、第２章４遺言書保管制度参照）において、書類を添付して、遺言書保管事実証明書の交付を請求することができ（遺言書保管法10条）、これにより遺言書の存在を確認することができます。

2　自筆証書遺言の場合の手続

（1）遺言書保管制度を利用していない場合

ア　検認の申立て

自筆証書遺言の保管者は、遺言者の最後の住所地を管轄する家庭裁判所に

1　遺言書保管制度は令和２年７月１日から施行されます。

2　平成元年以前に作成した公正証書遺言については原則、作成した公証役場でのみ検索が可能です。

3　代理人が行う場合は、遺言者の死亡の記載がある戸籍（除籍）謄本、遺言者の相続人であることを示す戸籍謄本のほか、相続人の印鑑登録証明書（３か月以内のもの）、相続人の実印を押捺した委任状、代理人の身分証明書及び印鑑が必要となります。

おいて（家事事件手続法209条1項）、検認手続を行わなければなりません（1004条1項）。これは、遺言書の偽造、変造を防止するためであり、検認手続をしたとしても、遺言の効力に影響はなく、遺言の有効性を争う場合は、遺言無効訴訟等をする必要があります。

封印のある遺言書は、検認手続において、開封します（同条3項）[4]。

検認を請求するときは、申立書[5]に印紙800円分を貼り、添付書類[6]と当該家庭裁判所所定の郵券とともに家庭裁判所に提出します。

標準的な添付書類は以下のとおりです。

【共通】

①遺言者の出生時から死亡時までのすべての戸籍（除籍、改製原戸籍）謄本

②相続人全員の戸籍謄本

③遺言者の子（及びその代襲者）で死亡している者がいる場合、その子（及びその代襲者）の出生時から死亡時までのすべての戸籍（除籍、改製原戸籍）謄本

【相続人が遺言者の（配偶者と）父母・祖父母等（直系尊属）（第二順位相続人）の場合】

④遺言者の直系尊属（相続人と同じ代及び下の代の直系尊属に限る）で死亡している者がいる場合、その直系尊属の死亡の記載のある戸籍（除籍、改製原戸籍）謄本

【相続人がⅰ不存在の場合、ⅱ遺言者の配偶者のみの場合、又はⅲ遺言者の

4　開封したことで直ちに相続権が失われることや遺言が無効となるわけではありませんが、5万円以下の過料の制裁の対象となります（1005条）。ただし、実務上、過料の制裁が科せられることはまれです（高中正彦＝吉川愛編著・岡田卓也ほか『相続のチェックポイント』弘文堂（2019年）11頁）。

5　裁判所HPに書式や記載例があります（http://www.courts.go.jp/saiban/syosiki_kazisinpan/syosiki_01_17/index.html）。

6　原本の還付を求める場合には、原本還付申請書に、還付を求める原本のコピーを添えて提出します。

（配偶者と）兄弟姉妹及びその代襲者（甥・姪）（第三順位相続人）の場合】

⑤遺言者の父母の出生時から死亡時までのすべての戸籍（除籍、改製原戸籍）謄本

⑥遺言者の直系尊属の死亡の記載のある戸籍（除籍、改製原戸籍）謄本[7]

⑦遺言者の兄弟姉妹に死亡している者がいる場合、その兄弟姉妹の出生時から死亡時までのすべての戸籍（除籍、改製原戸籍）謄本

⑧代襲者としての甥又は姪に死亡している者がいる場合、その甥又は姪の死亡の記載のある戸籍（除籍、改製原戸籍）謄本

イ　申立て後の手続

検認の申立て後、家庭裁判所が検認期日を指定し[8]、申立人及び相続人に通知がなされます（家事事件手続規則 115 条 1 項）。

申立人は、検認期日に遺言及び自己の印鑑を持参します。

検認期日では、裁判官が遺言書について、遺言の方式に関する一切の事実を調査し（同規則 113 条）、書記官が遺言書の写しを添付して遺言検認調書を作成します（家事事件手続法 211 条、同規則 114 条）。検認期日は、申立人以外の相続人が欠席しても行われます[9]。

検認手続が終了すると、遺言執行に必要な検認済証明書の交付申請[10]をすることができます。また、検認期日に立ち会わなかった、検認期日の通知を受けていない相続人、受遺者等に対し、通知がされます（同規則 115 条

7　①被相続人の親が生存していると仮定して 96 歳以上であるときは、その親の親の戸籍の提出は省略できる、②被相続人の親が生存していると仮定して 87 歳以上であるときは、その親の親の死亡の事実を記載した電話聴取書（当該親の死亡の事実、年月日、経緯、情報源等を記載）等で処理することができるとされています（「東京家裁書記官に訊く－家事部編」(LIBRA 2009 年 Vol. 9、7月号 (https://www.toben.or.jp/message/libra/pdf/2009_07/p12.pdf))。

8　検認期日までに 1 か月以上かかることもあります。

9　1004 条 3 項にかかわらず、実務上、相続人が欠席していても、遺言書の開封をすることができます（高中 = 吉川編著・岡田ほか・前掲 11 頁）。

10　150 円の印紙が必要となります。

２項）。

（２）遺言書保管制度を利用した場合

遺言書の検認は不要となります（遺言書保管法 11 条）。

関係相続人は、手数料を納付して、法務大臣の指定する法務局（遺言書を現に保管する法務局に限られない）において、法務局における遺言書の保管等に関する省令 34 条で定める書類を添付して、遺言書情報証明書の交付を請求することで遺言書情報証明書の交付を請求することができます（遺言書保管法９条１、２、４項、12 条）。

また、関係相続人は、遺言書を現に保管する法務局において、手数料を納付して、遺言書の閲覧を請求することができます（同条３、４項、12 条）。

遺言書情報証明書の交付請求又は遺言書の閲覧請求がされた場合、遅滞なく、相続人、受遺者及び遺言執行者に対し、遺言書を保管している旨の通知がされます（同条５項本文）。

３　公正証書遺言の場合の手続

公正証書遺言の存在が判明したときは、①公正証書の原本を保管している公証役場で公正証書謄本交付申請書を作成して交付申請を行うか、②それ以外の公証役場で公正証書謄本交付申請書を作成し、署名認証を受けたうえで、郵送による公正証書の謄本請求を行うことができます。

４　遺言書の破棄、隠ぺい、偽造、変造

遺言書が存在しているにもかかわらず、破棄、隠ぺい、偽造、変造した場合は、相続人又は受遺者の欠格事由となり、法律上、当然に相続権又は受遺者としての地位を失います（891 条５号、965 条）。

ただし、判例では、遺言書の破棄、隠ぺいについては、不当な利益を目的とするものでない場合は欠格事由に当たらないものとされています。これは、

891条5号の趣旨は遺言に関し著しく不当な干渉行為をした相続人に対して相続人となる資格を失わせるという民事上の制裁を課そうとするところにあるからです（最判平成9・1・28民集51巻1号184頁〔28020338〕）。それゆえ、891条5号に該当するかは、不当な利益を目的とするものでない場合など、遺言に関し著しく不当な干渉行為をしたか否かに基づき判断されます。

したがって、検認手続がなされなかったとしても、そのことのみをもって、欠格事由となるものではありません。

COLUMN 5

相続放棄・限定承認

1　相続放棄

負債が資産を上回っている場合、相続放棄を検討します。

(1)　相続放棄の手続

相続放棄は、被相続人の最後の住所を管轄する家庭裁判所に対して申述書及び添付書類[1]を提出して行います。申述費用として、800円分の収入印紙及び連絡用の郵便切手[2]が必要となります。

郵送で行うこともできます。

(2)　注意点

ア　期限

相続放棄は、「自己のために相続の開始があったことを知った時から3箇月以内」(915条) に行う必要があります。「自己のために相続の開始があったことを知った時」とは、被相続人の死亡を知り、かつ、自分が相続人になったことを知ったときと解されています[3]。そのため、第2順位の相続人は、被相続人の死亡及び、第1順位の相続人が相続放棄を知った時が起算点となります。

相続放棄の相談があったときは、戸籍の収集にかかる時間も踏まえて、被相続人の死亡を知った時から3か月の熟慮期間に間に合うように速やかに行います。

もっとも、相続放棄の判断をする前提となる相続財産の調査が間に合わないこともあります。その場合は、熟慮期間の延長を申請します (915条1項ただし書)[4]。

1　添付書類は、管轄裁判所のHPや電話で確認します。
2　家庭裁判所によって異なることもあるため、管轄裁判所のHPや電話で確認します。
3　大決大正15・8・3民集5巻679頁〔27819403〕
4　延長に当たっては、相続財産の構成の複雑性、所在地、相続人の海外や遠隔地所在などの状況、相続財産の積極、消極財産の存在、共同相続人全員の協議期間並びに財産目録の調整期間などが考慮されます (大阪高決昭和50・6・25家裁月報28巻8号49頁〔27452084〕)。

また、相続財産に高額の負債が含まれていることが熟慮期間経過後に発覚したような場合には、熟慮期間の起算点の繰下げが可能か検討することとなります[5]。

イ　単純承認となる財産の処分をしないこと

相続放棄の可能性がある相談を受けた場合、受任までに、相続人が、単純承認の効果が生じる相続財産の「処分」（921条1号）をしないようにするため、相続財産に触らないよう助言すべきです。「保存行為」に当たる場合[6]は、単純承認とはなりませんが、本人が、「あれが問題ないのであれば、これも問題ないだろう」と類推して「処分」をしてしまうリスクがあります。緊急に対応しなければならない保存行為がある場合は、当該行為に限ることを強調して助言すべきです。

ウ　次順位の相続人

第1順位の子が相続放棄をすると、第2順位の直系尊属に、第2順位がいなければ、第3順位の兄弟姉妹が相続人となります。熟慮期間は自分が相続人になったことを知った時から進行しますが、連絡をとることができる場合は、第2順位以降の相続人にも相続放棄を検討してもらいます。

5　最判昭和59・4・27民集38巻6号698頁〔27000017〕は、相続放棄をしなかったのが、①被相続人に相続財産が全く存在しないと信じたためであり、かつ、②被相続人の生活歴、被相続人と相続人との間の交際状態その他諸般の状況からみて当該相続人に対し相続財産の有無の調査を期待することが著しく困難な事情があって、相続人において右のように信ずるについて相当な理由があると認められるときは、熟慮期間は相続人が相続財産の全部又は一部の存在を認識した時又は通常これを認識すべき時から起算するものとしました。
①について、相続財産が一部について認識があったが予期せぬ高額の負債が判明した場合に認められるかについて、下級審では判断が分かれていますが、申述を受理する傾向にあります（相続実務研究会編『Q&A限定承認・相続放棄の実務と書式』民事法研究会（2018年）68頁）。

6　相続実務研究会編・前掲117頁以下参照

2　限定承認

負債が資産を上回っているかどうかはっきりしない場合は、限定承認（922条）という手段が考えられます。しかし、限定承認は相続人全員で行う必要がある（923条）うえ、申述時に相続財産の目録を作成する必要があります（924条）。また、相続財産管理人を選任して、すべての相続債権者及び受遺者に対して公告し、知れている相続債権者及び受遺者には個別に催告をし（927条）、換価・精算をする必要があり、手続の負担が非常に重いことから、利用は少数にとどまっています[7]。なお、自宅のように、どうしても取得したい財産がある場合に、限定承認のうえ、家庭裁判所が選任した鑑定人の評価額以上の価格で買い取る先買権（932条ただし書）を利用することが考えられます[8]。

参考文献

・相続実務研究会編『Q&A限定承認・相続放棄の実務と書式』民事法研究会（2018年）

7　平成30年に相続放棄の申述が215,320件あるのに対し、限定承認の申述は709件にとどまっています（裁判所司法統計年報3家事編平成30年度第2表）。

8　ただし、抵当権が設定されている場合、抵当権に優先するものではないことから、抵当権者の同意が必要となります（相続実務研究会編・前掲193頁）。

2 相続処理

（1）会社を継承していく場合

ア　譲渡承認手続、株主名簿の名義書換手続

（ア）特定財産承継遺言（相続させる旨の遺言）及び包括遺贈

a　相続人及び包括受遺者の対応

譲渡制限株式の場合には、原則として、会社に対して、譲渡承認請求及び株主名簿の名義書換請求をする必要があります。

特定財産承継遺言（相続させる遺言）の場合には、相続開始時に、直ちにその特定の遺産が特定の相続人に相続を原因として承継されます（1014条）[1]。そのため、株式について特定財産承継遺言（相続させる旨の遺言）があった場合には、その相続人は、遺産分割の完了前に、その株式の所有者となります。

また、包括遺贈の場合には、包括受遺者は、相続人と同一の権利義務を有するとされています（990条）。そのため、その包括受遺者は、遺言者の死亡時に株式を一般承継し、その株式の所有者となります（985条1項）。

譲渡制限株式の場合であっても、相続により株式を取得したときには、譲渡承認請求は必要なく（会社法134条4号）、株主名簿の名義書換請求は「一般承継を証する書面その他の資料を提供して請求」することにより、譲受人である後継者が単独で行うことができます（同法133条2項、会社法施行規則22条1項4号）。

b　会社の対応

譲渡制限株式の場合であっても、相続や包括遺贈により株式を取得した者が株主名簿の名義書換請求をしてきたときには、「一般承継を証する書面その他の資料」を確認し、その者が相続や包括遺贈により株式を取得し

1　最判平成7・1・24判時1523号81頁〔27827052〕

たことを確認できれば、株主名簿の名義を書き換えます。

株主名簿には、新しい株主名及び住所、株式数、株主が株式を取得した日、株券を発行している場合には株券の番号を記載します（会社法121条）。

（イ）特定遺贈

a　受遺者の対応

特定遺贈の場合には、遺言者の死亡と同時に、直接受遺者に移転しますが[2]、一般承継により会社の株式を取得しているものではありませんので、譲渡承認請求や株主名簿の名義書換請求は、会社法上、株式譲渡人又はその相続人と株式譲受人が共同で請求することとされています（会社法133条、137条、138条2号イ、ロ）[3]。そのため、受遺者は、遺贈義務者（987条）又は遺言者の相続人と共同してこれらの請求をすることになります。遺贈義務者には遺贈の目的である物又は権利を相続開始の時の状態で引き渡し、又は移転する義務がありますが（998条本文）、遺贈義務者は、原則として、相続人です（896条）。そこで、受遺者は、相続人全員と共同でこれらの請求をします。遺言執行者が選任されている場合には、遺言執行者が遺贈義務者となりますので、受遺者は、遺言執行者と共同でこれらの請求をします[4]。

b　会社の対応

会社は、取締役会又は定款の定めに従って譲渡承認をし（会社法139条1項）、その旨を譲渡承認請求者に通知します（同条2項）。

取締役会において、譲渡人及び譲受人は、特別利害関係人になりますので、受遺者が取締役のときには、この決議に参加することができず、受遺者以外の取締役において取締役会を開催して決議することになります。

2　大判大正5・11・8民録22輯2078頁〔27522297〕、最判平成3・4・19民集45巻4号477頁〔27808492〕

3　理論的には、譲渡承認が得られることを停止条件とする名義書換請求となります（相澤哲＝葉玉匡美＝郡谷大輔編著『論点解説　新・会社法―千問の道標』商事法務（2006年）144頁）。

4　元木伸「譲渡制限付株式の実務―関係判例・通達及び書式例」別冊商事法務44号（1979年）56頁

ただし、譲渡承認請求後、会社が2週間以内に譲渡を承認する又は承認しない旨を譲渡承認請求者に通知しなければ、譲渡承認があったものとみなされることになります（同法145条1項1号)。譲渡承認があったものとみなされれば、取締役会で譲渡承認したことと変わらないことになります[5]。

譲渡承認後、会社は、株主名簿の名義を書き換え、新しい株主名及び住所、株式数、株主が株式を取得した日、株券を発行している場合には株券の番号を記載します（同法121条)。譲渡制限株式の場合、譲渡承認があってはじめて会社に対して株式譲渡があったといえますので、この「株主が株式を取得した日」は、譲渡承認をした日を記載することになります。

（ウ）死因贈与

a　受贈者の対応

死因贈与は、生前中に後継者との間で贈与契約を締結し、オーナーの死亡を条件としてその譲渡の効力が生じるものです。死因贈与は、その性質に反しない限り遺贈に関する規定が準用されます（554条)。

死因贈与の場合には、贈与者の死亡と同時に、直接受贈者に移転しますが、一般承継により会社の株式を取得しているものではありませんので、譲渡承認請求や株主名簿の名義書換請求は、会社法上、株式譲渡人又はその相続人と株式譲受人が共同で請求することとされています（会社法133条、137条、138条2号イ、ロ)。そのため、受贈者は、遺贈義務者（987条）又は贈与者の相続人と共同してこれらの請求をすることになります。遺贈義務者には遺贈の目的である物又は権利を相続開始の時の状態で引き渡し、又は移転する義務があります（998条本文）ので、死因贈与においても同様の義務がありますが、遺贈義務者は、原則として、相続人です(896条)。そこで、受贈者は、相続人全員と共同でこれらの請求をします。遺言執行者が選任されている場合には、遺言執行者が遺贈義務者となりま

5　受遺者に株式を取得されることが望ましくない場合には、譲渡承認請求のあった日から2週間以内に、譲渡承認をしない旨の決定をして、譲渡承認請求者に通知することになります（会社法145条1項1号)。

すので、受贈者は、遺言執行者と共同でこれらの請求をします。

ところで、贈与者は、生前に、単独で会社に対して、譲渡承認請求をすることができます（会社法136条、138条1号イ、ロ）。そのため、受贈者は、譲渡承認がなされているときには、株主名簿の名義書換請求をすることで足ります。また、譲渡承認請求時に、贈与者の死亡を停止条件として株主名簿の名義書換請求も併せて行っていれば、死亡後の請求は必要ないことになります。

b　会社の対応

会社は、取締役会又は定款の定めに従って譲渡承認をし（会社法139条1項）、その旨を譲渡承認請求者に通知します（同条2項）。

取締役会において、譲渡人及び譲受人は、特別利害関係人になりますので、受贈者が取締役のときには、この決議に参加することができず、受贈者以外の取締役において取締役会を開催して決議することになります。

ただし、譲渡承認請求後、会社が2週間以内に譲渡を承認する又は承認しない旨を譲渡承認請求者に通知しなければ、譲渡承認があったものとみなされることになります（同法145条1項1号）。譲渡承認があったものとみなされれば、取締役会で譲渡承認したことと変わらないことになります[6]。

譲渡承認後、会社は、株主名簿の名義を書き換え、新しい株主名及び住所、株式数、株主が株式を取得した日、株券を発行している場合には株券の番号を記載します（同法121条）。

（エ）共同相続

a　共同相続人の対応

法定相続の場合には、相続開始時に、共同相続人の準共有となります（264条）[7]。

譲渡制限株式の場合であっても、相続により株式を取得したときには、譲渡承認請求は必要なく（会社法134条4号）、株主名簿の名義書換請求

6　注5参照
7　最判平成26・2・25民集68巻2号173頁〔28220780〕

は「一般承継を証する書面その他の資料を提供して請求」することにより、共同相続人が行うことができます（同法133条２項、会社法施行規則22条１項４号）。この請求は、保存行為ですので、共同相続人が１人でも行うことができます（252条ただし書）。

会社法上、遺産分割協議が完了していない場合には、原則として、株式は相続人の準共有になり、その株式に関する権利行使をするためには、準共有者による権利行使者の指定が必要になります。そこで、共同相続人間で協議をし[8]、持分の過半数の決定により[9]、権利行使者及び会社から通知や催告を受領する者を１人定めて（会社法106条本文、126条３、４項）、その氏名を通知します[10]。

遺産分割協議の完了後、その株式を取得した者は、遺産分割協議書をもって、会社に対して、株主名簿の名義書換請求をします。

b　会社の対応

譲渡制限株式の場合であっても、相続により株式を取得した者が株主名簿の名義書換請求をしてきたときには、「一般承継を証する書面その他の資料」を確認し、その者が相続により株式を取得したことを確認できれば、株主名簿の名義を書き換えます。

遺産分割の完了前は、共同相続人の準共有になりますので、株主名簿には、共同相続人全員の氏名及び住所、株式数、被相続人の死亡日、株券を発行している場合には株券の番号を記載します（会社法121条）。

共同相続人から権利行使者及び会社から通知や催告を受領する者を１人定めて通知がなされたとき（同法106条本文、126条３、４項）、株主名簿上に権利行使者の氏名を記載する必要はありませんが、共同相続人の連名による権利行使者の指定書を添付します。

遺産分割協議の完了後、その株式を取得した者の株主名簿の名義書換請

8　共有物の管理行為ですので（252条本文）、共同相続人間で協議をすることが困難な場合には、協議をせずに決定することもできると考えられます。

9　最判平成９・１・28判時1599号139頁〔28020336〕

10　親権者が未成年の子を代理して権利行使者を指定した場合にも、民法826条の利益相反行為には該当しないと解されています（最判昭和52・11・８民集31巻６号847頁〔27000270〕）。

求に対して、遺産分割協議書を確認し、株主名簿の名義を書き換えます。

イ　定款の変更

株主の死亡後に、定款変更をして、その定款変更の効力を株式の承継者に主張することが考えられます。

（ア）譲渡制限を設ける定款変更

まず、譲渡制限がない場合に、相続人がその株式を第三者に自由に譲渡することができないようにするため、譲渡制限を設ける定款変更をすることが考えられます。

このとき、株主総会における特別決議が必要になりますが（会社法309条3項1号)、その定款変更の効力発生日の20日前までに株主に通知する必要があります（同法116条3項、1項1号)。この通知は、相続人から株主名簿の名義書換請求がなされていなければ、被相続人の住所地に通知すれば足ります（同法126条1項)。また、共同相続人間で協議をし、持分の過半数の決定により、権利行使者及び会社から通知や催告を受領する者を1人定めて（同法106条本文、126条3、4項)、その氏名が通知されていれば、その者に通知すれば足ります。

なお、この定款変更をした場合には、変更登記手続が必要になります。

（イ）相続人に対する売渡請求に関する定款変更

次に、株式を相続した相続人からその相続した株式を会社に売渡請求できるようにするため（会社法155条6号、176条1項)、定款において、相続その他の一般承継により株式を取得した者に対し、その株式を会社に売り渡すことを請求することができる旨を定めることが考えられます（同法174条)。

相続時に、この定款の定めがない場合であっても、相続後に定款を変更すれば、相続人に対して売渡請求をすることができます[11]。

このとき、株主総会における特別決議が必要になります（同法309条2項11号、466条)。その招集通知は、相続人から株主名簿の名義書換請求がな

11　相澤＝葉玉＝郡谷編著・前掲162頁

されていなければ、被相続人の住所地に発すれば足ります（同法126条１項)。また、共同相続人間で協議をし、持分の過半数の決定により、権利行使者及び会社から通知や催告を受領する者を１人定めて（同法106条本文、126条３、４項)、その氏名が通知されていれば、その者に通知すれば足ります。

なお、この定款変更をした場合でも、変更登記手続は必要ありません。

ウ　株主総会の開催と議決権の行使

（ア）株主総会の基準日

株主総会において議決権を行使することができるのは、原則として、その株主総会の開催日に議決権を有している株主です。しかし、会社が基準日を定めて、その日の株主名簿に記載されている株主を株主総会において議決権行使ができる者と定めることができます（会社法124条１項)。

定時株主総会については、定款において、事業年度末日の株主名簿に記載されている株主をその株主総会において議決権行使ができる者と定めるのが一般的です（同条３項ただし書)。

（イ）基準日後、株主総会前の死亡

基準日後に株主が死亡している場合には、基準日における株主及び株主名簿に記載の株主は、いずれも死亡した株主です。

その基準日に係る株主総会における議決権を承継した者は、会社に対してその旨を証明し、株主総会において議決権を行使することができます[12]。

このとき、相続人以外の第三者に遺贈された場合など、その基準日に係る株主総会における議決権を承継した者と、その株式を承継した者が一致しないことも考えられます。

仮にこれが一致しないときには、その株式を承継した者に株主総会における議決権行使を認めることはできませんので、会社は、その死亡した株主の住所地宛てに招集通知を発送し（会社法130条１項)、基準日に係る株主総会における議決権を承継した者に株主総会で議決権の行使を認めればよいこ

12　相澤＝葉玉＝郡谷編著・前掲139頁

とになります。

他方で、一致するときには、基準日後に株式を取得した者を議決権行使することができる者と定めればよいことになりますので（同法124条4項本文）、会社は、その者の住所地宛てに招集通知を発送し、基準日後に株式を取得した者に株主総会で議決権の行使を認めます。

なお、登記申請時に提出する株主リストには、株主名簿に記載の株主名を記載します。

（ウ）基準日前の死亡

基準日前に株主が死亡している場合において、基準日に株主名簿の名義書換がなされていないときには、前記（イ）と同様の対応となります。なお、登記申請時に提出する株主リストには、株式の取得者に権利行使させた場合にはその株式の取得者の氏名、権利行使させなかった場合には株主名簿に記載の株主名を記載します[13]。

他方、基準日前に株主が死亡している場合において、基準日に株主名簿の名義書換がなされているときには、株式の取得者である株主名簿に記載の株主が株主総会において議決権を行使します（会社法124条1項、130条1項）。なお、登記申請時に提出する株主リストには、株式の取得者又は共同相続人全員の氏名を記載します。

エ　相続分の承継と第三者対抗要件

事例

Xは、令和2年3月10日に死亡した。

Xは、妻に先立たれ、長男B、次男C、長女Dがいた。

Xの相続開始時の遺産は、以下のとおりであった。

①自宅（1億円の土地、2,000万円の建物）

②賃貸用マンション（8,000万円）

13　法務省ウェブサイト「株主リストに関するよくあるご質問」「A10　主要な株主Aが死亡した場合の株主リストの記載」参照（http://www.moj.go.jp/content/001245821.pdf）

③預貯金 7,000 万円

Xは①をBに、②をCに、③をDに相続させる旨の公正証書遺言を残していた。

B、Cには、いずれも多額の借金があった。

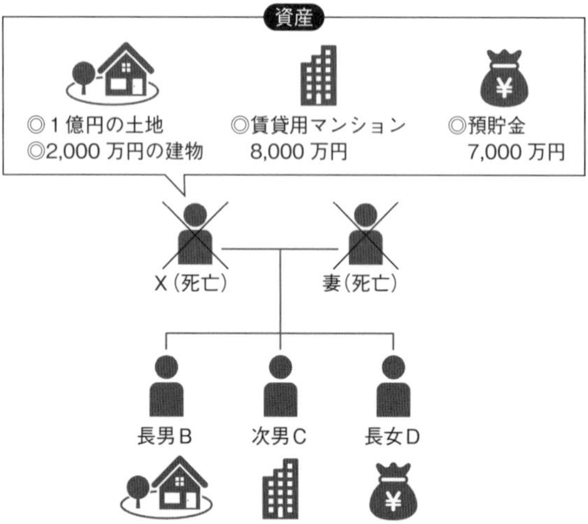

Q1 **Bは、登記をしないでいたところ、Cの債権者Hから賃貸マンションの差押えを受けた。Bは、Hに権利取得を主張することができるか。**

Q2 **Dは、預貯金をそのままにしていたところ、Bが 909 条の2に基づき単独で 150 万円を引き出していたことが発覚した。Dとしては、どうしておくべきであったか。**

Point

・遺産分割、遺贈だけでなく、特定財産承継遺言や相続分の指定がなされた場合であっても対抗要件の具備が必要となった。

・債権の対抗要件具備については、債務者に対し、遺言又は遺産分割の内容を明らかにする書面を提示すれば、受益相続人単独で通知することにより行うことができる。

・特に預貯金債権については速やかに引出し又は対抗要件を具備すべきである。

解説

（ア）改正の趣旨

平成30年改正前民法では、判例[14]は、遺産分割及び遺贈について、法定相続分を超える部分については、対抗要件を備えなければ、権利の取得を第三者に対抗することができないものとしていました。

しかし、判例[15]は、特定財産承継遺言や相続分の指定がされた場合は、登記等の対抗要件を備えていなくても、権利取得につき第三者に主張することができるものとしていました。

そのため、特定財産承継遺言や相続分の指定がなされた場合、早期に対抗要件を備えようとするインセンティブが働かず、取引の安全が害され、対抗要件制度に対する信頼が害されるおそれがありました[16]。

そこで、改正後は、相続による権利の承継全般について、法定相続分を超える部分については、対抗要件を備えなければ、権利の取得を第三者に対抗することができないものとしました（899条の2第1項）。

（イ）債権の対抗要件具備

a　対抗要件具備の方法

債権の対抗要件を具備するためには、譲渡人から債務者に対する通知又は債務者の承諾が必要となります（467条）。債務者以外の第三者に対抗するためには通知又は承諾は、確定日付のある証書によることが必要であることから、配達証明付内容証明郵便により行うこととなります。相続に

14　遺産分割につき、最判昭和46・1・26民集25巻1号90頁〔27000652〕、遺贈につき、最判昭和39・3・6民集18巻3号437頁〔27001933〕

15　特定財産承継遺言につき、最判平成14・6・10家裁月報55巻1号77頁〔28071576〕、相続分の指定につき、最判平成5・7・19家裁月報46巻5号23頁〔27826921〕

16　『一問一答』160頁

よる権利承継において譲渡人に相当する者は、共同相続人全員となります。

しかし、受益相続人以外の共同相続人が通知に協力しないこともあることから、遺言又は遺産分割による債権の承継の場合、特則で、受益相続人が単独で遺言又は遺産分割の内容を明らかにして通知することにより対抗要件を満たすこととしました（899条の2第2項）。なお、施行日（令和元年7月1日）前に開始された相続であっても、承継の通知が施行日以降であれば899条の2第2項が適用されます。

遺言又は遺産分割の内容を明らかにするためには、具体的には、以下の書面を提示することが想定されています[17]。

(a) 遺言

①公正証書であれば、公証人によって作成された遺言書の正本又は謄本

②自筆証書遺言であれば、その原本や家庭裁判所書記官が作成した検認調書の謄本に添付された遺言書の写し、自筆証書遺言を保管する法務局で発行される遺言書情報証明書

(b) 遺産分割

①遺産分割協議書の原本

②公証人作成に係る正本又は謄本

③調停調書や審判書の正本又は謄本[18]

b　預貯金債権について

預貯金債権については、909条の2により、一定額につき共同相続人単独での払戻しができることになりました。債権者対抗要件が具備されるまでは、金融機関は預貯金債権が遺産に属していることを前提に処理すれば足り、払戻しが無効になることはないものと考えられていることから[19]、

17　金融機関などマニュアルを保有していることが想定される債務者であれば、記載事項や別送すべき書類などを事前に確認します。

それ以外の場合は、配達証明付内容証明郵便に、遺言又は遺産分割の内容をなるべく記載して通知します（例えば、調停調書であれば、「令和○年○月○日付調停調書（○家庭裁判所令和○年（家イ）○号）第○項「○○○」に基づき、下記預金債権をすべて取得しました」など。本橋総合法律事務所編『法律家のための相続預貯金をめぐる実務』新日本法規（2019年）185頁以下参照）。

18　『一問一答』168頁

速やかに預貯金を引き出すか、対抗要件を具備すべきです。

A1 Bは、特定財産承継遺言があったとしても、登記をしなければ、法定相続分を超える部分については、権利の取得を第三者に対抗することはできない（899条の2第1項）。

A2 預貯金については、909条の2に基づき、単独で金融機関から一定額の引出しをすることができるようになったことから、速やかに、金融機関から預貯金を引き出すか、金融機関に通知の方法を確認し、配達証明付内容証明郵便で通知し、公正証書遺言謄本を送付するなどする（899条の2第2項）。なお、原本に相違ない旨の文言等を記載した写しとともに原本還付申請をすることで原本還付を申請することも検討する。

---

19 『一問一答』79頁

第３章書式①株主名簿の名義書換請求書（遺産分割前・共同相続の場合）DL

株式名義書換請求書

令和○年○月○日

株式会社○　御中

（株式取得者）
（住所）

（氏名）　　　　　　　　㊞

（住所）

（氏名）　　　　　　　　㊞

拝啓　時下益々ご清栄のこととお慶び申し上げます。

さて、現在の株主の死亡により、その保有する株式を相続しましたので、株主名簿の名義書換えをお願いします。

敬具

記

株 式 譲 渡 人：　（住所）
　　　　　　　　　（氏名）
株 式 取 得 者：　（住所）
　　　　　　　　　（氏名）
　　　　　　　　　（住所）
　　　　　　　　　（氏名）
譲渡対象株式数：　○株
譲　　渡　　日：　令和○年○月○日

以　上

第３章書式②株主名簿の名義書換請求書（遺産分割後・共同相続の場合）

株式名義書換請求書

令和○年○月○日

株式会社○　御中

（株式取得者）

（住所）

（氏名）　　　　　　　㊞

拝啓　時下益々ご清栄のこととお慶び申し上げます。

さて、現在の株主の死亡により、その保有する株式を相続しましたので、株主名簿の名義書換えをお願いします。

なお、その株式については、令和○年○月○日、共同相続人全員の名義に変更しています。

敬具

記

株式譲渡人：　（住所）

（氏名）

名　義　人：　（住所）

（氏名）

（住所）

（氏名）

株式取得者：　（住所）

（氏名）

譲渡対象株式数：　○株

譲　渡　日：　令和○年○月○日

以　上

第３章書式③譲渡承認請求兼名義書換請求（遺贈の場合）

株式譲渡承認請求書兼名義書換請求書

令和○年○月○日

株式会社○　御中

（株式譲渡人）
（住所）
（氏名）　　　　　　　　㊞
遺言執行者
（住所）
（氏名）　　　　　　　　㊞
（株式取得者）
（住所）
（氏名）　　　　　　　　㊞

拝啓　時下益々ご清栄のこととお慶び申し上げます。

さて、下記のとおり、株式譲渡人は、その保有する貴社の普通株式を株式取得者に遺贈しましたので、当該株式を譲渡することについての貴社の承認を求めます。また、譲渡承認後には、株主名簿の名義書換えをお願いします。

敬具

記

株式譲渡人：　（住所）
　　　　　　　（氏名）
株式取得者：　（住所）
　　　　　　　（氏名）
譲渡対象株式数：　○株
譲渡日：　令和○年○月○日

以上

第３章書式④債権包括承継通知（相続の場合）DL↓

債権包括承継通知書

令和○年○月○日

株式会社○　御中

（債権譲受人）
（住所）
（氏名）　　　　　　　㊞

拝啓　時下益々ご清栄のこととお慶び申し上げます。
さて、債権譲受人は、下記債権を相続により承継しましたので、通知します。

敬具

記

○銀行○支店普通預金口座番号（○○○）口座名義人○の預金債権

以　上

第３章書式⑤債権譲渡通知書（遺贈の場合）DL

債権譲渡通知書

令和○年○月○日

株式会社○　御中

（債権譲渡人）
（住所）
（氏名）　　　　　　　　㊞
（遺言執行者）
（住所）
（氏名）　　　　　　　　㊞
（債権譲受人）
（住所）
（氏名）　　　　　　　　㊞

拝啓　時下益々ご清栄のこととお慶び申し上げます。

さて、債権譲渡人は、その保有する貴社に対する下記債権を債権譲受人に遺贈しましたので、通知します。

敬具

記

○銀行○支店普通預金口座番号（○○○）口座名義人○の預金債権

以　上

第３章書式⑥株主リスト（遺産分割前・共同相続）

証　　明　　書

次の対象に関する商業登記規則 61 条２項又は３項の株主は次のとおりであることを証明する。

対象	株主総会等又は総株主の同意等の別	株主総会
	上記の年月日	令和○年○月○日
	上記のうちの議案	全議案

	氏名又は名称	住所	株式数（株）	議決権数	議決権数の割合
1	甲 乙 丙	東京都○区・・・ 東京都○区・・・ 横浜市○区・・・	90	90	90.0%
2					
3					
4					
5					
6					
7					
8					
9					
10					
			合計	90	90.0%
			総議決権数	100	

証明書作成年月日	令和○○年○○月○○日
商号	株式会社○
証明書作成者	代表取締役○○　○○　㊞（届出印）

第3章書式⑦株券不発行の証明（株券不所持の申出）DL

株式会社○　株主名簿

令和○年○月○日現在

番号	氏名又は名称	住所	株式の種類	株式数	株式取得年月日	備考
1	甲 乙 丙	東京都○区・・・ 東京都○区・・・ 横浜市・・・	普通株式	○株	令和○年○月○日相続	・株券不所持の申出に基づく株券の不発行 ・甲及び乙の令和○年○月○日付「共有者による権利行使者の指定」と題する書面により甲を権利行使者に指定
2	甲	東京都○区・・・	普通株式	○株	平成○年○月○日取得	・株券不所持の申出に基づく株券の不発行

当社は、当該株主名簿記載のとおり、全株主による株券不所持の申出に基づき株式の全部について株券を発行していないこと及び当該株主名簿が原本と相違ないことを証明します。

令和○年○月○日

株式会社○

代表取締役　○　㊞（届出印）

第3章書式⑧遺産分割協議書 DL

遺産分割協議書

被相続人　X（令和○年○月○日死亡）
本籍　東京都○区・・・
最後の住所地　東京都○区○

被相続人Xの死亡により開始した相続における共同相続人全員が協議した結果、被相続人Xの遺産を以下のとおり分割することに合意した。

第1条　相続人Aは以下の財産を相続する。
1　不動産
（1）土地
所在　○○
地番　○○
地目　○○
地積　○○ m^2
持分　○分の1
（2）建物
所在　○○
家屋番号　○○
種類　○○
構造　○○
床面積　1階　○○ m^2
　2階　○○ m^2

第2条　相続人Bは以下の財産を相続する。なお2記載の株式については、未受領の配当金も含む。

1　預貯金
（1）ゆうちょ銀行　通常貯金　記号　○○　番号　○○
（2）○銀行　○支店　普通預金　口座番号　○○

２　株式

（１）　○株式会社　普通株式　○株

（２）　株式会社○　第１種優先株式　○株

第３条　Ａは第１条記載の遺産を取得する代償として、Ｂに対し、○年○月○日限り、金○万円をＢ名義の○銀行○支店普通預金口座（口座番号○○）に振り込んで支払う。ただし、振込手数料はＡの負担とする。

第４条　後日、被相続人の遺産が発見されたときは、相続人Ｂがすべて相続する[1]。

○年○月○日

住所

相続人　　　　　　　　　　　実印[2]

住所

相続人　　　　　　　　　　　実印

１　特定の相続人へ相続させる旨の合意をしない場合は、「共同相続人間で協議する。」とします。

２　複数頁にわたる場合、各相続人の契印もします。

（2）株式の買取りを求める場合

ア　買取請求

（ア）合意による自己株式の取得

原則として、株主は、会社に対して株式の買取りを請求することはできません。しかし、株主と会社の間で合意した場合には、会社においてその株主から株式を取得することができます（会社法155条3号、156条1項）。

（イ）株主総会による授権

会社は、特定の株主との合意により株式を取得する場合には、まず、株主総会において、取得する株式数、1株当たりの価額及びその総額、株式を取得することができる期間、会社法158条1項の規定による通知を特定の株主に対して行う旨について決議します（会社法156条1項、160条1項）[20]。この「会社法158条1項の規定による通知」は、株主に対して、会社法所定の譲渡条件を通知することで、取得する株式数、1株当たりの価額及びその総額、株式譲渡しの申込みの期日を通知することになります（同法158条1項、157条1項1～4号）。この株式取得は、特定の株主から取得するものですので、株主総会は特別決議（出席株主の3分の2以上の賛成）となります（同法309条2項2号、160条1項）。ただし、会社に株式を譲渡しようとする株主は、その株主総会において議決権を行使することができません[21]（同法160条4項本文）。

（ウ）取締役会による決定と条件の通知

次に、取締役会において、取得する株式数、1株当たりの価額及びその総

20　相続人から取得する場合には、全株主に対して、会社が株式を取得する相手に自己を含めることを請求することができる旨を通知する必要はありません（会社法162条本文、160条2、3項）。ただし、相続人が株主総会において相続した株式について一度でも議決権を行使しますと、株主総会の招集時又はその前に、全株主に対して、会社が株式を取得する相手に自己を含めることを請求することができる旨を通知する必要がありますので留意が必要です（同条2号、160条2、3項、会社法施行規則28条、29条）。

21　一人株主の場合や株主全員が株式を譲渡しようとする場合など株主総会において議決権を行使することができる者がいない場合には、会社に株式を譲渡しようとする株主も議決権を行使することができます（会社法160条4項ただし書）。

額、株式譲渡しの申込みの期日を決議し（会社法157条1項、2項）、株式を譲渡しようとする株主に通知します（同法158条1項、160条5項）。会社法上、財源規制があることには留意が必要です（同法461条1項3号、157条1項）[22]。

なお、会社が株主から無償で株式を取得する場合には、これらの手続は必要ありません（同法155条13号、156条2項、会社法施行規則27条1号）。

（エ）株主名簿の名義書換

その後、会社から相続人に対して譲渡対価を支払い、株主名簿の相続人名義から会社名義に変更します。会社名義に変更する場合に、株主名簿の名義書換請求は必要ありません（会社法132条1項2号）。

（オ）段取りのまとめ

実際の段取りとしては、次のとおりとすることが考えられます。

①相続人の会社に対する自己株式取得の依頼
②会社における1株当たりの株価の算定（専門家への依頼）
③相続人と会社間の株式取得条件の協議及び決定
④株主総会の招集、開催及び決議（特別決議）、又は書面決議
⑤取締役会の招集、開催及び決議、又は書面決議
⑥会社から相続人に対する通知
⑦会社から相続人に対する譲渡対価の支払
⑧株主名簿の名義書換（相続人名義から会社名義に変更）

22　財源規制に違反した場合において、自己株式の取得の効果については、有効であるとの見解（相澤哲＝豊田祐子「株式（株式会社による自己の株式の取得）」別冊商事法務295号（2006年）35頁、相澤哲＝岩崎友彦「株式会社の計算等」同135頁、田中亘『会社法〈第2版〉』東京大学出版会（2018年）439-440頁）と無効であるとの見解（江頭憲治郎『株式会社法〈第7版〉』商事法務（2017年）295-296頁）がありますが、いずれにせよ取締役及び株主（株式の譲渡人）は、連帯して、会社に対して、その全額の支払義務があり（会社法462条1項）、全株主の同意があっても超過額は免除されません（同条3項）。

イ　株式の評価方法

（ア）時価の評価方法

非上場会社の株式を売買する場合、時価により行う必要があります。その評価方法については、主なものとして、インカム・アプローチ、マーケット・アプローチ、ネットアセット・アプローチ、国税庁方式（税法上の評価額）があります（第４章１（２）ウ売買価格の算定方法も参照）。

非上場会社の株式の時価の国税庁方式について記載すると、個人が株式の発行会社に売却することを前提とした場合、売主である個人は所得税法基本通達23～35共-９に基づくこととなり、次のとおり定められています。

①　売買実例のあるもの
　最近において売買の行われたもののうち適正と認められる価額
②　公開途上にある株式で、当該株式の上場又は登録に際して株式の公募又は売出しが行われるもの
　金融商品取引所又は日本証券業協会の内規によって行われるブックビルディング方式又は競争入札方式のいずれかの方式により決定される公募等の価格等を参酌して通常取引されると認められる価額
③　売買実例のないものでその株式の発行法人と事業の種類、規模、収益の状況等が類似する他の法人の株式の価額があるもの
　当該価額に比準して推定した価額
④　上記①から③までに該当しないもの
　権利行使日等又は権利行使日等に最も近い日におけるその株式の発行法人の１株又は１口当たりの純資産価額等を参酌して通常取引されると認められる価額

ただし、上記④の純資産価額の計算は、課税上弊害がない限り、所得税法基本通達59-６に基づき次の条件のもと、相続税を計算する場合に使用する財産評価基本通達により計算した金額により算定することができます。一般的な非上場会社の場合には、財産評価基本通達により計算した金額となるこ

とが多いものと考えられます。

1　同族株主及び中心的な同族株主に該当するかどうかは、譲渡直前の議決権の数により判定します。 2　売主が中心的な同族株主に該当する場合は、当該発行法人は常に小会社に該当することとして計算します。 3　当該発行法人が土地等又は上場株式等を所有している場合は、純資産価額の計算上、これらの資産については評価時点における時価によります。 4　純資産価額の計算上、評価差額に対する法人税額等に相当する金額は控除しません。

（イ）財産評価基本通達による計算方法

次に、財産評価基本通達による基本的な計算方法を紹介します。

財産評価基本通達においては、会社の業種、従業員数、純資産価額、取引金額等の規模に応じて区分され、類似業種比準方式又は純資産価額方式により評価されることとなります。ただし、同族株主以外の株主等が取得した株式や特定の評価会社の株式については、配当還元方式等の特別な評価方法により評価されることとなります。

まず、類似業種比準方式は、類似業種の株価を基に、評価する会社の１株当たりの「配当金額」、「利益金額」及び「純資産価額（簿価）」の３つで比準して評価する方法です。類似業種の業種目及び業種目別株価などは、国税庁が公表している数値を用います。

次に、純資産価額方式は、会社の総資産や負債を相続税の評価に洗い替えて、その評価した総資産の価額から負債や評価差額に対する法人税額等相当額を差し引いた残りの金額により評価する方法です。

a　原則的な評価方式

原則的な評価方式は、発行会社の総資産価額、従業員数及び取引金額により大会社、中会社又は小会社のいずれかに区分して、原則として次の方法で評価額を算定します。

(a) 大会社

大会社は、原則として、類似業種比準方式により評価額を算定します。ただし、選択により、純資産価額方式によって評価することも認められています。

(b) 中会社

中会社は、類似業種比準方式により算定した類似業種比準価額と純資産価額方式により算定した1株当たりの純資産価額を併用して評価します。具体的には、下記の算式により計算した金額となります。ただし、算式中の類似業種比準価額を1株当たりの純資産価額によって計算することも認められています。

類似業種比準価額×L＋１株当たりの純資産価額×(1-L)

上記算式中の「L」は、評価会社の総資産価額及び従業員数又は直前期末以前1年間における取引金額に応じて、それぞれ下記に定める割合のうちいずれか大きい方の割合とします。

i　総資産価額（帳簿価額によって計算した金額）及び従業員数に応ずる割合

卸売業	小売・サービス業	卸売業、小売・サービス業以外	割合(%)
4億円以上（従業員数が35人以下の会社を除く）	5億円以上（従業員数が35人以下の会社を除く）	5億円以上（従業員数が35人以下の会社を除く）	0.90
2億円以上（従業員数が20人以下の会社を除く）	2億5,000万円以上（従業員数が20人以下の会社を除く）	2億5,000万円以上（従業員数が20人以下の会社を除く）	0.75
7,000万円以上（従業員数が5人以下の会社を除く）	4,000万円以上（従業員数が5人以下の会社を除く）	5,000万円以上（従業員数が5人以下の会社を除く）	0.60

※複数の区分に該当する場合には、上位の区分に該当するものとします。

ⅱ　直前期末以前1年間における取引金額に応ずる割合

卸売業	小売・サービス業	卸売業、小売・サービス業以外	割合(%)
7億円以上30億円未満	5億円以上20億円未満	4億円以上15億円未満	0.90
3億5,000万円以上7億円未満	2億5,000万円以上5億円未満	2億円以上4億円未満	0.75
2億円以上3億5,000万円未満	6,000万円以上2億5,000万円未満	8,000万円以上2億円未満	0.60

(c) 小会社

小会社は、原則として、純資産価額方式によって評価します。ただし、Lを0.50として、上記(b)の算式により計算した金額によって評価することも認められています。

b　特例的な評価方式

取引相場のない株式は、原則として、前記のような方式により評価しますが、同族株主以外の株主が取得した株式については、その株式の発行会社の規模にかかわらず原則的評価方式に代えて特例的な評価方式の配当還元方式により評価します。配当還元方式は、その株式を所有することによって受け取る1年間の配当金額を、一定の利率(10%)で還元して元本である株式の価額を評価する方法です。

c　特定の評価会社の株式の評価方式

次のような特定の評価会社の株式は、原則として、①から⑤までについては純資産価額方式により、⑥については清算分配見込額により評価することとなります。

他方、①から⑥までの会社の株式を取得した同族株主以外の株主等については、特例的な評価方式である配当還元方式により評価します。

① 類似業種比準方式で評価する場合の3つの比準要素である「配当金額」、「利益金額」及び「純資産価額(簿価)」のうち直前期末の比準要素のいずれか2つがゼロであり、かつ、直前々期末の比準要素のいずれか2つ以上がゼロである会社(比準要素数1の会社)の

株式

② 株式等の保有割合（総資産価額中に占める株式、出資及び新株予約権付社債の価額の合計額の割合）が一定の割合以上の会社（株式等保有特定会社）の株式

③ 土地等の保有割合（総資産価額中に占める土地などの価額の合計額の割合）が一定の割合以上の会社（土地保有特定会社）の株式

④ 課税時期（相続又は遺贈の場合は被相続人の死亡の日、贈与の場合は贈与により財産を取得した日）において開業後の経過年数が3年未満の会社や、類似業種比準方式で評価する場合の3つの比準要素である「配当金額」、「利益金額」及び「純資産価額（簿価）」の直前期末における比準要素がいずれもゼロである会社（開業後3年未満の会社等）の株式

⑤ 開業前又は休業中の会社の株式

⑥ 清算中の会社の株式

d　類似業種比準価額

類似業種比準価額は、類似業種の株価並びに1株当たりの配当金額、年利益金額及び純資産価額（簿価）に基づき、次の算式により計算した金額とします。この場合において、評価会社の直前期末における資本金等の額を直前期末における発行済株式数で除した金額50円以外の金額であるときは、その計算した金額に、1株当たりの資本金等の額の50円に対する倍数を乗じて計算した金額とします。

類似業種比準価額の算式

A×{(Ⓑ/B+Ⓒ/C+Ⓓ/D)/3}×0.7

1 上記算式中の「A」、「Ⓑ」、「Ⓒ」、「Ⓓ」、「B」、「C」及び「D」は、それぞれ下記によります。

「A」＝類似業種の株価

「Ⓑ」＝評価会社の１株当たりの配当金額
「Ⓒ」＝評価会社の１株当たりの利益金額
「Ⓓ」＝評価会社の１株当たりの純資産価額（帳簿価額によって計算した金額）
「B」＝課税時期の属する年の類似業種の１株当たりの配当金額
「C」＝課税時期の属する年の類似業種の１株当たりの年利益金額
「D」＝課税時期の属する年の類似業種の１株当たりの純資産価額（帳簿価額によって計算した金額）
※類似業種比準価額の計算に当たっては、B、C及びDの金額は１株当たりの資本金等の額を50円とした場合の金額として計算します。

２　上記算式中の「0.7」は、中会社の株式を評価する場合には「0.6」、小会社の株式を評価する場合には「0.5」とします。

e　純資産価額

１株当たりの純資産価額[23]は、課税時期における各資産を財産評価基本通達に定めるところにより評価した価額（ただし、評価会社が課税時期前３年以内に取得又は新築した土地及び土地の上に存する権利並びに家屋及びその附属設備又は構築物の価額は、課税時期における通常の取引価額に相当する金額によって評価するものとし、当該土地等又は当該家屋等に係る帳簿価額が課税時期における通常の取引価額に相当すると認められる場合には、当該帳簿価額に相当する金額によって評価することができるものとします）の合計額から課税時期における各負債の金額の合計額及び評価差額に対する法人税額等に相当する金額を控除した金額を課税時期における発行済株式数で除して計算した金額とします。

ただし、中会社及び小会社については、株式の取得者とその同族関係者の有する議決権の合計数[24]が評価会社の議決権総数[25]の50％以下である

23　１株当たりの純資産価額の計算を行う場合の「発行済株式数」は、直前期末ではなく、課税時期における発行済株式数となります。

場合においては、前記により計算した1株当たりの純資産価額に100分の80を乗じて計算した金額とします。

ウ　課税関係

(ア) 相続発生後に株式譲渡した場合

a　原則的な課税関係

個人が保有する株式の譲渡を行った場合、売買によって生じた譲渡益は譲渡所得として、所得税の分離課税の対象となります。

ただし、発行会社に対して買取請求を行い、発行会社から対価として金銭その他の資産の交付を受けた場合、その交付を受けた金銭の額及び金銭以外の資産の価額の合計額がその発行会社の資本金等の額のうち、その交付の基因となった株式に対応する部分の金額を超えるときは、その超える部分の金額は配当所得とみなされて所得税の総合課税の対象となります。当該配当所得については、配当控除の対象となり、その株式に対応する資本金等の額が取得価額を超えるときは、その超える部分の金額が株式の譲渡益として分離課税の対象となります。

b　一定の要件を満たす場合の特例

相続又は遺贈により財産を取得して相続税を課された人が、相続の開始があった日の翌日から相続税の申告書の提出期限の翌日以後3年を経過する日までの間に、その相続した株式を譲渡した場合には、相続時に課された相続税額のうち、その株式の相続税評価額に対応する部分の金額を取得費に加算して収入金額から控除することができます。ただし、加算される金額は、この加算をする前の譲渡所得金額が限度となります。

また、相続税の課税の対象となった非上場株式を上記期間内にその発行会社に譲渡した場合には、その全額が株式の譲渡所得に係る収入金額とされ、みなし配当は生じません。

---

24 「議決権の合計数」には、「株主総会の一部の事項について議決権を行使できない株式に係る議決権の数」を含めるものとします。

25 「議決権総数」には、「株主総会の一部の事項について議決権を行使できない株式に係る議決権の数」を含めるものとします。

（イ）売買価額が税務上の時価よりも高い場合の課税関係

売買価額が税務上の時価よりも高い場合、その売買価額と時価との差額は売主に対する贈与とみなされる可能性があります。

その場合において買主が法人であるときは、売主の個人は時価で譲渡したものとみなして譲渡所得税が課税され、売買価額と時価との差額は一時所得として所得税が課税されます。ただし、売主がその買主の法人の従業員又は役員の場合には、当該差額は給与所得となりますので注意が必要です。なお、買主が個人であるときは、売買価額と時価との差額につき、売主に贈与税が課税されることとなります。

買主が法人である場合、譲渡価額と時価との差額については当該法人から売主に対する寄附金として扱われ、寄附金の損金不算入の対象となり、損金に算入できない場合があります。

（ウ）売買価額が税務上の時価よりも低い場合の課税関係

売買価額が税務上の時価よりも低い場合、その売買価額と時価との差額は買主に対する贈与とみなされる可能性があります。

その場合において買主が法人であるときは、売主の個人は時価で譲渡したものとみなして譲渡所得税が課税され、買主の法人は売買価額と時価との差額につき法人税が課税されます。また、当該贈与により買主の法人の発行株式の時価が増加する場合は、当該法人の株主に対しても間接的に株式の時価の増加という利益の贈与があったものとみなされて、贈与税が課税されるおそれがあります。なお、買主が個人であるときは、売買価額と時価との差額につき、買主に贈与税が課税されることとなります（第２章３（２）低額譲渡参照）。

エ　株式による相続税の物納

国税は、原則として、金銭で納付することとされていますが、例外的に、相続税については、延納によっても金銭で納付することが困難な場合には、納税者の申請により、その納付を困難とする金額を限度として一定の相続財産により物納することができます。

物納申請財産は、納付すべき相続税額の課税価格計算の基礎となった相続財産のうち、次の表に掲げる財産及び順位とされています。ただし、日本国内に所在していなければなりません。

第１順位	①	不動産、船舶、国債証券、地方債証券、上場株式等（特別の法律により法人の発行する債券及び出資証券を含むが、短期社債等は除く）
	②	不動産及び上場株式のうち物納劣後財産に該当するもの
第２順位	③	非上場株式等（特別の法律により法人の発行する債券及び出資証券を含むが、短期社債等は除く）
	④	非上場株式のうち物納劣後財産に該当するもの
第３順位	⑤	動産

物納しようとする相続税の納期限又は納付すべき日（物納申請期限）までに、物納申請書に物納手続関係書類を添付して税務署長に提出します。

以上のとおり、非上場株式も、物納ができる財産とされていますが、次の株式については、管理処分不適格財産とされ、物納することができません。

①譲渡に関して金融商品取引法その他の法令の規定により一定の手続が定められている株式で、その手続がとられていないもの
②譲渡制限株式
③質権その他の担保権の目的となっている株式
④権利の帰属について争いがある株式
⑤共有に属する株式（共有者全員がその株式について物納の許可を申請する場合を除く）
⑥暴力団員等によりその事業活動を支配されている株式会社又は暴力団員等を役員（取締役、会計参与、監査役及び執行役をいう）とする株式会社が発行した株式

非上場株式の場合には、一般的に譲渡制限株式ですので、物納ができません。相続財産のうち、株式の評価額が大きいときには、相続税の支払に困窮

するおそれがあることには留意が必要です。

この場合には、会社において、定款の譲渡制限株式の規定を廃止し、譲渡制限株式ではないとすることはできます（会社法309条2項11号、466条）。もっとも、譲渡制限株式ではなくなると、公開会社となり（同法２条５号）、取締役会や監査役の設置義務、監査役の監査対象の限定不可、取締役や監査役の任期の短縮、株主総会の招集手続の変更等、他の定款規定や機関設計の見直しなどの影響があります。したがって、相続人の納税のために、このような措置を講じることは難しいことが多いのではないかと思われます。

（3）遺言執行

事例

Xは、不動産業を手掛けるX社の創業者である。現在は一線を退き、後継者である次男Cが代表取締役社長に就任している。当初、後継者と目されていた長男Bは、社内で不祥事を起こしたことが原因でX社を追われ、Xら家族とも折り合いが悪い。

Xは、令和元年７月６日に公正証書遺言を作成し、令和２年３月20日に死亡した。Xの相続人は、妻A、長男B、次男C、長女Dの４名である。その遺言の内容は、概要以下のとおりであった。

１　Xの自宅土地建物を妻Aに相続させる。
２　Xの居住用マンション（一室）を長女Dに相続させる。
３　Xの別荘土地建物を次男Cに相続させる。
４　Xの事業用不動産（X店舗）をX社に遺贈する。
５（１）P銀行Q支店の預貯金を妻Aに相続させる。
　（２）S銀行T支店の預貯金を長男Bに相続させる。
　（３）R銀行Q支店の預貯金を長女Dに相続させる。
　（４）その余の預貯金はすべて次男Cに相続させる。
６　Xが保有するX社株はすべて次男Cに相続させる。
７　XのX社に対する貸付金債権を次男Cに相続させる。

8　本遺言書に記載のない財産はすべて次男Cに相続させる。
9　次男Cを遺言執行者に指定する。
10　遺言執行者に次の権限を付与する。
（1）預貯金の名義変更、解約、払戻し
（2）貸金庫の開扉、解約及び内容物の受取
（3）その他本遺言を執行するために必要な一切の権限

次男Cが、Xの遺言書を携え、X社の顧問弁護士であるL弁護士のもとに相談にやってきた。「先生、父の遺言書には、私を遺言執行者に指名すると書いてあるのですが、私はX社の経営で多忙ですし、正直、兄Bとも関わりたくありません。先生にお願いできないでしょうか。」

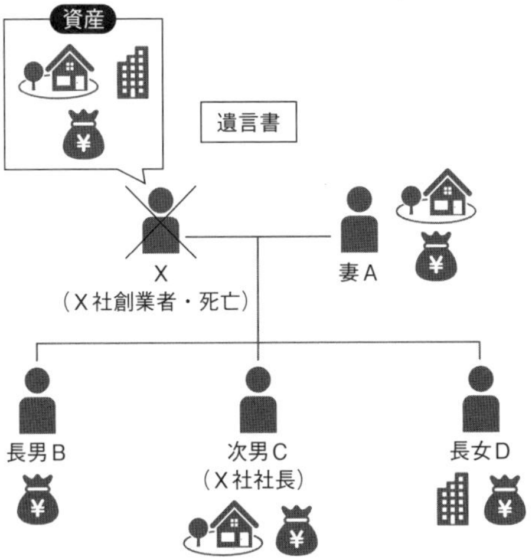

Q1 次男Cは遺言執行者に就任しなければならないか。
Q2 弁護士Lは遺言執行者に就任すべきか。

Point

・遺言を残す場合、その遺言の内容を実現する責務を負う者として、遺言執行者を指定できる。
・遺言執行者の法的地位が平成 30 年相続法改正により明確化された。
・遺言執行者への就任に当たっては、遺言の内容や相続人の関係等を考慮し、適切に職責を果たし得るかを十分に検討する。
・特に、遺言執行者に就任しようとする弁護士においては、関係者との利益相反や中立・公正さへの配慮が不可欠となる。

解説

ア　遺言執行・遺言執行者とは

遺言執行とは、遺言の内容を実現することです。遺言執行者は、亡き遺言者に代わって、遺言の内容を実現する責務を負います（1012 条 1 項）。

遺言執行者については、善管注意義務（644 条）など、委任に関する規定が準用されています（1012 条 3 項、1020 条）。そこで、遺言執行者は、遺言の内容すなわち遺言に示された遺言者の意思に忠実に従って職務を行っていくことになります。

なお、平成 30 年改正前民法では、「遺言執行者は、相続人の代理人とみなす」との規定があったため（改正前 1015 条）、遺言執行者は、職務の遂行に当たり、相続人の利益をも考慮すべきかについては議論がありました。しかし、平成 30 年の相続法の改正により、前記規定は削除され、遺言執行者の責務が「遺言の内容を実現する」ことにあることが明記されました。これにより、例えば、遺留分減殺請求（遺留分侵害額請求）がされた場合のように、遺言者の意思と相続人の利益とが対立する場面でも、遺言執行者はあくまでも遺言者の意思に従って職務を行えばよいことが明確になりました（民法（相続関係）等の改正に関する中間試案の補足説明 47 頁）。

イ　遺言執行者と利益相反

遺言執行者は、法定の欠格事由（未成年者及び破産者。1009 条）に該当する場合を除いては、資格に制限はなく、自然人・法人問わず就任できます。共同相続人のうちの１人が遺言執行者になることも可能と解されており、実際に、推定相続人を遺言執行者に指定する遺言は多くみられます。

しかし、遺言の内容や、従前の相続人らの関係によっては、遺言執行者たる相続人と他の相続人や受遺者の利害が対立する場合もあります。そのような場合において、遺言執行が円滑に進まない懸念があるときは、後述の遺言執行者の選任申立てにより、他の適任者を遺言執行者に選任することを検討すべきでしょう。

弁護士が遺言執行者に就任しようとする場合、相続人との関係については、より慎重な検討が必要です。具体的には、①弁護士が、ある相続について遺言執行者となった場合において、遺言執行が終了する前あるいは終了した後に、相続人間の紛争について一部の相続人の代理人に就任できるか、②推定相続人間の紛争に関与したり一部の推定相続人の代理人となったことがある場合において、当該弁護士がその遺言執行者に就任することができるか、という問題があります。詳細は、日本弁護士連合会弁護士倫理委員会編著『解説弁護士職務基本規程〈第３版〉』(2017 年）96 頁以下の記述に譲りますが、いずれの場合についても、利益相反あるいは信義誠実義務、信頼保持義務の観点から、相続人の代理人への就任又は遺言執行者への就任については、慎重な検討を要し、就任を差し控えることが望ましい場合が多いでしょう。なお、日弁連・弁護士倫理委員会事務局によれば、当面のところ相続法改正に伴う上記「解説」の対応箇所の改訂予定はなく、解釈にも変更はないようです。

ウ　遺言執行者の指定・選任

（ア）遺言執行者の指定

遺言者は、遺言によって遺言執行者を指定することができます（1006 条１項前段)。遺言者に相応の資産がある場合や、自らの死後、できるだけ相続人間の紛争を回避し円滑かつ確実に遺言内容を実現させたいと考える場合には、遺言で遺言執行者を指定しておくことが望ましいでしょう。

指定された者には諾否の自由があり、指定された者が就任を承諾すると、直ちに遺言執行者としての任務が開始します（1007条1項）。

（イ）遺言執行者の選任申立て

遺言執行者がないとき又はなくなったときは、家庭裁判所は、利害関係人（相続人、受遺者、相続債権者、相続人又は受遺者の債権者等）の請求によって、遺言執行者を選任することができます（1010条）（遺言執行者選任申立て、家事事件手続法209条1項、別表第1の104項）（第3章書式⑨）。申立先は、遺言者の最後の住所地を管轄する家庭裁判所です。遺言執行者がないとき又はなくなったときとは、遺言で遺言執行者が指定されていない場合のほか、指定された者が就任を拒絶したとき、欠格事由に該当するとき、就任した遺言執行者が死亡したとき、辞任したとき、解任されたときなどです。

家庭裁判所に遺言執行者選任申立てをする場合は、選任候補者を申立書に付記することができます。家庭裁判所は、候補者と申立人の双方に照会書を発し、身分関係や利害関係、候補者の諾否の意向等について意見を聴いたうえで、選任の審判をします。

（ウ）復任権

遺言執行者は、遺言者が遺言において別段の意思表示をした場合を除き、自己の責任で第三者にその任務を行わせることができます（復任権。1016条1項）。従前は、原則として、やむを得ない事由がなければ第三者にその任務を行わせることはできないとされていましたが、その要件が平成30年相続法改正により緩和されました（ただし、復任権に関する改正法の規定は施行日前に作成された遺言には適用されません（民法及び家事事件手続法の一部を改正する法律附則8条3項））。一方、当該第三者に任務を行わせることについてやむを得ない事由がある場合には選任監督義務のみを負うことが明記されたことから（同条2項）、やむを得ない事由がない場合には、遺言執行者は復任者の故意過失について責任を負うことになると考えられるので注意が必要です（日本弁護士会連合会編『改正相続法のポイントー改正経緯をふまえた実務の視点』新日本法規（2018年）129頁）。

なお、遺言執行者が個別の事務処理につき代理人を選任することが可能であることは、従前と変わりません（例えば、遺贈の登記を司法書士に委任する、訴訟追行を弁護士に委任するなど)。

（エ）選択・判断

そこで、本事例のように、遺言者の相続人の１人が遺言執行者に指定されている場合において、遺産が膨大で職務が多岐にわたる場合や、法的問題を含み対処が困難である場合、あるいは相続人間の紛争に巻き込まれたくないような場合には、就任を拒絶して家庭裁判所に遺言執行者の選任申立てをするか、就任したうえで復任権を行使して第三者に任務を行わせることが考えられます（ただし後者の場合、責任を伴うことに注意します)。いずれを選択するかは、事案に応じて判断すべきことになるでしょう。

A1 **次男Cは遺言執行者の就任を辞退できる。その場合、他の適切な者を候補者として遺言執行者選任を家庭裁判所に請求できる。**

A2 **弁護士Lが相続人B、C間の紛争に関与し又は今後関与する可能性がある場合には、就任を差し控えるべきである。**

事例　次男Cは、就任を拒絶し、T家庭裁判所にM弁護士を候補者として遺言執行者選任申立てをした。その後、M弁護士が遺言執行者に選任された。M弁護士は、さっそく、自らが遺言執行者に就任した旨と遺言の内容を知らせる通知を相続人全員に送付した。すると、通知を見て怒り心頭の長男Bから次のような電話があった。「いくら私が父と疎遠だったからといって、納得できません。借金の返済に充てるつもりだったのに、当てが外れました。少なくとも、私には遺留分という権利があると聞いています。X社株やX店舗は私にも権利があるんじゃないですか？　私の分は、私に渡してくださいよ。」

Q3　**遺言執行者Mは長男Bの要望に応じる必要はあるか。**

Point

・平成30年相続法改正により、遺言内容の通知義務が明文化された。

・同改正により、いわゆる相続させる旨の遺言がされた場合にも対抗要件主義が導入されるとともに、遺言執行者に対抗要件具備行為の権限があることが明記された。

・遺言執行者としては、速やかに受益相続人に対抗要件を具備させる必要がある。

・遺留分が問題となり得る場合であっても、遺言執行者はあくまでも遺言の内容を実現するために職務を遂行すればよい。

解説

エ　遺言執行者の任務の開始

(ア) 通知義務

遺言執行者の任務は、指定又は選任された者が就任を承諾したときから開始します（1007条1項）。そして、遺言執行者が任務を開始したときは、遅滞なく、遺言の内容を相続人に通知しなければなりません（同条2項）。そのためには、相続人の範囲を確定し連絡先を把握する必要がありますので、遺言執行者は、就任後、第一に、相続人調査（被相続人の出生から死亡までの戸籍等の取得、相続人の戸籍及び戸籍の附票の取得等）から着手することになるでしょう。

なお、遺言内容の通知義務は、平成30年相続法改正により新たに明文化されましたが、従前も、遺言執行者の任務の一環としてなすべきものと解されていました。また、明文化されたのは遺言内容の通知義務についてだけですが、それに併せて、自らが遺言執行者に就任した旨を通知すべきことは、当然の前提と解されています。法定の通知対象は相続人のみですが、必要に応じて、受遺者その他の利害関係人にも通知します。

通知は、遺言書の写しを添付した通知書（就任通知書）を送付する方法が一般的です（第3章書式⑩）。相続人らの関係が良好な場合などには、全員に一堂に集まってもらい、遺言書の写しを交付するとともに、遺言の内容や今後の進行等について説明する機会を設けることなども、今後の遺言執行を円滑に進めるための工夫の1つといえます。相続をめぐっては、相続人が不安定な心境に置かれることが少なくないため、葬儀や法要などが一段落した頃合いをみて、早い段階で関係者とコミュニケーションをとり、透明性を確保し、信頼関係を構築しておくことが肝要です。

（イ）遺言の有効性の検討

遺言執行者は、相続人の調査と並行して、遺言の有効性や遺言執行の要否等についても検討を始めます。相続人等への通知・接触の過程で、相続人等から遺言書の有効性についての疑義が指摘される場合もあります（より日付の新しい遺言書の発見や、遺言能力、偽造の疑いなど）。遺言執行者としては、事実関係の確認、調査を十分に行い、遺言が有効であることを前提に執行業務に着手すべきか否かを判断することになりますが、遺言無効確認訴訟等に発展する場合には、その判断が確定するまでは具体的な執行は中断せざるを得ません。

（ウ）遺言執行の対象となる相続財産の調査・管理

遺言執行者は、遺言執行の対象となる相続財産について、任務開始後直ちに調査に着手する必要があります。また、遺言の内容を適切に実現するために、相続財産を自らの管理下に置くなどの必要な措置をとらなければなりません。

ａ　不動産

対象不動産につき、全部事項証明書を取得します。これにより、相続開始時点での権利関係を確認します。遺言書作成後に売却等されている場合もあり得るからです。また、被相続人が不動産を多数保有していた場合や、私道の権利を近隣と共有していたような場合に、特定の不動産の記載が遺言書から漏れていることがあり得ます。本事例のように、「本遺言書に記載のない財産はすべて○○に相続させる」といった遺言がある場合には、遺言書に明記されていない不動産も遺言執行の対象財産となりますので、名寄帳を取り寄せ、遺言書に明記されているもののほかに被相続人名義の不動産がないか、漏れなく調査することが必要です。そのほか、必要に応じて、占有・使用状態を現地に赴いて確認したり、権利証や契約書等について保管者から引渡しを受けるなどします。

ｂ　預貯金

遺言書の記載と相続人等からの聞き取りにより、取引のある金融機関を特定します。遺言執行者としては、遺言書に記載のある口座に加え、郵便物等により取引の形跡がないかを相続人等から聞き取るなどして、ほかに取引銀行等がないか調査を尽くす必要があります。並行して、保管者から通帳、キャッシュカード、印鑑、貸金庫の鍵等の引渡しを受けます。

銀行等は、遺言執行者が被相続人の死亡を連絡すると、その時点で口座を凍結させます（既に相続人が連絡し凍結している場合もあります）。預貯金の散逸を避けるため、就任後遅滞なく連絡することが求められます。預貯金の存否、金額等については、残高証明書等により確認します。少なくとも大手金融機関は、支店や口座番号、種別などを完全に特定できなくても、登録されている生年月日や住所等により被相続人名義の口座を名寄せし、残高証明書の交付に応じる扱いです。証券会社（上場株式、投資信託等）についても同様に、口座を調査し、残高証明書等により種別や数量を確認します。貸金庫の内容物も、遅滞なく確認して保管します。貸金庫の開扉及び内容物の受領権限はあらかじめ遺言書に明記しておいた方がよいでしょう。

c　その他

自動車については、自動車検査証等により対象を特定するとともに、保管場所（保管者）を確認します。貴金属等の動産についても、所在・保管者を確認し、必要であれば保管者から引渡しを受けます。その他、株券、貸付金等の証書についても確認します。信用金庫・信用組合に口座があれば出資証券もあるはずです。

（エ）財産目録の作成

遺言執行者は、遅滞なく、相続財産の目録を作成して相続人に交付しなければなりません（1011条）。そこで、遺言執行者は、遺言書の記載内容及び上記調査に基づき、遺言執行の対象となる相続財産について目録を作成します（第3章書式⑪）。

財産目録に決まった様式はなく、対象が特定されれば足りますが、相続財産の全体像の把握や透明性確保の観点からは、概算でも評価額が併記されていた方が、相続人にとっては便利でしょう。他方、遺産の配分に偏りがある事案等においては、評価額を記載することによって遺留分など相続人間の紛争に巻き込まれる可能性もあるため、評価に幅のある財産については評価額を記載しないなど、事案に応じた工夫が必要です。

執行業務を行う過程で、新たな対象財産が発見されることもありますが、法律上「遅滞なく」と定められていますので、遺言執行者としては、一応の調査を尽くした段階で財産目録を相続人へ交付すべきでしょう。その後、必要に応じて更新を重ね、遺言執行完了報告の際に最終版を交付します。

オ　遺言執行

（ア）遺言執行の効力等

遺言執行は、遺言の内容を実現することであり、遺言事項は法定されています。遺言執行の対象となるのは、法定の遺言事項のうち、執行行為を必要とする事項です。これには、遺贈・特定財産承継遺言のほか、推定相続人の廃除又は取消し、認知などを含みます。なお、特定財産承継遺言の執行については、改正法の原則施行日（令和元年7月1日）以降に開始した相続であっても、施行日前にされた特定の財産に関する遺言に係る遺言執行者による執行には適用されません。不動産や預貯金など、改正前後で取扱いが大きく異なる場合がありますので、注意が必要です。

遺言執行者がその権限内で遺言執行者であることを示してした行為は、相続人に対して直接にその効力を生じます（1015条）。前述のとおり、改正前1015条は、「遺言執行者は、相続人の代理人とみなす」と規定していましたが、その実質的な意味は、遺言執行者の行為の効果を相続人に帰属させることにあると解されていました。そこで、今般の改正では、その実質的意味を明確にすることを意図して前1015条が削除され、表現が改められました（民法（相続関係）等の改正に関する中間試案の補足説明48頁）。

遺言執行者がある場合（遺言で指定された者が就任を承諾する前も含む。最判昭和62・4・23民集41巻3号474頁〔27800018〕）、相続人が遺言に反する財産処分等をしても、その行為は無効です。ただし、その無効を善意の第三者には対抗できません（1013条1、2項）。善意の第三者に当該処分行為の無効を対抗できない結果、受遺者等と当該第三者は二重譲渡同様の状態となり、対抗関係で処理されることとなります。

相続人の債権者や相続債権者（被相続人の債権者）は、相続財産に対する差押え等、権利行使を妨げられません。

（イ）具体的な執行方法

a　不動産

〈遺贈〉　遺言執行者が遺贈義務者となります。遺言執行者は、遺贈義務の履行として受遺者に当該不動産の権利を完全に取得させる義務を負い、受遺者に遺贈を原因とする所有権移転登記を備えさせる必要があります。遺贈の登記は、登記権利者である受遺者と登記義務者である遺言執行者の共同申請によって行います。

なお、遺留分制度の関係では、従来、後継者に家業を継がせるため株式や店舗等の事業用財産を遺贈等しても、減殺請求の物権的効果により、これらの財産が共有状態となり、円滑な事業承継に支障を来す等の指摘がありました。そこで、平成30年改正法により物権的効果が見直され、権利行使によって金銭債権が発生することとされました（民法（相続関係）等の改正に関する中間試案の補足説明55頁、『一問一答』122頁）。これにより、遺留分の問題は遺留分権利者と受遺者等との間で金銭的に解決されることとなり、遺言執行者としては、相続人から遺留分に関する主張がなされたとしても、粛々と遺言に従って執行すればよいことになります（預貯金や自社株についても同様です）。

〈特定財産承継遺言〉　平成30年相続法改正により、対抗要件具備行為として、遺言執行者が相続登記の手続をすることができるようになりました。従来は、受益相続人が単独で登記申請できるため遺言執行の余地はない、あるいは、当該受益相続人に相続登記を取得させることは遺言執行者の職務権限に含まれるが、登記が被相続人名義である限りはその職務は顕在化せず、遺言執行者が登記手続きをすべき権利義務を有しないものと解されていましたので（最判平成11・12・16民集53巻9号1989頁〔28042855〕）、実務の扱いが大きく変わります。

同時に改正法により法定相続分を超える部分につき対抗要件主義が導入されていますので、遺言執行者としては速やかに登記手続を行う必要があります。なお、受益相続人が単独で登記申請できることは従来と変わりません。

b　預貯金

〈遺贈〉　遺言執行者は、債務者たる銀行等に預貯金債権遺贈の事実を通知し又は銀行等からの承諾を得て対抗要件を具備させる必要があります。ただし、実務上は、預貯金債権には譲渡禁止特約があり転々と流通するおそれはないため、債権譲渡通知等に代えて、遺言執行者が遺贈の事実を告知すれば足りると考えられます（第一東京弁護士会司法研究委員会編『遺言執行の法律と実務』ぎょうせい（2004年）179頁）。具体的には、遺言執行者は、口座凍結のうえ、遺言書ほか下記必要書類を銀行等に提示して、名義変更又は解約・払戻しの手続をとります。

遺言執行者に解約・払戻し権限まで認められるかは、当該権限について遺言書に明記されているかにもよりますが、明記されていない場合は、意思解釈に委ねられます（潮見佳男『詳解相続法』弘文堂（2018年）444頁脚注49参照）。なお、特定財産承継遺言の場合、原則として遺言執行者が解約・払戻しができることが明文で規定されましたが（1014条３項）、遺贈には適用されません（『一問一答』119頁（注）参照）。

ただし、多くの場合、預貯金債権そのものよりも預金残高（金銭）に着目したものと解釈し、解約・払戻しにより執行するのが一般的といえます（定期預金については中途解約の不利益等を考慮し、名義変更にとどめる場合もあります）。金融機関もおおむね遺言執行者からの解約・払戻請求に応じるようですが、トラブルを回避するため、遺言書作成段階で解約・払戻権限まで明記しておくのが妥当です。

〈特定財産承継遺言〉　遺贈の場合と同様、対抗要件を具備させたうえ、名義変更又は解約・払戻し手続を行います。前述のとおり、原則として遺言執行者に解約・払戻し権限が認められますが、解約については、当該預貯金の全部が特定財産承継遺言の対象となっている場合に限られます（1014条３、４項）。

金融機関における相続手続の流れ（概要）

①遺言執行者から支店に連絡（大手金融機関の場合、相続を一括して取り扱う相続センター等への連絡が案内される）、口座の凍結、相続手続書類（金融機関所定の書式）等の送付依頼

②下記必要書類を整え、窓口又は郵送にて手続申請（手続完了まで２週間から１か月程度）

③金融機関から残高証明書の発行（申請から１週間程度）

④提出書類の原本還付

⑤遺言執行者の管理口座へ払戻金の入金（解約・払戻しの場合）

⑥金融機関から計算書の送付

⑦相続人等への報告（財産目録の更新）、承継者への送金・精算

必要書類（残高証明書発行申請、名義変更・解約払戻し共通）

・遺言書

公正証書遺言の場合、公正証書の正本又は謄本

自筆証書遺言の場合、遺言書及び検認済証明書（自筆遺言証書保管制度の施行後は遺言書情報証明書（本橋総合法律事務所編『法律家のための相続預貯金をめぐる実務』新日本法規（2019年）74頁））

・家裁の選任による場合、選任の審判書

・被相続人の死亡の事実が記載された書類（戸籍全部事項証明書又は住民票の除票）

・遺言執行者の印鑑証明書（弁護士の場合、弁護士会発行のものでも可能。職務上氏名を使用する場合、必要に応じて登録事項証明書）

・金融機関所定の相続手続依頼書（遺言執行者が記入押印）

・窓口で手続を行う場合、遺言執行者又は使者の本人確認資料（運転免許証等）

※いずれも一般的な取扱い例。

※いずれも原本が必要。窓口で手続する場合はその場で原本還付を受ける。郵送で手続をする場合は原本還付を申請するが、返却まで通常1週間程度を要するため、複数金融機関で相続手続を同時進行させたい場合には上記原本セットを数通用意しておくとよい。

c　上場株式

証券会社又は信託銀行に対し、名義書換を請求します。当該金融機関に受遺者、受益者名義の口座を開設のうえ、「上場株式等移管依頼書」等により引き継ぐ手続が一般的です（手続の流れと必要書類は預貯金とおおむね同様です）。

d　非上場株式

会社に対し、名義書換を請求します。譲渡制限株式の特定遺贈の場合、併せて譲渡承認請求も行います（第３章書式③）。特定財産承継遺言や包括遺贈の場合、譲渡制限の適用がないため、名義書換請求のみで足ります。

遺留分権利者の権利行使による共有化の問題が解消されたことは前述のとおりですが、後継者と対立する相続人の遺留分を侵害する遺言をする場

合には、遺留分侵害額についての資金調達や、経営承継円滑化法による民法特例の活用（第２章２（４）イ経営承継円滑化法の遺留分に関する民法の特例制度参照）をあらかじめ検討しておくとよいでしょう。

e　貸付金債権等（指名債権）

債務者に対する確定日付ある通知又は債務者の承諾により受遺者・受益相続人に対抗要件を具備させます。

特定財産承継遺言など債権を相続により承継した場合、法定相続分を超える部分については対抗要件を備える必要があり、共同相続人全員による通知のほか、遺言執行者が通知を行うことができます。そのほかに、平成30年相続法改正では、受益相続人が遺言又は遺産分割の内容を明らかにして債務者に通知する方法が新たに規定されています（899条の２第２項）。同規定は、相続による承継にのみ適用され、遺贈には適用されません（類推適用を肯定する見解もある。潮見・前掲496頁）。

f　動産（貴金属、絵画、着物、家財一式等）

対象動産（不特定物の場合は特定のうえ）の引渡しにより受遺者・受益相続人に対抗要件を具備させます。

必ずしも現実の引渡しを要さず、簡易の引渡しや指図による占有移転でも足ります。したがって、同居の受遺者・受益相続人が対象動産を既に占有している場合などには、遺言執行者が当該動産をいったん管理下に置く必要はなく、簡易の引渡しにより引き渡します。受遺者・受益相続人でない者が占有している場合には、遺言執行者は速やかに自己の管理下に置き、散逸を防止する必要があります。

カ　遺言執行者の任務の終了

遺言執行を要するすべての遺言事項の執行が完了すると、遺言執行者の任務は終了し、遺言執行者としての地位を喪失します。

執行の完了に当たっては、委任の規定に従い、執行の経過を報告し（執行顛末報告書（第３章書式⑫））、保管物等を返還し、執行完了通知（第３章書式⑬）を発します。

キ　遺言執行者の報酬

遺言執行に要する費用は、相続財産の負担とされています（1021条本文）。費用には、事務処理に要した費用（調査費用、財産目録作成費用、諸手続費用等）のほか、遺言執行者の報酬も含まれます。

遺言執行者の報酬は、遺言書に定めがあればそれに従い、定めがなければまずは協議により、協議でも定まらなければ家庭裁判所に対する報酬付与の審判申立てにより定めます。これにより定まった額を各相続人の取得額により按分して、各自が取得する預貯金等から控除して精算する方法が公平かつ簡便です。遺言による指定又は合意により、相続人の代表者が一括して負担する場合もあります。いずれにせよ、遺言執行者としては、相続人らとトラブルにならないよう、金額及び精算方法について丁寧に説明し、理解を求めることが肝要です。

■ 遺言執行業務の進行イメージ

令和2年3月20日	相続開始
4月×日	遺言書の発見（COLUMN 4 遺言書の扱い参照）
令和2年5月×日	遺言執行者選任申立て
6月×日	遺言執行者行者選任の審判
6月×日	就任承諾（遺言執行者の任務開始）
	相続人調査、遺言書の検討、財産調査を開始
7月×日	相続人等への就任通知・遺言内容の通知
8月×日	不動産の登記手続、預貯金等の相続手続等、具体的な執行に着手
10月×日	具体的な執行手続の完了
	費用・報酬の額及び精算方法について協議・取決め
	各自取得額の交付、費用の精算
	執行顛末報告書の作成、交付
11月×日	保管物等の返還
	任務完了通知（遺言執行者の任務終了）

ク　平成30年相続法改正に伴う経過措置

改正法は、原則として、施行日（原則として令和元年７月１日）以降に発生した相続に適用され、施行日以前に開始した相続については、「なお従前の例による」とされていますが（民法及び家事事件手続法の一部を改正する法律附則２条)、いくつかの例外規定が設けられているので注意が必要です。遺言執行に関する例外規定は、次のとおりです。

①遺言執行者の相続人に対する遺言内容の通知（1007条２項）及び②遺言執行者の権利義務（1012条）は、施行日（令和元年７月１日）以前に開始した相続であっても、施行日以降に遺言執行者となる者にも適用されます。

③特定財産承継遺言（相続させる旨の遺言）の執行（1014条２項乃至４項）については、施行日以降に開始した相続であっても、施行日前にされた特定の財産に関する遺言に係る遺言執行者による執行には適用されません。また、④遺言執行者の復任権（1016条）についても、施行日以降に開始した相続であっても、施行日以前にされた遺言による遺言執行者の復任権には適用されません。

A3　**遺言執行者Mは、遺言に従い、X店舗の遺贈、X社株の特定財産承継遺言を執行すればよい。Bの遺留分はBのCに対する金銭債権（遺留分侵害額請求権）としてB、C間で解決することになる。**

第3章書式⑨遺言執行者選任申立書

受付印	家 事 審 判 申 立 書　事件名（　遺言執行者選任　）
	（この欄に申立手数料として１件について８００円分の収入印紙を貼ってください。） 印　紙 （貼った印紙に押印しないでください。） （注意）登記手数料としての収入印紙を納付する場合は，登記手数料としての収入印紙は貼らずにそのまま提出してください。

収 入 印 紙	円
予納郵便切手	円
予納収入印紙	円

準口頭		関連事件番号　平成・令和　　年（家　　）第　　　号

○ ○　家 庭 裁 判 所 御 中 令和 ○ 年 ○ 月 ○ 日	申 立 人 （又は法定代理人など） の 記 名 押 印	丙　野　一　郎　㊞

添付書類	

申立人	本　籍 （国　籍）	（戸籍の添付が必要とされていない申立ての場合は，記入する必要はありません。） 都 道 府 県
	住　所	〒 ○○○ － ○○○○　　電話　○○○（○○○）○○○○ ○○県○○市○○町○丁目○番○号○○マンション○○号室 （　　　　方）
	連 絡 先	〒　　－　　電話　（　　） （注：住所で確実に連絡ができるときは記入しないでください。） （　　　　方）
	フリガナ 氏　名	ヘ イ ノ　イ チ ロ ウ 丙　野　一　郎
		昭和（○囲み） 平成 令和　○ 年 ○ 月 ○ 日生 （ ○○ 歳）
	職　業	会 社 員
※ 遺言者	本　籍 （国　籍）	（戸籍の添付が必要とされていない申立ての場合は，記入する必要はありません。） ○○　都 道 府 県（県に○）　○○市○○町○丁目○番地
	最 後 の 住　所	〒 ○○○ － ○○○○　　電話　（　　） ○○県○○市○○町○丁目○番○号 （　　　　方）
	連 絡 先	〒　　－　　電話　（　　） （　　　　方）
	フリガナ 氏　名	コ ウ ノ　タ ロ ウ 甲　野　太　郎
		昭和（○囲み） 平成 令和　○ 年 ○ 月 ○ 日生 （　　歳）
	職　業	無 職

（注）　太枠の中だけ記入してください。
※の部分は，申立人，法定代理人，成年被後見人となるべき者，不在者，共同相続人，被相続人等の区別を記入してください。
別表第一（1/ 2）

申　立　て　の　趣　旨
遺言者の令和〇年〇月〇日にした遺言につき，遺言執行者を選任するとの審判を求めます。

申　立　て　の　理　由
1　申立人は，遺言者から別添の遺言書の写しのとおり，遺言者所有の不動産の遺贈を受けた者で
す。
2　この遺言書は，令和〇年〇月〇日に御庁においてその検認を受けました（令和〇年（家）第〇
〇〇〇号）が，遺言執行者の指定がないので，その選任を求めます。
なお，遺言執行者として，弁護士である次の者を選任することを希望します。
住所　〇〇県〇〇市〇〇町〇丁目〇番〇号
連絡先　〇〇県〇〇市〇〇町〇丁目〇番〇号〇〇ビル〇階　〇〇法律事務所
（電話番号　〇〇〇－〇〇〇－〇〇〇〇）
氏名　乙　山　松　雄（昭和〇年〇月〇日生　）

別表第一（ 2/ 2 ）

出典：裁判所HP（https://www.courts.go.jp/vc-files/courts/file2/2019_igonshiltukousha_rei.pdf）

第3章書式⑩遺言執行者就任通知書 DL

令和○年○月○日

甲野太郎氏ご相続人・受遺者　各位

〒　　　　　東京都…

乙山法律事務所

TEL：

FAX：

甲野太郎氏遺言執行者　　弁護士　乙山　花子

ご連絡（遺言執行者就任のご通知）

拝啓　時下ますますご清祥の段、お慶び申し上げます。

この度は、甲野太郎氏のご逝去にあたり、衷心よりお悔やみ申し上げます。

当職は、甲野太郎氏による令和○年○月○日付遺言書（○○法務局所属公証人○○作成令和○年第○号遺言公正証書）につき、【同遺言により遺言執行者に指定され、】／【令和○年○月○日、○○家庭裁判所（令和○年（家）第○号遺言執行者選任申立事件）により遺言執行者に選任され、】本日就任いたしましたので、その旨ご通知申し上げます。

上記遺言の内容を明らかにするため、その写しを本書面に添付いたします。財産目録については、調査完了次第、追ってお送りいたします。

なお、遺言執行者は、法律上、相続財産の管理その他遺言の執行に必要な一切の行為をする権利義務を有し、遺言執行者がある場合には、相続人は、相続財産の処分その他遺言の執行を妨げるべき行為をすることができないものとされておりますので、この点、ご理解ご協力いただけますよう、よろしくお願い申し上げます。

敬具

添付書類：

【令和○年○月○日付遺言書（○○法務局所属公証人○○作成令和○年第○号遺言公正証書）（写し）　　　1通】

【令和○年○月○日付遺言執行者選任の審判書（写し）　　　1通】

第３章書式⑪財産目録その１

財　産　目　録

令和○年○月○日現在
作成者　亡○○○○遺言執行者○○○○

1．不動産
（土地）
所　　在　　○○区○○一丁目
地　　番　　○○番○
地　　目　　宅地
地　　積　　○○．○○ m^2
（建物）
所　　在　　○○区○○一丁目○○番地○
家屋番号　　○○番○
種　　類　　居宅
構　　造　　木造瓦葺２階建
床 面 積　　１階　○○．○○ m^2
　　　　　　２階　○○．○○ m^2

2．現金　　1,000,000円

3．預貯金
（１）○○銀行　○○支店
　　普通預金　口座番号　××××××
（２）○○銀行　○○支店
　　普通預金　口座番号　××××××
（３）○○銀行　○○支店
　　定期預金　口座番号　××××××

4．家財道具一式
東京都○○区１－○－○所在の亡○○○○の自宅内の家財道具一式

財産目録その2 DL

相続財産目録
被相続人甲野太郎

令和○年○月○日（相続開始日）現在
最終改訂日：令和○年○月○日
目録作成者：遺言執行者　乙山花子

No.		分類	名称・所在・保管場所等	種類等	数量等		評価額		備考
1．不動産	1	土地	○○区○○一丁目○番○	地目　宅地		m^2		円	路線価は概算
	3	土地		地目　宅地		m^2		円	
	4	土地		地目　宅地		m^2		円	
	5	土地		地目　宅地		m^2		円	
	6	建物		居宅		m^2		円	
	7	建物		居宅		m^2		円	賃貸物件（借主○○）
	9	建物		事務所		m^2		円	甲社・事業用物件
						計			
					※相続開始時残高		※解約時残高		
2．預貯金	1	預金	○○銀行　○○支店	普通預金　口座番号○○		円		円	
	2	預金	○○銀行　○○支店	普通預金　口座番号○○		円		円	
	3	預金	○○銀行　○○支店	普通預金　口座番号○○		円		円	
	4	預金	○○銀行　○○支店	普通預金　口座番号○○		円		円	
	7	預金	○○銀行　○○支店	普通預金　口座番号○○		円		円	
	8	預金	○○銀行　○○支店	定期預金　口座番号○○		円		円	
	9	預金	△△信用金庫　××支店	普通預金　口座番号○○		円		円	
	10	預金	△△信用金庫　××支店	当座預金　口座番号○○		円		円	
	11	預金	△△信用金庫　××支店	普通預金　口座番号○○		円		円	
						計		円	
3．債権・有価証券	1	上場株式	○○証券　○○支店	○○社		株		円	
	2	上場株式	○○証券　○○支店			株		円	
	3	上場株式	○○証券　○○支店			株		円	
	4	非上場株式	株式会社甲			株		円	譲渡制限株式
	5	貸付金	株式会社甲			円		円	
	6	貸付金	丙山三郎			円		円	
	7	出資金	△△信用金庫　××支店			円		円	法定脱退予定
						計		円	
4．その他		家財一式	甲野太郎自宅内					円	
								円	
5．負債	1	借入金	丁川四郎			円		円	
		公租公課	○○税務署			円		円	
		公租公課				円		円	
		公租公課				円		円	

第３章書式⑫遺言執行顛末報告書 DL↓

令和○年○月○日

甲野太郎氏ご相続人・受遺者　各位

〒　　　　　東京都…

乙山法律事務所

TEL：

FAX：

甲野太郎氏遺言執行者　　弁護士　乙山　花子

遺言執行顛末報告書

遺　言　者：　甲野太郎

本　　　籍：　○○県・・・

最後の住所：　東京都・・・

当職は、上記遺言者の遺言執行者としてその遺言の執行を終了したので、その執行の顛末を次のとおり報告します。

記

1．甲野太郎氏の遺言は、令和○年○月○日付遺言公正証書（○○法務局所属公証人○○作成令和○年第○号）記載のとおりです。

2．上記遺言に基づき遺言執行者が調整した財産目録は、別紙のとおりです（令和○年○月○日最終改訂）。

3．各遺産についての執行の顛末は次のとおりです。

（1）　不動産

別紙財産目録記載○番の土地は、遺言書第○条により受遺者○○に遺贈され、令和○年○月○日付所有権移転登記により、執行を完了しました。

・・・

（2）　預金

別紙財産目録記載○番の預金は、遺言書第○条により相続人○○が取得し、同預金口座については、遺言執行者において解約払戻手続を行いました（令和○年○月○日払戻完了)。同預金の払戻金は、令和○年○月○日付をもって、相続人指定の振込先に振り込む方法によって送金し、執行を完了しました。

・・・

（3） 債権・有価証券

別紙財産目録記載○番の証券口座（上場株式等）は、遺言書第○条により相続人○○が取得し、同証券口座については、遺言執行者において相続（移管）手続を行い、令和○年○月○日付をもって、同相続人名義の証券口座へ移管しました。

別紙財産目録記載○番の甲社株（非上場株式）は、遺言書第○条により、受遺者○○に遺贈され、甲社に対する令和○年○月○日付株式譲渡承認請求及び同日付名義書換請求により、執行を完了しました。

・・・

（4） その他動産（家財一式）

その他動産（家財一式）については、遺言書第○条により、相続人○○が取得し、簡易の引渡しにより、執行を完了しました。

4．遺言執行者報酬及び執行費用（明細別紙）

遺言執行者報酬及び遺言執行費用については、遺言書第○条に従い、相続人○○にご負担いただくこととし、令和○年○月○日、精算を完了しました。

5．以上により、すべての遺言事項につき執行を完了したので、ご報告いたします。

以上

第３章書式⑬執行完了通知 DL

令和○年○月○日

甲野太郎氏ご相続人・受遺者　各位

〒　　　　　東京都…

乙山法律事務所

TEL：

FAX：

甲野太郎氏遺言執行者　　弁護士　乙山　花子

執行完了通知

拝啓　時下ますますご清祥のほどお慶び申し上げます。

当職は、甲野太郎氏の遺言執行者として、令和○年○月○日よりその任務を遂行して参りましたが、この度、遺言事項全部の執行を完了しましたので、その旨ご通知申し上げます。

なお、執行の顛末は「執行完了顛末報告書」記載のとおりです。

敬具

添付書類：執行完了顛末報告書　　　１通

COLUMN 6

不動産の評価

1　評価の基準時

不動産は、遺産分割においては、遺産分割時の時価で評価します。

特別受益や寄与分の主張がされたときは、相続開始時を基準として、みなし相続財産を算出するので、相続開始時の評価も必要となります。

ただし、相続開始時と遺産分割時が近接しているときは、一時点で合意することが多いとされています。

2　評価方法

（1）土地について

ア　路線価又は固定資産税評価額の割戻し計算

路線価は土地の公示地価の８割を目処に、固定資産税評価額は土地の公示地価の７割を目処に設定されていることから、いずれかの割戻し計算を行うという方法があります。この方法は、恣意が入らないというメリットがあります。

もっとも、固定資産税評価額は３年に１度の評価替えなので、地価の変動が激しいときは、参考になりにくいとされています。

また、都市部では低く評価され、地方では高く評価される傾向にあります。

公示地価も参考にしつつ、不当な金額となっていないか注意する必要があります。

（2）建物について

建物については、固定資産税評価額が利用されることが多いです。これは、不動産評価において、建物価格が占める割合が低いことが多いためです。

ただし、固定資産税評価額は築年数が浅い建物については、低く、古い建物は高く出る傾向にあります。

（3）無料査定書

路線価や固定資産税評価を基に合意する以外の方法として、不動産仲介業者に無料査定書を依頼する方法があります。

本来、あるべき査定額は、市場に売りに出したら３か月で売れる価格であり、バイアスをかけないものではありますが、実務上は、双方がバイアスをかけたものを出してくることが多いです。単純に、提出された査定書の平均値をとるのではなく、相手方が提出した査定書が結論を導く過程に不当な調整率の設定や理由付けがないかを確認し、主張を尽くしたうえで、適切な金額を算出していくべきです。

（４）鑑定

双方の金額の開きが大きすぎるなどして、相続人間の合意が得られないときは、遺産分割調停では、双方が鑑定意見に従うことを前提として、裁判所が選任した鑑定人が鑑定を行います。鑑定費用については、負担を拒否しても最終的に審判において手続費用として負担することとなります。また、鑑定費用は物件によりますが、一般的な住居であっても数十万円が、物件によっては 100 万円以上かかります[1]。２時点評価の場合、10～20 万円程度上乗せになることが多いです。鑑定をするかどうか、また、２時点評価をするかどうかは、鑑定費用を踏まえて判断すべきです。

参考文献

・森公任＝森元みのり『弁護士のための遺産相続実務のポイント―遺産分割・遺言無効・使途不明金ほか遺産分割の付随問題』日本加除出版（2019 年）74 頁以下
・片岡武＝管野眞一編著『家庭裁判所における遺産分割・遺留分の実務〈第３版〉』日本加除出版（2017 年）215 頁以下

1　鑑定費用は、公共事業に係る不動産鑑定報酬基準（https://akazawa-kantei.com/resume/hosyu.pdf）などの基本鑑定報酬額を参考として見積もられています（片岡武＝細井仁＝飯野治彦『実践調停遺産分割事件―物語から読み解く調停進行と実務』日本加除出版（2016 年）168 頁）。

COLUMN 7

寄与分（家業従事型）

1　寄与分

寄与分とは、共同相続人中に、被相続人の財産の維持又は増加について特別の寄与をした者があるときは、以下の算式で計算した額をその者の相続分とすることで、共同相続人間の公平を図るものです（904条の2第1項）。

（相続財産－寄与分）×法定相続分＋寄与分

2　家業従事型の寄与分の要件[1]

被相続人の事業に関し、労務を提供している場合、寄与分の主張がなされることがしばしばありますが、寄与分が認められるためには、以下の要件が必要とされています。

①特別の貢献（被相続人との身分関係に基づいて通常期待される範囲を超えるもの）

②無償性（全くの無償である必要はないが、世間一般並の報酬に比べて著しく少額）

③継続性（明確な定めはないが、おおむね、3、4年以上）

④専従性（専任である必要はないが、週1、2回、土日に仕事がない日に家業を手伝うというだけでは足りない）

⑤財産の維持又は増加との因果関係（給料を払わなかったことにより支出を免れたという点における因果関係が問題となることがほとんどである）

1　片岡武＝管野眞一編著『家庭裁判所における遺産分割・遺留分の実務〈第3版〉』日本加除出版（2017年）333頁以下、森公任＝森元みのり『弁護士のための遺産相続実務のポイント―遺産分割・遺言無効・使途不明金ほか遺産分割の付随問題』日本加除出版（2019年）190頁以下

3　計算方法[2]

（1）原則

一般的には、寄与分の具体的評価額は、以下の算式で計算されます。

寄与相続人が通常得られたであろう年間給与×（1－生活費控除割合）×寄与期間×裁量割合

年間給与は、通常、相続開始時の賃金センサスで、家業と同種・同規模・同年齢の額を参考にすることが多いですが、事業の収益性が著しく低い場合は、低く評価されます。

生活費控除は、家計の状況などから被相続人から受けていた生活費の実費が計算できれば、実費を基に計算し、不明なときは、交通事故の生活費控除率とすることや５割とすることがあります[3]。

裁量割合については、他の相続人の労務提供など一切の事情を考慮して判断されますが、実務上は７割とされることが多いとされています。

（2）例外

被相続人と寄与相続人が共に長期にわたって家業に従事してきたような共同経営型の場合は、相続財産の形成に実際に貢献したと思われる比率をもって評価されることがあります。具体的には、以下の算式で計算されます。

相続財産の総額（遺産－負債）×寄与相続人が相続財産の形成に貢献した割合[4]

2　片岡＝管野編著・前掲 337 頁以下、森＝森元・前掲 194 頁以下、190 頁

3　北野俊光「寄与分の算定（類型ごとに）」判例タイムズ 1100 号（2002 年）379 頁

4　福岡家久留米支審平成 4・9・28 家裁月報 45 巻 12 号 74 頁〔27826898〕、鳥取家審平成 5・3・10 家裁月報 46 巻 10 号 70 頁〔28019152〕。北野・前掲 379 頁以下

4　小括

家業従事型の寄与分は、多くの場合、無償性の要件を満たさず、認められないことが多いことから、遺言等、生前の対策により寄与相続人に報いることを検討すべきです。

COLUMN 8

配偶者居住権・配偶者短期居住権

1　配偶者居住権

（1）改正の趣旨

高齢化の進展と平均寿命の伸長に伴い、被相続人の死亡後に配偶者が長期に居住を継続することが少なくありません。そのため、配偶者が居住権を確保しつつ、その後の生活資金を確保するニーズがあります。平成 30 年改正前民法下では、①配偶者が所有権を取得することや、②建物の所有権を取得した者との間で賃貸借契約等を締結することはできましたが、①は、それによって、その後の生活資金の確保できなくなることがあり、②は、合意ができないことがあるという問題点がありました。そこで、所有権を取得するよりも低廉な価格で居住権を確保できるようにすること等を目的に配偶者居住権が新設されました。

（2）概要

ア　要件

配偶者居住権は、①配偶者[1]が相続開始時に被相続人所有[2]の建物に居住していた場合[3]に、②当該建物について、配偶者居住権を取得させる旨の遺産分割、遺贈又は死因贈与がされたときに発生します（1028 条 1 項、554 条）。

イ　存続期間

配偶者居住権は、原則として、①配偶者が死亡するまで存続しますが、期間を定めた場合は、②存続期間満了まで存続します（1030 条）。

1　法律上の配偶者に限定されると解されています（堂薗幹一郎＝神吉康二編著『概説 改正相続法―平成 30 年民法等改正、遺言書保管法制定』金融財政事情研究会（2019 年）13 頁）。

2　配偶者居住権は、第三者との共有建物には成立しませんが、夫婦の共有であった場合には成立します（1028 条 1 項ただし書）。

3　店舗兼住宅として建物を使用していた場合でも、建物の一部を生活の本拠としていた場合、配偶者居住権は建物全体に及びます（堂薗＝神吉編著・前掲 12 頁）。

ウ　権利義務関係

配偶者居住権が発生した場合、配偶者は通常の必要費を負担する（1034条１項）ことから、建物の保存に必要な通常の修繕費用や固定資産税を負担します[4]。また、配偶者居住権を第三者に対抗するためには登記をすることが必要となります（1031条２項、605条）。

エ　評価方法

配偶者居住権の評価は、相続税法上は「建物の時価－建物の時価×（建物の残存耐用年数－配偶者居住権の存続年数）/建物の残存耐用年数×配偶者居住権の存続年数に応じた民法の法定利率による複利現価率」が評価額となり、また、配偶者居住権に伴う敷地の利用権の評価は「土地の時価－土地の時価×配偶者居住権の存続年数に応じた民法の法定利率による複利現価率」が評価額となります[5]。なお、実務上においては、ここでいう時価については財産評価基本通達に基づき、建物については固定資産税評価額、土地については路線価方式又は倍率方式により算定した相続税評価額を用いることとなります。また、法制審議会民法（相続関係）部会第19回会議部会資料19－２「長期居住権の簡易な評価方法について」[6]において、簡易な評価方法が提示されています。遺産分割においては、これらを踏まえた評価方法がとられるものと考えられます。

オ　注意点

配偶者居住権を定めた後に、老人ホームに入居する必要が生じる場合もあることから、定めるに当たっては慎重に検討する必要があります[7]。なお、

4　固定資産税の納付義務者は配偶者居住権が設定されている場合であっても、所有者とされていることから、所有者は固定資産税を納付した場合、配偶者に求償することとなります（法務省ウェブサイト http://www.moj.go.jp/MINJI/minji07_00028.html）。

5　令和元年度　税制改正の解説（相続税法の改正）（https://www.mof.go.jp/tax_policy/tax_reform/outline/fy2019/explanation/pdf/p0492-0509.pdf）

6　http://www.moj.go.jp/content/001222142.pdf

配偶者が生前に居住権の放棄をした場合は贈与税が課税されます。

2　配偶者短期居住権

（1）改正の趣旨

配偶者は被相続人の占有補助者として建物に居住していることが多く、被相続人が死亡すると占有補助者としての資格を失います。判例[8]は、相続人の1人が被相続人所有の建物に居住していたときは、特段の事情がない限り、被相続人と相続人の間で、相続開始時を始期とし、遺産分割時を終期とする使用貸借契約が成立していたものと推認されるとしました。しかし、判例は、被相続人と相続人の通常の意思に合致することを根拠としていることから、被相続人が明示的に異なる意思表示をしていた場合には、被相続人の居住権は保護されませんでした。

そこで、かかる場合も含めて、配偶者の短期的な居住権を保護するため、配偶者短期居住権が新設されました。

（2）概要

ア　要件

被相続人の財産に属した[9]建物に相続開始の時に無償で居住していた（1037条1項本文）ときに発生します。

イ　存続期間

配偶者を含む共同相続人間で遺産分割をすべき場合、遺産の分割により居住建物の帰属が確定した日又は相続開始の時から6か月を経過する日のいずれか遅い日までとなります（1037条1項1号）。それ以外の場合、居住建物取得者が配偶者短期居住権の消滅の申入れをした日から六箇月を経過す

7　東京弁護士会編『ケースでわかる改正相続法』弘文堂（2019年）55頁以下参照
8　最判平成8・12・17民集50巻10号2778頁〔28020118〕
9　共有持分を有する場合であっても成立します（堂薗＝神吉編著・前掲28頁）。

る日までとなります（同項２号）。

ウ　特徴

配偶者居住権と異なり、遺産分割において配偶者の具体的相続分から配偶者短期居住権の価値が控除されることはありません[10]。配偶者は、通常の必要費を負担する（1041 条、1034 条１項）ことから、建物の保存に必要な通常の修繕費用や固定資産税を負担します[11]。また、無償で使用していた部分にのみ成立し（1037 条１項本文）、配偶者居住権を取得した場合は消滅します（1039 条）。対抗要件制度がないため、居住建物取得者が第三者に譲渡した場合は、対抗することができません。

３　施行日

配偶者居住権及び配偶者短期居住権は、令和２年４月１日に施行され、施行日以降に開始した相続に適用されます（民法及び家事事件手続法の一部を改正する法律の施行期日を定める政令附則 10 条１項）。

参考文献

・堂薗幹一郎＝神吉康二編著『概説 改正相続法－平成 30 年民法等改正、遺言書保管法制定』金融財政事情研究会（2019 年）

10　堂薗＝神吉編著・前掲 26 頁
11　注４参照

COLUMN 9

相続人以外の者の特別の寄与

1　改正の趣旨

相続人でない者が被相続人の療養看護等をした場合、相続人と異なり寄与分の制度（904条の2第1項）がなく、特別縁故者の制度（958条の3）、準委任契約（656条、643条）、事務管理（697条）、不当利得（703条、704条）では対応できる範囲に限界がありました。そこで、実質的公平の観点から、特別の寄与の制度が設けられました。

2　要件

相続人でない者であっても、①被相続人の親族[1]であって、②無償で労務の提供をしたことにより被相続人の財産の維持又は増加について特別の寄与をした者は、寄与に応じた額の金銭の支払[2]を請求できます（1050条1項）。

3　権利行使期間の制限

家庭裁判所に協議に代わる処分を求めることができるのは、特別寄与者が相続の開始及び相続人を知ったときから6か月以内（消滅時効）、かつ、相続開始のときから1年以内（除斥期間）という制限（1050条2項ただし書）があります。

したがって、特別寄与料の請求は、速やかに行う必要があります。

4　請求の方法

特別寄与料の請求は相続人のうち1人又は数人に対して行うことができます。ただし、1人に対する請求は、特定寄与料の額に当該相続人の法定相続分又は指定相続分を乗じた額にとどまります（1050条5項）。

1　親族とは、六親等内の血族、配偶者及び三親等内の姻族をいいます（725条）。

2　特別寄与料の算定は、基本的には、寄与分の算定とほぼ同様に行うことが想定されています（法制審議会民法（相続関係）部会第23回会議議事録7頁堂薗発言）。

家庭裁判所では、寄与分と異なり遺産分割手続と併合強制されず、併合するか否かは裁判官の裁量に委ねられている点にも注意が必要です（家事事件手続法 192 条参照)。

5　税法上の扱い

特別寄与者が相続人等から支払ってもらう特別寄与料は、その特別寄与料の金額を被相続人から遺贈により取得したものとみなして、相続税が課税されます。他方、特別寄与者に特別寄与料を支払った相続人等は、課税価格からその特別寄与料を差し引くことができます。

6　事前の対策

特別の寄与の制度は新設されましたが、特別の寄与をした者の納得が得られる特別寄与料が認められるとは限らないこと、被相続人の死後６か月以内に相続人に特別寄与料を請求することが難しいこともあり得ること、特別の寄与料の請求がなされれば、遺産分割手続が長期化・複雑し得ることからすれば、可能であれば、生前に遺言や契約等により対応することも検討すべきです。

第4章

調停、裁判

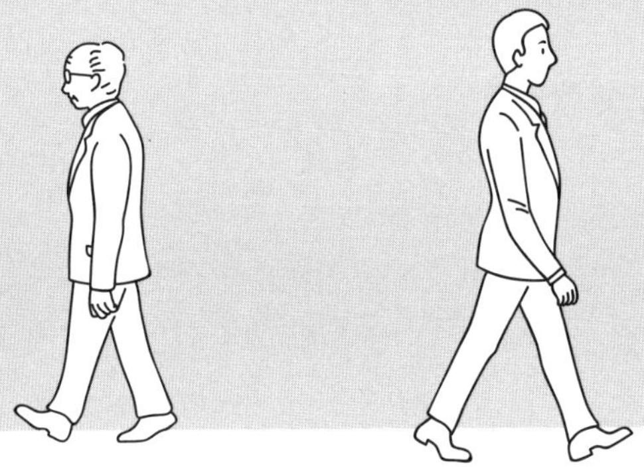

1　相続人に対する売渡請求

（1）相続人に対する売渡請求手続

ア　譲渡承認制限株式の相続の場合

譲渡承認制限株式の会社の場合においても、相続人（包括受遺者を含みます。第４章１において同様です）は、会社の譲渡承認を得る必要がありません（会社法134条４号、133条）。そのため、会社は、原則として、会社にとって好ましくない者が株式を取得した場合であっても、それに抵抗することはできません。

しかし、例外的に、定款において、相続その他の一般承継により株式を取得した者に対し、その株式を会社に売り渡すことを請求することができる旨を定めている場合において（同法174条）、その相続人に対して、その相続した株式を会社に売り渡すよう請求したときには、会社においてその相続人から株式を取得することができます（同法155条６号、176条１項）。

イ　相続後の定款変更

相続時に、この定款の定めがない場合であっても、相続後に定款を変更すれば、相続人に対して売渡請求をすることができます[1]。

ただし、定款変更は、株主総会の特別決議によることになりますので、定足数の定めがあり、出席株主の議決権の３分の２以上の賛成が必要になります（同法309条２項11号、466条）。そのため、場合によっては、持分の過半数による協議により権利行使者１人を定め、会社に通知するなどの手続も必要になります（同法106条）。

ウ　株主総会による授権

会社は、相続人に対して、相続した株式の売渡を求める場合には、まず、株主総会において、売渡請求する株式数、相続人の氏名について決議します（会社法175条１項）。この株主総会は特別決議（出席株主の３分の２以上の

1　相澤哲＝葉玉匡美＝郡谷大輔編著『論点解説　新・会社法―千問の道標』商事法務（2006年）162頁

賛成）となります（同法309条2項3号、175条1項）。ただし、相続人は、その株主総会において議決権を行使することができません[2]（同法175条2項本文）。

エ　相続人に対する請求

次に、会社は、相続人に対して、株式数を指定して、その株式を売り渡すよう請求します（会社法176条1項本文、2項）。この請求に際して取締役会の決議は必要ありませんので、株主総会の決議後に代表取締役が相続人に対して請求します。

この請求は、会社が相続その他の一般承継があったことを知った日から1年を経過したときはすることができません（同項ただし書）。この「知った日」は、会社が相続の発生（被相続人の死亡）を知った日であると解されています[3]。そのため、遺産分割協議が完了しておらず、株式が共同相続人の準共有の場合には、共同相続人全員に対して請求しておく必要があります[4]。

オ　共同相続人の一部に対する売渡請求の方法

共同相続人全員に対して請求する場合において、遺産分割協議の完了後、共同相続人の一部には売り渡させる必要がないときには、遺産分割協議の完了後にその共同相続人との間で係属する株式売買価格決定申立てを取り下げます（会社法177条5項）。会社法176条1項の請求のあった日から20日以内に株式売買価格決定申立てがないときにはその請求はその効力を失うことになりますので、遺産分割協議が完了していない限り、この申立ては必須です。しかし、遺産分割協議が完了すれば、共同相続人ごとに株式を単独所有することになりますので、会社において売渡請求が必要ない株主との関係では、その申立てを取り下げてしまえばよいわけです（非訟事件手続法63条1項）[5]。

そして、会社は、いつでも「会社法176条1項の請求」[6]を撤回できると

2　一人株主の場合など株主総会において議決権を行使することができる者がいない場合には、会社に株式を譲渡しようとする株主も議決権を行使することができます（会社法175条2項ただし書）。

3　東京高決平成19・8・16資料版商事法務285号146頁〔28140054〕

4　東京地決平成18・12・19資料版商事法務285号154頁〔28140055〕

定められており（会社法176条3項)、その撤回は、会社と相続人の間における協議による売買価格の決定時（同法177条1項)、裁判所による売買価格の決定時（同条4項）又は会社による代金の支払時までなどと解されています[7]。そこで、その申立ての取下げ後に、撤回したことを明確にするため、会社から相続人に対して、会社法176条1項の請求を撤回する旨を通知します。

カ　段取りのまとめ

実際の段取りとしては、次のとおりとすることが考えられます。

①遺産分割協議の状況の確認
②会社における1株当たりの株価の算定（専門家への依頼)
③(遺産分割協議が完了している場合）会社の相続人に対する自己株式取得の依頼
④(自己株式取得の依頼に応じない場合又は遺産分割協議が完了していない場合）株主総会の招集、開催及び決議（特別決議)、又は書面決議
⑤相続人に対する会社法176条1項の請求
⑥株式売買価格決定申立て
⑦会社と相続人間の売買価格の協議
⑧株式売買価格決定、又は申立ての取下げ
⑨会社から相続人に対する売買代金の支払、又は会社法176条1項の請求の撤回の通知
⑩株主名簿の名義書換（相続人名義から会社名義に変更)

5　申立ての取下げにより、初めから係属していなかったものとみなされます（非訟事件手続法63条2項、民事訴訟法262条1項準用)。

6　相続人に対する売渡請求は、形成権の行使であり、この請求がなされた時に売買契約が成立すると解されています（山下友信編『会社法コンメンタール4－株式(2)』商事法務（2009年）〔伊藤雄司〕127頁)。そのため、「相続人に対する売渡請求」と会社法176条1項の請求は異なる概念であると整理されるものと思われます。

7　山下編・前掲〔伊藤雄司〕129-130頁

（2）株式売買価格決定申立て

ア　相続人に対する売渡請求と株式売買価格決定申立ての関係

会社法176条1項の規定による請求があった日から20日以内に（会社法177条2項）、売買価格の協議が調わない場合には、その期間内に、裁判所に対して、売買価格の決定の申立てをしなければ、同法176条1項の規定による請求は効力を失います（同法177条5項）。そのため、実務上、この請求をする場合には、売買価格の決定の申立ても併せて行うのが無難です。

イ　申立手続の概要

この申立ては、会社（会社法177条2項）及び相続により譲渡制限株式を取得した者（同法177条2項、175条1項2号）が申立適格を有し、会社の本店の所在地の地方裁判所にすることになります（同法868条1項）。申立書には、申立ての趣旨、申立ての原因及び申立てを理由付ける事実を記載します（同法876条、会社非訟事件等手続規則2条）。申立ての趣旨として、「別紙株式目録記載の株式について、その売買価格を1株当たり○円とする」又は「別紙株式目録記載の株式について、その売買価格の決定を求める」などとします。申立ての要件は、相続により譲渡制限株式を取得した者が申立てに係る株式数の譲渡制限株式を有していること、裁判所への売買価格決定申立て前に株主総会の決議（同法175条1項）及び売渡請求（同法176条1項）が所定の期間内に行われていること、売渡請求（同項）があった日から20日以内（同法177条2項）に裁判所への売買価格決定申立てが行われていることです。添付書類は、会社の登記事項証明書及び会社の定款です（同法876条、会社非訟事件等手続規則3条）。

ウ　売買価格の算定方法

売買価格は、会社法176条1項の規定による請求の時における会社の資産状態その他一切の事情を考慮して決定されます（会社法177条3項）。ただし、この「その他一切の事情」として、株式を譲渡しようとする株主側の主観的事情を考慮することはできないと解されています[8]。

一般的には、通常の訴訟手続のように、当事者双方が株価の算定方法やその額をめぐり、主張立証を行います。当事者は、会社の決算書類や事業計画に基づき専門家の作成した株価算定書を証拠として提出することが多いですが、株価算定書を証拠として提出する場合には、それを踏まえた主張書面となります。通常、株価算定書は、日本公認会計士協会の「企業価値評価ガイドライン」（平成25年７月３日改正）に従って作成されていますので、そのガイドラインや裁判例を踏まえ、株価算定書の算定方法や額が合理的であることを主張立証することになります[9]。算定方法には、インカム・アプローチ[10]（評価対象会社が将来獲得することが期待される利益やキャッシュ・フローに基づいて価値を評価する方法）、マーケット・アプローチ（上場している同業他社や評価対象会社で行われた類似取引事例など、類似する会社、事業又は取引事例と比較することによって相対的な価値を評価する方法）及びネットアセット・アプローチ（評価対象会社の純資産を基準に価値を評価する方法）といわれるものがあり、これらを併用する方法[11]もあります。

裁判所は、当事者の意見を聞いて、専門委員を関与させて審理を整理し（非訟事件手続法33条）、当事者の「鑑定の申出」を受けて、鑑定人に鑑定を依頼します[12、13]。裁判所において、鑑定人の鑑定結果を採用するか否かを判断するに当たっては、基本的には、鑑定が前提とした事実に誤りがないか、

8　上柳克郎＝鴻常夫編『新版注釈会社法(3)』有斐閣（1986年）〔今井宏〕117頁

9　最高裁判所調査官による判例解説においても、日本公認会計士協会の企業価値評価ガイドラインを前提にした解説がなされています（例えば、廣瀬孝「判解」法曹時報69巻４号（2017年）133頁）。

10　例えば、フリー・キャッシュ・フロー法（DCF法）、調整現在価値法、残余利益法、配当還元法、利益還元法（収益還元法）などがあります。

11　札幌高決平成17・４・26判タ1216号272頁〔28111889〕（配当還元法25、純資産法（再調達時価純資産法）25、DCF法50の加重平均）、広島地決平成21・４・22金融商事1320号49頁〔28151744〕（DCF法50、配当還元法50の加重平均）、福岡高決平成21・５・15金融商事1320号20頁〔28151740〕（DCF法30、純資産法70の加重平均）、大阪地決平成25・１・31判タ1392号248頁〔28211666〕（収益還元法80、配当還元法20の加重平均）、東京地決平成26・９・26金融商事1463号44頁〔28231279〕（DCF法35、純資産法35、配当還元法30の加重平均）等

12　専門委員制度について、大竹昭彦＝氏本厚司＝小野寺真也＝岩井直幸編『新・類型別会社非訟』判例タイムズ社（2020年）〔琴岡佳美〕297-305頁、専門委員と鑑定手続の関係について、松田亨＝山下知樹編『実務ガイド　新・会社非訟―会社非訟事件の実務と展望〈増補改訂版〉』金融財政事情研究会（2016年）456-457、463頁の比較対照表参照

前提とした資料の選択や専門的知識に基づく判断の過程に著しく合理性を欠く点がないかといった観点から検討し、この観点に立って特に問題がなければ、鑑定の結果を尊重することとされています[14]。

ところで、相続人に対する売渡請求の場合も、財源規制があります（会社法461条1項5号、176条1項）。しかし、裁判所は、この財源規制を考慮して売買価格を決定することはできません[15]。

エ　決定と不服申立て

裁判所の決定がなされますと（会社法870条2項3号）、その額が売買価格とされます（同法177条4項）。

その決定に不服がある場合には、決定書の送達の日から14日以内に即時抗告をすることができます（同法872条5号、非訟事件手続法67条1項）。その後、即時抗告の提起後14日以内に抗告理由書を提出することになります（非訟事件手続規則52条1項）。不利益変更の原則の適用がありませんので、附帯抗告制度はありません。また、抗告審の手続でも、不意打ち的な判断の回避や当事者間の衡平に配慮すべきことが当然と考えられており[16]、抗告人に原決定より不利益な決定が出る可能性はほとんどないと考えられます。

この抗告に理由がなければ、相手方に反論させることなく（期日が開かれることもなく）抗告棄却決定が出されることにもなります。

オ　課税関係

売渡請求による売買の場合には、会社による自己株式の取得となるため、株式譲渡人には、みなし配当と株式譲渡損益が発生することになります（詳細は第3章2（2）ウ（ア）相続発生後に株式譲渡した場合参照）。

13　鑑定費用は、通常、200～300万円程度であり、原則として各自負担とされますが、事案に応じて公平な分担となるように対応する必要があると解されています（松田＝山下編・前掲462頁）。例えば、鑑定額と各当事者の主張金額との乖離額に応じて分担させた事例として最決平成27・3・26判時2256号88頁〔28231281〕があります。

14　東京高決平成22・5・24金融商事1345号12頁〔28161879〕（カネボウ株式買取価格決定申立事件）

15　法務省民事局参事官室編『一問一答　平成6年改正商法』商事法務研究会（1994年）154頁、東京地方裁判所商事研究会編『類型別会社非訟』判例タイムズ社（2009年）84-86頁、大竹＝氏本＝小野寺＝岩井編・前掲〔秋吉信彦〕130-131頁

16　金子修編著『一問一答　非訟事件手続法』商事法務（2012年）104頁

第４章書式①相続人に対する売渡請求（売渡請求書）DL

売渡請求

令和○年○月○日

株主○殿相続人

○　殿

○　殿

〒○○○－○○○○　○

株式会社○

代表取締役　○

拝啓　時下ますますご清祥のこととお慶び申し上げます。

さて、当社は、その定款において、「相続その他の一般承継により当社の株式を取得した者に対し、当該株式を当社に売り渡すことを請求することができる」旨及び「当社の株式を譲渡するには取締役会の承認を要する」旨をそれぞれ定めているところ、貴殿らは、当社株式を共同相続により取得しました。

当社は、令和○年○月○日開催の臨時株主総会において、会社法176条に基づき、貴殿らに対し、貴殿らが共同相続した株式○株すべてを当社に売り渡すことを請求することを決議しました。

そこで、当社は、貴殿らに対し、本書をもって、それらの株式を売り渡すことを請求します。

敬　具

第４章書式②相続人に対する売渡請求（申立書）DL↓

株式売買価格決定申立書

令和○年○月○日

○地方裁判所　民事部　御中

申立人代理人弁護士　　　　○

〒○○○－○○○○　○

申立人　株式会社○

同代表者代表取締役　○

〒○○○－○○○○　○

○法律事務所（送達場所）

同代理人弁護士　　○

電　話　○○－○○○○－○○○○

ＦＡＸ　○○－○○○○－○○○○

〒○○○－○○○○　○

相手方　○

〒○○○－○○○○　○

相手方　○

株式売買価格決定申立事件

貼用印紙額　2,000円

第１　申立ての趣旨

「別紙株式目録記載の株式について、その売買価格を１株当たり○万円とする。」との裁判を求める。

第２　申立ての理由

１　申立人

申立人は、その定款において、「相続その他の一般承継により当社の株式を取得した者に対し、当該株式を当社に売り渡すことを請求することができる」旨及び「当社の株式を譲渡するには取締役会の承認を要する」

旨をそれぞれ定めている（甲１号証［定款］）。

2　相手方ら

相手方らは、申立人の株主○が令和○年○月○日に死亡したことにより、別紙株式目録記載の株式（以下「本件株式」という。）を共同相続により取得した（甲２号証［株主名簿］、甲３号証［戸籍謄本］）。

3　株主総会決議

申立人は、令和○年○月○日開催の臨時株主総会において、会社法176条に基づき、相手方に対し、本件株式を申立人に売り渡すことを請求することを決議した（甲４号証［株主総会議事録］）。

4　売渡請求

申立人は、相手方に対し、令和○年○月○日付内容証明郵便をもって、本件株式を売り渡すことを請求し（甲５号証［内容証明郵便］）、同内容証明郵便は、令和○年○月○日に相手方に到達した（甲６号証［配達証明書］）。

5　株価算定書

公認会計士○作成に係る株価算定書によれば、本件株式の売買価格は１株当たり○万円（総額○万円）が相当である（甲７号証［株価算定書］）。

6　結語

よって、申立人は、会社法177条２項に基づき本件株式の売買価格の裁判を求める。

疎　明　資　料

甲第１号証	定款
甲第２号証	株主名簿
甲第３号証	戸籍謄本
甲第４号証	株主総会議事録
甲第５号証	内容証明郵便
甲第６号証	配達証明書
甲第７号証	株価算定書

添　付　書　類

申立書副本	２通
甲号証（写し）	各３通
申立人の履歴事項全部証明書	１通
委任状	１通

以　上

（別紙）

株式目録

株主名義　○
会社名　　株式会社○
株式数　　○株

以上

第４章書式③相続人に対する売渡請求（答弁書）DL

令和○年（ヒ）第○号株式売買価格決定申立事件
申立人　株式会社○
相手方　○　外１名

答　弁　書

令和○年○月○日

○地方裁判所民事部　御中

〒○○○－○○○○　○
○法律事務所（送達場所）
電　話　○○－○○○○－○○○○
ＦＡＸ　○○－○○○○－○○○○

相手方ら代理人
弁護士　○

頭書事件について、相手方らは、申立人の令和○年○月○日付け株式売買価格決定申立書（以下「本件申立書」という。）に対し、以下のとおり答弁する。

第１　申立ての趣旨に対する答弁
本件株式について、その売買価格の決定を求める。

第２　申立ての理由に対する認否等
１　１項（申立人）について
認める。
２　２項（相手方ら）について
認める。
３　３項（株主総会決議）について
不知。

4　4項（売渡請求）について
認める。
5　5項（株価算定書）について
争う。
6　結語
争う。

以　上

2 遺産分割調停・審判

（1）遺産分割調停

遺産分割とは、被相続人の遺産について、個々の相続財産の権利者を確定する手続です。被相続人の有効な遺言（遺贈や特定財産承継遺言（相続させる旨の遺言））によって遺産の取得者が定められていない場合には、相続人は、性質上当然に分割される権利を除いては、遺産分割の手続をしなければ確定的に権利を取得することができません。

遺産分割は、協議でも行うことができますが（907条１項）、協議が調わないときや協議ができないときは、家庭裁判所に遺産分割を請求することができます（同条２項本文）。遺産の一部を分割することができることも平成30年相続法改正で明記されました。

ただし、家庭裁判所に対する一部分割の請求は、他の共同相続人の利益を害するおそれがない場合に限られます（同項ただし書）。

遺産分割調停は、家庭裁判所における遺産分割の手続のうち、当事者の話合いによって合意を目指す手続です。調停手続は、通常、裁判官と調停委員２名で構成する調停委員会が行い（家事事件手続法247条、248条１項）、調停委員会は、当事者の説明や資料等により事情を把握したうえで、各当事者の意向を聴取し、解決案を提示したり、解決のために必要な助言をしたりして合意を目指します。調停で合意が成立しない場合には、調停は不成立で終了し、審判手続に移行します（同法272条４項）。

（2）管轄・当事者

①管轄

相手方の住所地を管轄する家庭裁判所又は当事者が合意で定める家庭裁判所（家事事件手続法245条）

②当事者

共同相続人、包括受遺者、相続分譲受人

（3）必要書類

①申立書（正本×１、副本×相手方の数）

②添付書類

・被相続人の出生時から死亡時までのすべての戸籍謄本（除籍、改製原戸籍謄本を含む）

※相続人の範囲が確定できるすべての戸籍謄本等が必要。

・被相続人の住民票（除票）又は戸籍附票（除票）

・相続人全員の戸籍謄本（全部事項証明書）

・相続人全員の住民票又は戸籍附票

・遺産に関する証明書（不動産登記事項証明書及び固定資産評価証明書、預貯金通帳の写し又は残高証明書、有価証券写し等）

③申立手数料　収入印紙1,200円分（令和２年１月現在）

④郵便切手（額及び組合せは管轄裁判所に要確認）

【書式】遺産分割調停申立書（第４章書式④、⑤）

http://www.courts.go.jp/vcms_lf/2019_isan_mousitate_538kb.pdf

http://www.courts.go.jp/vcms_lf/2019_isan_rei_729kb.pdf

（4）遺産分割調停でできること・できないこと

事例

Xは、令和２年３月10日に死亡した。

Xは、妻に先立たれ、長男B、次男C、長女Dがいた。

Xの足腰が弱くなり、外出が難しくなった後、数年、長男BとBの妻がXの面倒をみていた。

Xの相続開始時の遺産は、以下のとおりであった。

①自宅（１億円の土地、2,000万円の建物）

②賃貸用マンション（月15万円でHに賃貸中）

③預貯金 2,000 万円

Ｂは、喪主として、Ｘの葬儀費用 500 万円を支払った。

Ｘの死後、ＢがＸの生前、Ｘの預貯金 4,000 万円を、Ｘの死後、Ｘの預貯金 1,000 万円を、競輪につぎこんでいたことが発覚した。

そのため、ＣはＢ、Ｄを相手方として遺産分割調停を申し立てた。

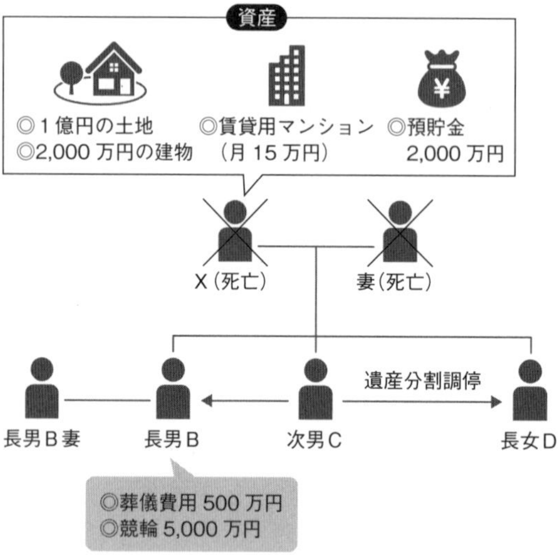

Q1 ＣとＤはＢが使い込んだ使途不明金 5,000 万円を、遺産分割調停で、遺産分割の対象とするよう求めたが、Ｂは拒否した。この場合、使途不明金を遺産分割の対象とすることはできるか。

Q2 Ｂは、葬儀費用 500 万円を遺産分割の対象とするように求めたが、Ｃ、Ｄが拒否した。この場合、葬儀費用を遺産分割の対象とすることはできるか。

Q3 遺産分割調停を開始したのは、令和３年３月であり、賃貸用マンションの家賃が 150 万円以上たまっていた。また、その間に、賃貸用マンションの火災保険の更新やトイレの交換があり、10 数万円の費用

がかかった。たまっている家賃や遺産分割までに発生した費用は、遺産分割の対象とすることはできるか。

Point

・相続財産に含まれない祭祀財産、相続開始前の使途不明金、相続発生後に生じる葬儀費用、遺産から生じる果実・収益、遺産管理費用、貸金等は相続人全員の合意がなければ、調停の対象とはならない。

・令和元年７月１日以降に開始した相続については、相続開始後の使途不明金については、引き出した者以外の共同相続人全員の同意があれば、遺産分割の対象となる。

解説

ア　遺産分割の対象

遺産分割の対象となるのは、①相続開始時、すなわち被相続人が死亡した時に存在し、かつ、②遺産分割時に存在する、③未分割の遺産です。

したがって、相続開始前に生じた使途不明金や相続開始後に発生した葬儀費用、遺産管理費用、遺産からの収益、既に分割されている貸金等、遺産ではない祭祀財産については、本来、遺産分割の対象とはなりません。

イ　遺産分割の前提問題

(ア) 相続人の範囲についての争い

相続人の範囲は、戸籍謄本によって確認します。養子縁組無効など、戸籍の記載と実際の相続人が異なり、その点を争う場合は、いったん調停を取り下げて、人事訴訟等で確定させる必要があります。

(イ) 遺言・遺産分割協議書の効力についての争い

遺言又は遺産分割協議書があるが、有効性に争いがある場合は、いったん調停を取り下げて、民事訴訟で無効確認訴訟等により有効性の判断を確定させる必要があります。

（ウ）遺産の帰属についての争い

名義預金や不動産の時効取得など遺産の帰属が争われる場合は、判例[1]では、審判手続において審理判断することもできるものとされていますが、実務上は、対象財産が遺産であるか確定しないまま協議を重ねても議論が噛み合わないことが通常であるため、民事訴訟で確定することを求められます。

ウ　遺産分割の付随問題

（ア）使途不明金

a　相続開始前

相続開始前に相続人の１人が被相続人名義の預貯金を引き出した場合、不法行為又は不当利得の問題となります。相続開始前の使途不明金は相続開始時に被相続人の遺産として存在していないことから、相続人間で合意ができない場合は、遺産分割の対象から外れます[2]。

b　相続開始後

相続開始後に相続人の１人が被相続人名義の預貯金を引き出した場合、令和元年７月１日以降に相続が開始した場合は、被相続人名義の預貯金を引き出した相続人を除く相続人が同意すれば、遺産分割の対象財産とすることができます（906条の２）[3]。

（イ）葬儀費用

葬儀費用は、相続開始後に発生した負債であり、本来、遺産分割の対象ではありません。もっとも、相続人全員の合意がなされれば、遺産分割調停条項に組み入れることができ、葬儀費用から香典を引き、香典返しを足した金額を相続分に応じて負担するという合意がなされることが多いです。

1　最大決昭和41・３・２民集20巻３号360頁〔27001221〕

2　使途不明金を予防するためには、財産管理契約及び任意後見契約を利用することや成年後見制度を利用することが考えられます（第２章７成年後見制度等参照）。

3　①被相続人の預貯金を引き出した者の最終的な取得額が、預貯金を引き出さなかった場合と比べて大きくなることは計算上不公平であること、②909条の２に基づく払戻しには清算義務があるのに対し、違法に払戻しを受けた場合には清算義務がないものとすると違法行為を助長することにもなりかねないことから、平成30年に相続法改正がなされました（『一問一答』93頁）。

（ウ）祭祀承継

祭祀財産（位牌、墓、仏壇など）は、相続財産ではない（897条1項）ことから、本来、遺産分割の対象とはなりません。もっとも、相続人全員の合意があるときは、遺産分割調停条項に組み入れることができます。合意がないときは、遺産分割とは別の審判事件（897条2項、家事事件手続法39条、別表第二11項）として扱われます。

（エ）遺産から生じる果実・収益

賃料収入などの遺産から生じる果実・収益は、遺産とは別個の財産であり、共同相続人が相続分に応じて分割して単独で取得するものとされます[4]。もっとも、相続人全員の合意があるときは、遺産分割の対象に含めることができます[5]。

（オ）遺産管理費用

相続開始後に発生した固定資産税や火災保険料などの遺産管理費用については、遺産とは別個の性質のものです。しかし、相続人全員の合意ができれば、遺産分割の対象に含めることができます。

A1 **生前の使途不明金は、B、C、Dの同意がない場合は遺産分割の対象とすることができず、訴訟等で対応することとなる。他方、死後の使途不明金については、Xは令和元年7月1日以降に死亡していることから、Bが拒否したとしてもCとDが合意すれば、遺産分割の対象とすることができる。**

A2 **葬儀費用は、B、C、Dの合意がなければ、遺産分割の対象とはならない。もっとも、被相続人の資産状況からして相当な額であり、C、Dを排除するなどしていたわけでなければ、B、C、Dが合意のうえ、遺産分割の対象とすることは多い。**

A3 **Xの死後に発生した賃貸用マンションの家賃は、遺産とは別個の財産**

4　最判平成17・9・8民集59巻7号1931頁〔28101750〕
5　ただし、含める金額について争いが生じ、合意ができない場合は、民事訴訟で解決することとなります。

であり、Ｂ、Ｃ、Ｄが単独で３分の１ずつ取得するが、Ｂ、Ｃ、Ｄが合意すれば遺産分割の対象とすることができる。また、被相続人の死後、賃貸用マンションにかかった費用は、遺産とは別個のものではあるが、Ｂ、Ｃ、Ｄが合意すれば遺産分割の対象とすることができる。

（５）調停の進行と紛争になりやすい点

ア　調停の進行モデル

遺産分割調停は、おおむね、次のような流れで進行します（東京家庭裁判所及び横浜家庭裁判所が採用する「段階的進行モデル」より）。

①相続人の範囲を確定する

②遺産の範囲を確定する

③遺産の評価を確定する

④各相続人の取得額を確定する（寄与分・特別受益の考慮）

⑤遺産の分割方法を確定する

前項で述べたとおり、前提問題（遺言無効等）や付随問題（使途不明金・葬儀費用等）について早期に合意できない場合は、調停外の裁判手続により解決を図るものとし、前提問題については遺産分割調停の取下げを促し（取下げに応じない場合は「なさず」（調停をしない措置。家事事件手続法271条）とする場合もあります）、付随問題については時機をみて調停における協議の対象から外します。

イ　紛争になりやすい点

（ア）遺産の評価

不動産の評価と非上場株式の評価が特に問題となります。評価基準時は分割時です。ただし、寄与分・特別受益が問題となる場合は相続開始時評価も必要となります（二時点評価）。

土地の評価基準としては、公示価格（≒実勢価格）、路線価（相続税評価額。公示価格の80％が目処）、固定資産税評価額（公示価格の70％が目処）があり、建物の評価基準としては、固定資産税評価額（相続税評価額）があります。これらを参照して合意の形成を図り、合意が形成できなければ不動産鑑定士による鑑定を実施します。なお、配偶者居住権（令和２年４月１日施行）（COLUMN 8配偶者居住権・配偶者短期居住権参照）についても同様に財産評価が必要となり、今後、評価方法などについて問題となる事例が多くなるものと見込まれます。

非上場株式については、会社法上の株式買取請求における株価算定方法（第３章２（２）イ株式の評価方法参照）がありますが、同じく合意が形成できなければ公認会計士による鑑定を実施します。

いずれも鑑定費用は当事者の負担となるため、できる限り上述の評価基準等を踏まえて調整を行います。

（イ）寄与分と特別受益

寄与分は、使途不明金の問題と並び、老親の介護や財産管理などをめぐり感情的対立が顕在化しやすく、協議が混迷しがちな問題です。寄与分には、代表的な態様として、家業従事型、金銭等出資型、療養看護型、扶養型、財産管理型がありますが、東京家庭裁判所家事第５部（遺産分割部）では、寄与分に関する一般的な説明資料と、類型に即した主張のポイント、主張整理表のひな型等を配布して、円滑な進行を図っています[6]。なお、改正法で新設された「特別の寄与」（相続人の配偶者等、相続人ではない者が被相続人の療養看護等により特別の寄与を行った場合に相続人に対し寄与に応じた額の金銭を請求できるとする制度。1050条）については、寄与分とは異なり必ずしも遺産分割調停において一括処理する必要がないため、遺産分割調停との併合の当否は進行状況等に照らして裁判所の裁量によって判断されることとなります（東京家庭裁判所家事第５部編著「家庭の法と裁判」号外『東京家庭裁判所家事第５部（遺産分割部）における相続法改正を踏まえた新たな実務運用』日本加除出版（2019年）118-121頁）。

特別受益についても、寄与分の主張に対して対抗的に主張されるなど、紛争になりやすい事項です。寄与分と同様、東京家庭裁判所家事第５部では、

6　片岡武＝細井仁＝飯野治彦『実践調停　遺産分割事件～物語から読み解く調停進行と実務』日本加除出版（2016年）220-238頁

どのようなものが特別受益に当たるかについてのＱ＆Ａや主張整理表のひな型を用意しており、主張の際の参考になります[7]。

（ウ）遺産の分割方法

各相続人の具体的相続分額が確定すると、いよいよその額に応じてどのように遺産を割り振るかの問題となります。分割方法には、①遺産そのものを分ける現物分割、②相続人の一部が現物を取得し、取得しない相続人に代償金を支払う代償分割、③遺産を任意又は競売により売却してその代金を分ける換価分割、④遺産を共有で取得する共有分割の４つがあります。調停では、合意によりいずれの方法を選択することもできますが、協議が難航する場合は前記①から④の順に検討します。共有分割は、遺産共有から物権法上の共有に代わるだけで本質的な紛争解決にはならないため、いわば最終手段であり、共有状態の解消を望む場合は共有物分割訴訟が別に必要になります。

経営承継のため、事業用資産や自社株式の取得を希望する場合には、現物分割・代償分割によるべきことになりますが、そのためには資金の手当てが必須となります。後継者が定まらないままオーナーが急逝したような場合には、会社の経営権をめぐり、協議が紛糾し紛争が長期化するおそれがあります。紛争の長期化自体が経営リスクとなるため、オーナーとしては、相続争いを回避すべく事前に十分に相続対策をとっておくべきです。

（エ）債務の承継

金銭債務その他の可分債務は、相続により当然に各相続人に相続分に応じて承継されるため、遺産分割の対象にはなりません。調停においては、相続人の１人が収益不動産を単独取得する代わりに当該不動産に係る債務も負担するといった合意は可能ですが、その際には金融機関の承諾が必要になり、審査・手続等にも時間を要するため、調停の進行を見越して早い段階から金融機関と折衝しておくことが望ましいでしょう。

7　片岡＝細井＝飯野・前掲 195-220 頁

（6）遺産分割審判

ア　遺産分割審判とは

審判手続は、話合いにより合意を目指す調停手続と異なり、裁判官が終局的な判断を示します。審判に示された判断に不服があるときは、即時抗告をすることができます（家事事件手続法198条1項1号）。

遺産分割調停を経ずに遺産分割審判を申し立てることも法律上は可能ですが、通常、まずは話合いによる解決を目指すべきものとして、調停手続に付されます（付調停。同法274条1項）。調停から審判に移行した後、再度調停に付して話合いで解決する事案もあります。

イ　審判でできること・できないこと

審判手続でも、調停段階で提出された書面・資料等で必要なものについては事実の調査（家事事件手続法56条1項）の対象となり、審判の資料となります。また、調停段階での当事者間の中間合意の内容も尊重されます。

しかし、審判では、調停では当事者の合意により取り扱うことができた遺産分割の対象外の事項（葬儀費用や債務の処理など）について判断をすることができないため、これらについては当事者間で別途協議しなければならないことになります。

ウ　株式（非上場株式）はどのように分割されるか

株式（非上場株式）についても、他の財産と同様に、まずは評価を確定し、次いで分割方法が検討されることになります。

評価については、調停段階において当事者間に合意があり、又は鑑定[8]を実施している場合は、その内容が特に不合理でない限りは、当該評価が基礎とされると考えてよいでしょう。

分割方法については、原則として、まずは現物分割を検討し、それが相当ではない場合は代償分割、次いで換価分割、それさえも困難であるときは共有分割が選択されます（大阪高決平成14・6・5家裁月報54巻11号60頁

8　評価に争いがある場合、通常は、調停段階で鑑定が実施されます。

〔28072745〕)。

この点について、同族会社の非上場株式の分割方法が争われた事案において、原審（千葉家松戸支審平成26・1・15判時2244号26頁〔28230840〕)が、後継予定者らに取得させるべき事情は認められないとして、法定相続分に応じて各相続人に取得させることとしたのに対し、抗告審（東京高決平成26・3・20判タ1410号113頁〔28230839〕）が、「遺産の分割は、遺産に属する物又は権利の種類及び性質、各相続人の年齢、職業、心身の状態及び生活の状況その他一切の事情を考慮してこれをする。」(906条）の定めに従って、典型的な同族会社であることやその経営規模に鑑み、「経営の安定のためには、株主の分散を避けることが望ましい」としたうえで、会社法上の株式売渡請求の規定や経営承継円滑化法による遺留分に関する民法特例の規定が「中小企業の代表者の死亡等に起因する経営の承継がその事業活動の継続に悪影響を及ぼすことを懸念して立法されたものであり、そのような事情は、民法906条所定の『遺産に属する物又は権利の種類及び性質』『その他一切の事情』に当たるというべきである」として、代償分割を選択し、後継予定者に単独取得させたことは、実務上注目に値します[9]。

参考文献

・片岡武＝菅野眞一編著『家庭裁判所における遺産分割・遺留分の実務〈第3版〉』日本加除出版（2017年）
・森公任＝森元みのり『弁護士のための遺産相続実務のポイント－遺産分割・遺言無効・使途不明金ほか遺産分割の付随問題』日本加除出版（2019年）
・片岡武＝細井仁＝飯野治彦『実践調停　遺産分割事件～物語から読み解く調停進行と実務』日本加除出版（2016年）

9　遺産の社会的・経済的な価値の維持という要請だけでなく、共同相続人間の実質的な公平の実現という要請を踏まえて判断すべきであるとする見解もあります（仲卓真「同族会社の株式の遺産分割の基準および方法」旬刊商事法務2177号（2018年）50頁)。

第４章書式④遺産分割調停申立書

この申立書の写しは，法律の定めるところにより，申立ての内容を知らせるため，相手方に送付されます。

受付印	**遺産分割** □ **調停** □ **審判** **申立書**	
	（この欄に申立て１件あたり収入印紙１，２００円分を貼ってください。） （貼った印紙に押印しないでください。）	
収入印紙　　円		
予納郵便切手　　円		

家庭裁判所 御中 令和　　年　　月　　日	申立人 （又は法定代理人など） の記名押印	印

添付書類	（審理のために必要な場合は，追加書類の提出をお願いすることがあります。） □ 戸籍（除籍・改製原戸籍）謄本（全部事項証明書）合計　　通 □ 住民票又は戸籍附票　合計　　通　□ 不動産登記事項証明書　合計　　通 □ 固定資産評価証明書　合計　　通　□ 預貯金通帳写し又は残高証明書　合計　　通 □ 有価証券写し　合計　　通　□	準口頭

当事者		別紙当事者目録記載のとおり	
被相続人	最後の住所	都道 府県	
	フリガナ 氏名		平成 令和　　年　　月　　日死亡

申立ての趣旨

□ 被相続人の遺産の全部の分割の（□ 調停 ／ □審判）を求める。

□ 被相続人の遺産のうち，別紙遺産目録記載の次の遺産の分割の（□ 調停 ／ □ 審判）を求める。※1

【土地】　　　　【建物】

【現金，預・貯金，株式等】

申立ての理由

遺産の種類及び内容	別紙遺産目録記載のとおり
特別受益 ※2	□ 有　／　□ 無　／　□ 不明
事前の遺産の一部分割 ※3	□ 有　／　□ 無　／　□ 不明
事前の預貯金債権の行使 ※4	□ 有　／　□ 無　／　□ 不明
申立ての動機	□ 分割の方法が決まらない。 □ 相続人の資格に争いがある。 □ 遺産の範囲に争いがある。 □ その他（　　　　　　）

（注）太枠の中だけ記入してください。□の部分は該当するものにチェックしてください。

※１　一部の分割を求める場合は，分割の対象とする各遺産目録記載の遺産の番号を記入してください。

※２　被相続人から生前に贈与を受けている等特別な利益を受けている者の有無を選択してください。「有」を選択した場合には，遺産目録のほかに，特別受益目録を作成の上，別紙として添付してください。

※３　この申立てまでにした被相続人の遺産の一部の分割の有無を選択してください。「有」を選択した場合には，遺産目録のほかに，分割済遺産目録を作成の上，別紙として添付してください。

※４　相続開始時からこの申立てまでに各共同相続人が民法９０９条の２に基づいて単独でした預貯金債権の行使の有無を選択してください。「有」を選択した場合には，遺産目録【現金，預・貯金，株式等】に記載されている当該預貯金債権の欄の備考欄に権利行使の内容を記入してください。

遺産（1/　）

出典：裁判所 HP（http://www.courts.go.jp/vcms_lf/2019_isan_mousitate_538kb.pdf）

第４章書式⑤遺産分割調停申立書・記入例

記入例　被相続人の長女が共同相続人を相手に遺産分割を求める場合

申立書を提出する裁判所

作成年月日

この申立書の写しは，法律の定めるところにより，申立ての内容を知らせるため，相手方に送付されます。

受付印	**遺産分割**　☑ **調停**　□ **審判**　**申立書**
	（この欄に申立て１件あたり収入印紙１，２００円分を貼ってください。） 印紙 （貼った印紙に押印しないでください。）
収入印紙　円	
予納郵便切手　円	

○○家庭裁判所 御中 令和○年○月○日	申立人 （又は法定代理人など） の記名押印	乙野春子　㊞

添付書類	（審理のために必要な場合は，追加書類の提出をお願いすることがあります。） ☑戸籍（除籍・改製原戸籍）謄本（全部事項証明書）合計○通 ☑住民票又は戸籍附票　合計○通　☑不動産登記事項証明書　合計○通 ☑固定資産評価証明書　合計○通　☑預貯金通帳写し又は残高証明書　合計○通 ☑有価証券写し　合計○通　□

準口頭

当事者		別紙当事者目録記載のとおり
被相続人	最後の住所	○○　都道府（県）○○市○○町○号
	フリガナ 氏名	甲《コウ》山《ヤマ》太《タ》郎《ロウ》　平成・（令和）○年○月○日死亡

申立ての趣旨

☑　被相続人の遺産の全部の分割の（☑調停／□審判）を求める。

□　被相続人の遺産のうち，別紙遺産目録記載の次の遺産の分割の（□調停／□審判）を求める。※1

【土地】……………………【建物】……………………

【現金，預・貯金，株式等】……………………

申立ての理由

遺産の種類及び内容	別紙遺産目録記載のとおり
特別受益 ※2	☑有　／　□無　／　□不明
事前の遺産の一部分割 ※3	☑有　／　□無　／　□不明
事前の預貯金債権の行使 ※4	☑有　／　□無　／　□不明
申立ての動機	☑　分割の方法が決まらない。 □　相続人の資格に争いがある。 □　遺産の範囲に争いがある。 □　その他（……………………）

（注）太枠の中だけ記入してください。□の部分は該当するものにチェックしてください。

※1　一部の分割を求める場合は，分割の対象とする各遺産目録記載の遺産の番号を記入してください。

※2　被相続人から生前に贈与を受けている等特別な利益を受けている者の有無を選択してください。「有」を選択した場合には，遺産目録のほかに，特別受益目録を作成の上，別紙として添付してください。

※3　この申立てまでにした被相続人の遺産の一部の分割の有無を選択してください。「有」を選択した場合には，遺産目録のほかに，分割済遺産目録を作成の上，別紙として添付してください。

※4　相続開始時からこの申立てまでに各共同相続人が民法９０９条の２に基づいて単独でした預貯金債権の行使の有無を選択してください。「有」を選択した場合には，遺産目録【現金，預・貯金，株式等】に記載されている当該預貯金債権の欄の備考欄に権利行使の内容を記入してください。

遺産（1/　）

申立書の写しは相手方に送付されますので、あらかじめご了承ください。

裁判所から連絡がとれるように正確に記入してください。ご不明な点があれば、申立書を提出される裁判所にお問い合わせください。

申立人と相手方（申立人以外の共同相続人全員）の区別を明らかにした上、該当する者全員を記入してください。

この申立書の写しは，法律の定めるところにより，申立ての内容を知らせるため，相手方に送付されます。

当事者目録

☑申立人 □相手方	住所	〒○○○－○○○○ ○○県○○市○○町○丁目○番○号　○○アパート○号（　　方）
	フリガナ 氏名	乙野《オツノ》 春子《ハルコ》　大正・(昭和)・平成・令和 ○年 ○月 ○日生（ ○○ 歳）
	被相続人との続柄	長女
□申立人 ☑相手方	住所	〒○○○－○○○○ ○○県○○市○○町○番○号（　　方）
	フリガナ 氏名	甲山《コウヤマ》 花子《ハナコ》　大正・(昭和)・平成・令和 ○年 ○月 ○日生（ ○○ 歳）
	被相続人との続柄	妻
□申立人 ☑相手方	住所	〒○○○－○○○○ ○○県○○市○○町○丁目○番○号（　　方）
	フリガナ 氏名	甲山《コウヤマ》 夏夫《アツオ》　大正・(昭和)・平成・令和 ○年 ○月 ○日生（ ○○ 歳）
	被相続人との続柄	長男
	住所	〒　－

不動産の登記事項証明書（不動産登記簿謄本）の記載のとおり記入してください。

遺産の全部（不明なもの及び分割済遺産目録に記載するものは除く。）を記入してください。

遺産目録（□特別受益目録，□分割済遺産目録）

【土地】

番号	所在	地番		地目	地積（平方メートル）		備考
1	○○県○○市○○町	○	○	宅地	200	00	建物1の敷地
2	○○県○○市○○町○丁目	○	○	宅地	650	00	建物2の敷地（持分）被相続人2分の1 相手方甲山夏夫2分の1

不動産の登記事項証明書（不動産登記簿謄本）の記載のとおり記入してください。
未登記の場合には、固定資産評価証明書の記載を参考にして記入してください。

遺　産　目　録（□特別受益目録，□分割済遺産目録）

【建　物】

番号	所　在	家屋番号	種類	構造	床面積（平方メートル）	備考
1	○○県○○市○○町○番○号	○○	居宅	木造瓦葺2階建	1階 50 00 2階 45 00	
2	○○県○○市○○町○丁目○番○号	○○	店舗兼居宅	木造スレート葺平家建	100 00	相手方甲山夏夫が居住(持分) 被相続人2分の1 相手方甲山夏夫2分の1

遺　産　目　録（□特別受益目録，□分割済遺産目録）

【現金，預・貯金，株式等】

番号	品　目	単位	数量（金額）	備考
1	○○銀行○○支店普通預金(番号○○○○○○)		5.000.000円	通帳は相手方甲山花子が保管
2	○○銀行○○支店普通預金(番号○○○○○○)		3.000.000円(相続開始時)	通帳は相手方甲山花子が保管 民法909条の2により相手方甲山花子が50万円取得
3	○○銀行○○支店普通預金(番号○○○○○○)		500.000円(相続開始時)	相続開始後に相手方甲山花子が全額払戻し
4	○○株式会社　株式	50円	8.000株	株券は相手方甲山花子が保管

遺産の全部（不明なもの及び分割済遺産目録に記載するものは除く。）を記入してください。

〈 特別受益目録の記載例 〉

被相続人から生前に贈与を受けている等，特別な利益を得ている者がいる場合には，遺産目録のほかに，「特別受益目録」を作成してください。

生前贈与等の内容を端的に記載してください。

遺　産　目　録（☑特別受益目録，□分割済遺産目録）

【現金，預・貯金，株式等】

番号	品　　目	単　位	数　量（金　額）	備　考
1	平成○年○月頃の自宅購入資金		5,000,000円	相手方 甲山夏夫

生前贈与等を受けた相続人の氏名を記載してください。

〈 分割済遺産目録の記載例 〉

この申立てまでに，被相続人の遺産の一部の分割をしている場合には，遺産目録のほかに，「分割済遺産目録」を作成してください。

遺　産　目　録（□特別受益目録，☑分割済遺産目録）

【建　物】

番号	所　　在	家屋番号	種　類	構　造	床面積	備　考
1	（区分所有建物） ○○県○○市○○町○番○号 ○○ハイツ	101	居宅	鉄筋コンクリート造1階建	平方メートル 1階部分 65 00	相手方甲山花子が取得

遺産を取得した相続人の氏名を記載してください。

出典：裁判所 HP（http://www.courts.go.jp/vcms_lf/2019_isan_rei_729kb.pdf）

COLUMN 10

遺産分割事件と調停に代わる審判

平成 25 年 1 月 1 日に施行された家事事件手続法により、調停に代わる審判（家事事件手続法 284 条 1 項）の対象事件が一般調停事件（夫婦関係調整事件等）から別表第二事件（遺産分割、婚姻費用、養育費等）にまで拡張されたことを受け、遺産分割調停についても調停に代わる審判の活用事案が増加しています。

遺産分割調停においては、当事者が多数で一部の当事者しか出頭しないが実質的な全員の合意ができていることが確認できるときや（合意型）、一部の当事者が答弁書も提出せず期日にも出席しないが、分割案に反対の態度を示していない（賛成の意思も明らかではない）場合に、多数の相続人が合意している内容によって調停に代わる審判をする（欠席型）、親族関係の経緯等から譲歩することに心理的な抵抗があり合意はできないが、裁判所の判断には従うという意向を示している場合に、多数の当事者が合意している内容によって調停に代わる審判をする（不一致型）などの活用事例があります。

調停に代わる審判のメリットとしては、紛争の早期解決や、事案の実情に即した柔軟な解決が可能であること（遺産分割の対象外の事項に関する条項を入れたり、確認条項、紳士条項を入れるなど）が挙げられます。

調停に代わる審判は、審判の告知を受けた日から 2 週間の不変期間内に適法な異議申立てがあれば当然に効力を失い、遺産分割事件は審判手続へと移行します。適法な異議申立てがなく確定すれば、確定した調停に代わる審判は確定審判と同一の効力を有します。

参考文献

・東京家事事件研究会編『家事事件・人事訴訟の実務～家事事件手続法の趣旨を踏まえて～』法曹会（2015 年）262-273 頁

3 遺留分侵害額請求

（1）遺留分制度

事例

Xは、令和2年3月10日に死亡した。

Xには、妻Aと、前妻Bとの間の長男C、次男Dがいた。

Xの資産は、以下のとおりであった。

①自宅（1億円の土地、2,000万円の建物）
②投資用マンション（5,000万円）
③預貯金 1,000万円
④債務（友人Hに1,200万円（弁済期令和2年3月1日））

Xは、Cに対し、平成20年2月1日に、マンション購入費として2,000万円を援助し、Dに対し、平成25年5月1日に、一戸建ての建築費として2,000万円を援助していた。

Xは全財産をAに特定財産承継遺言（相続させる旨の遺言）を残していた。

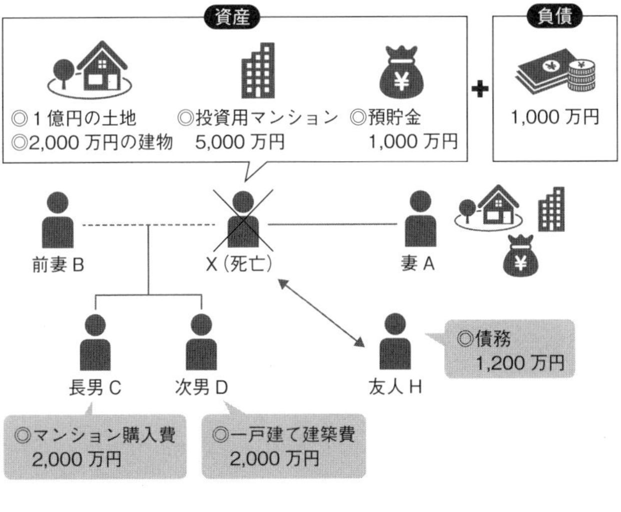

Q1　CはAに対して遺留分侵害額請求をしようと考えていたが、Xの資産状況や特別受益の状況がわからなかった。CはAに対し、どのように遺留分侵害額請求をすればよいか。

Q2　C及びDはそれぞれ、Aに対して、いくら遺留分侵害額請求をすることができるか。

Q3　AはC及びDから遺留分侵害額請求を受けたが、葬儀費用等で預貯金は費消してしまい、A自身の預貯金はほとんどなかったことから、金銭の用意ができなかった。どうすればよいか。

Point

・遺留分侵害額請求権は受遺者等に対して行使することで遺留分侵害額に相当する金銭債権が発生する。

・遺留分侵害額請求権の行使は具体的な金額を示さずに行うことができる。具体的な金額を示して金銭債権の履行を請求したときに履行遅滞に陥る。

・遺留分侵害額請求権の消滅時効は１年、除斥期間は10年である。遺留分侵害額請求権の行使の結果発生した金銭債権の消滅時効は2020年４月１日以降に遺留分侵害額請求権の行使がされた場合は５年であり、同日前に行使がされた場合は10年である。

・遺留分侵害額請求は、遺贈、死因贈与、生前贈与の順に負担するとする見解が有力である。

・相続人に対する生前贈与の範囲については、相続開始前10年にされた特別受益に該当する贈与に限り、算入する。ただし、贈与当事者双方に加害の認識がある場合は、10年より前の特別受益についても算入する。

・遺留分侵害額は、（被相続人が相続開始時に有した財産の額＋生前贈与の額－債務の額）×１／２×遺留分権利者の法定相続分の割合－遺留分権利者が受けた特別受益の額－遺留分権利者が遺産分割において取得すべき財産の額＋遺留分権利者が相続によって負担する債務の額により、算定される。

・遺留分侵害額請求をされた受遺者等は、裁判所に、金銭債務の全部又は一部の支払につき期限の許与の裁判を求めることができる。

解説

ア　改正の経緯

平成30年改正前民法下では、遺留分減殺請求権を行使すると当然に物権的効果が生じ、遺贈等の目的財産が遺留分権利者との共有になる結果、①円滑な事業承継を困難にし、また、②共有関係の解消をめぐる新たな紛争を生じさせることになっていました。

遺留分制度は、①遺留分権利者の生活保障や②遺産の形成に貢献した遺留分権利者の潜在的持ち分の精算等を目的とする制度となっており、そのためには物権的効果までは必要ではないことから、金銭債権化されることとなりました[1]。

イ　遺留分侵害額請求権の時効及び除斥期間

遺留分侵害額請求権は遺留分権利者が相続の開始及び遺留分を侵害する贈与又は遺贈を知った時から1年間行使しないときは時効により消滅します。また、相続開始の時から10年を経過したときは除斥期間により消滅します(1048条)。この点は平成30年改正前民法と同様です。

ウ　遺留分侵害額請求権の行使方法と効果

遺留分侵害額請求権の行使は形成権の行使であるため、金額を明示して行う必要はありません。受遺者等に対して遺留分侵害額請求権を行使することにより（第4章書式⑩遺留分侵害額請求通知書参照)、遺留分侵害額に相当する金銭債権が発生します。発生した債務は期限の定めのない債務となり、行使時から5年間行使しないときは時効により消滅します[2]。

1　『一問一答』122頁
2　平成29年債権法改正施行日前に原因である法律行為をした場合、平成30年改正前民法が適用されますが（民法及び家事事件手続法の一部を改正する法律附則10条4項)、相続開始の時点では法律行為はなされていないことから、2020年3月31日までに行使された場合は、平成30年改正前民法が適用され、10年間の消滅時効にかかります（『一問一答』125頁)。

エ　履行遅滞

受遺者等に対して具体的な金額を示して金銭債務の履行を請求した時点で履行遅滞に陥るものと考えられています（412条3項）。なお、遺留分侵害額請求権を行使する際に具体的な金額を示した場合は、行使の時点から履行遅滞に陥ることになります[3]。

オ　遺留分侵害額請求の順序

受遺者と受贈者がいる場合は、受遺者が先に負担します（1047条1項1号）。

複数の受遺者がいるとき又は同時に贈与を受けた受贈者は、それぞれ、価格の割合に応じて負担します（同項2号本文）。ただし、遺言者の意思によって順序を定めることができます（同号ただし書）。

異時に贈与を受けた受贈者がいる場合は、新しい贈与を受けた者から負担します（同項3号）。

死因贈与は、東京高判平成12・3・8判時1753号57頁〔28052341〕は遺贈、死因贈与、生前贈与の順で負担するものとしています[4]。

いずれも平成30年改正前民法と同様の扱いとなっています。

カ　遺留分の算定

（ア）改正の経緯

遺産分割が未了である場合、遺留分権利者が遺産分割においてどの程度の財産を取得するのか明らかでなく、平成30年改正前民法では、遺留分権利者が遺産分割において取得すべき財産の額の算定につき、法定相続分を前提に計算するという考え方（法定相続分説）と寄与分を考慮しない具体的相続分を前提に計算するという考え方（具体的相続分説）に分かれていました。

しかし、遺留分の侵害が問題となる事案では、特別受益がある場合が多いにもかかわらず、法定相続分説では、特別受益を考慮しない結果、事案によっては、遺贈を受けている相続人が遺贈を受けていない相続人と比べて最終的な取得額が少なくなるという逆転現象が生じる場合がありました。また、

3　『一問一答』124頁
4　ただし、遺贈と同順位で考えるべきという有力な見解もあります（『一問一答』152頁）。

遺産分割が終了している場合、現実に分割された内容を前提に控除すべきという考え方もありましたが、遺産分割の進行状況により遺留分侵害額が変動し、遺留分権利者に帰属する権利内容が変動することになっていました。

かかる不都合を解消し、相続人間の公平を図る観点から、遺産分割が終了しているかにかかわらず、寄与分を考慮しない具体的相続分に応じて遺留分侵害額を計算することとしました[5]。

(イ) 算定方法

a　具体的な計算式は、以下のとおりです。

遺留分＝（被相続人が相続開始時に有した財産の額＋生前贈与の額－債務の額）× 1／2[6] ×遺留分権利者の法定相続分の割合（1042条、1043条1項、1044条）

遺留分侵害額＝遺留分－遺留分権利者が受けた特別受益の額[7] －遺留分権利者が遺産分割において取得すべき財産の額[8] ＋遺留分権利者が相続によって負担する債務の額[9]（1046条2項）

5　『一問一答』143頁

6　直系尊属のみが相続人の場合は3分の1

7　遺留分額の算定における相続人に対する生前贈与については、10年の期間制限がされている（1044条）が、遺留分侵害額の算定においては、期間制限はされていない（1044条1項は「贈与は、相続開始前の1年間にしたものに限り、【前条の規定により】その価額を算入する」とし、1046条2項1号は、1044条1項を引用していません。潮見佳男ほか編著『Before/After 相続法改正』弘文堂（2019年）195頁参照）。

8　ただし、寄与分は考慮しません（1046条2項2号は904条の2を引用していません）。

9　最判平成21・3・24民集63巻3号427頁〔28150724〕は、「相続人のうちの1人に対して財産全部を相続させる旨の遺言により相続分の全部が当該相続人に指定された場合、……特段の事情のない限り、当該相続人に相続債務もすべて相続させる旨の意思が表示されたものと解すべき」としたうえで、「相続人のうちの1人に対して財産全部を相続させる旨の遺言がされ、当該相続人が相続債務もすべて承継したと解される場合、遺留分の侵害額の算定においては、遺留分権利者の法定相続分に応じた相続債務の額を遺留分の額に加算することは許されない」としていることから、相続人の1人にすべてを相続させる遺言がある場合は、原則として、遺留分の侵害額の算定において、法定相続分に応じた相続債務の額を加算することはできません。

b　生前贈与の額

(a) 改正の経緯

生前贈与の額について、平成30年改正前1030条では、相続開始前の1年間にしたものに限るとされていましたが、最判平成10・3・24民集52巻2号433頁〔28030602〕は、同条は相続人以外の第三者に適用されるものとし、相続人に対して生前贈与がなされたときは、特段の事情がない限り時期を問わず算入されるものとし、実務もその立場をとっていました。

しかし、かかる立場によると、被相続人の数十年前の相続人に対する贈与の存在によって、かかる存在を通常知り得ない、相続人以外の第三者である受遺者や受贈者が受ける減殺の範囲が大きく変わることは、不測の損害を与え、法的安定性を害するおそれがありました。

他方、前記判例が、相続人に平成30年改正前1030条を適用しないものとした実質的根拠は、被相続人から各相続人が受けた財産の額に大きな差があるときに特別受益の時期によっては是正できなくなり、相続人間の実質的公平が害されることを考慮したものと考えられます。

そこで、両者の調和の見地から、新法は、当事者双方に加害の認識がある場合を除き、相続人に対する生前贈与の範囲については、相続開始前10年にされた特別受益に該当する贈与に限り、算入するものとしました(1044条3、1項)[10]。

(b) 生前贈与の額

生前贈与の額として算入されるものは、下図のとおりです。

被相続人の死亡	1年	10年	
相続人以外	すべて	当事者双方に加害の認識がある贈与	
相続人	特別受益に該当する贈与		特別受益に該当し、かつ、当事者双方に加害の認識がある贈与

10 『一問一答』135頁。相続人以外の者に対する贈与については平成30年改正前民法と同様です。

キ　代物弁済の合意

遺留分侵害額請求権者と受遺者らが金銭の支払に代えて現物の提供をする代物弁済の合意をすることもできます[11]。

なお、代物弁済は、本来の給付に代えて他の財産の給付をなすことによって既存の債務を消滅させる有償契約であることから、その代物弁済により移転する資産が譲渡所得の基因となる資産であるときは、その移転があった時にその資産を譲渡したこととなります。

このため、受遺者等は、原則として、その履行があった時においてその履行により消滅した債務の額に相当する価額によりその資産を譲渡したこととなり、譲渡所得税が課税されます。

ただし、その資産の時価とその遺留分侵害額に相当する金額との間に差額が生じる場合は、その当事者間の合意に至る経緯やその合意内容等を踏まえ、その資産の移転により消滅した債務の額を個々に判断し、譲渡所得の収入金額を決定する必要があります。

ク　期限の許与

（ア）概要

遺贈や贈与により取得した財産が換価困難な不動産等である場合など、直ちに金銭を準備できない場合もあることから、裁判所は金銭債務の全部又は一部の支払につき相当の期限を許与することができるものとされました（1047条5項）。期限の許与がなされると、許与された金額については、期限内は履行遅滞に陥らず、その翌日から履行遅滞に陥ることとなります。

（イ）行使方法

a　遺留分権利者と受遺者等との間で額について争いがなく、遺留分権利者が訴訟を提起しない場合

遺留分権利者を相手方として期限の許与のみの裁判（形成の訴え）を求めることができます。

11　潮見佳男『詳解相続法』弘文堂（2018年）559頁

b　遺留分権利者が提起した訴訟が係属している場合

期限の許与は、抗弁として主張すれば足りるのか、別訴又は反訴の必要があるかが問題となります。

『一問一答』127頁は、期限の許与については、有益費償還請求がされた場合などに定めがあり、大阪高判平成24・5・31判時2157号19頁〔28182025〕、函館地判昭和27・4・16日下級民集3巻4号516頁〔27400274〕は、抗弁として位置付けていますが、大阪高判平成14・6・21判時1812号101頁〔28081108〕は、形成の訴えが必要としていることから、解釈は固まっていないとしています。

他方、片岡武＝管野眞一『改正相続法と家庭裁判所の実務』日本加除出版（2019年）252頁は、抗弁として主張すれば足りると解しています。

法制審議会民法（相続関係）部会第26回会議議事録12頁は「当事者が抗弁として主張していたところも、実は裁判所が、やはり独立の訴えが必要であると判断した場合につきましては、適切な訴訟指揮の行使などによりまして、当事者に別訴又は反訴の提起を促すと、そういった運用も考えられるのではないかなと思っている」としており、裁判所が独立の訴えが必要であると判断したが、受遺者らが抗弁として主張していたときは、裁判所が独立の訴えを促すものと考えられます。

ケ　新法の適用

遺留分侵害額請求権に関する規定は、令和2年7月1日以降に被相続人が死亡した場合に、適用されます（民法及び家事事件手続法の一部を改正する法律附則1条柱書）。

A1　**遺留分侵害額請求権の行使は、具体的な金額を示さずに行うこともできるため、遺留分減殺額請求権を行使したうえで（第4章書式⑩遺留分侵害額請求通知書参照）、Aに対し、財産目録の作成を求める。Aの協力が得られない場合は、自ら口座や不動産を調査する（COLUMN 2財産調査の方法参照）。**

A2　**遺留分侵害額は、（被相続人が相続開始時に有した財産の額＋生前贈**

与の額－債務の額）×１/２×遺留分権利者の法定相続分の割合－遺留分権利者が受けた特別受益の額－遺留分権利者の具体的相続分に相当する額＋遺留分権利者が相続によって負担する債務の額により、算定される。また、相続人の生前贈与については特別受益のうち相続開始前１０年にされたものが算入される。

Ｃに対するマンション購入費の援助は、特別受益には当たるが、ＸとＣ双方が遺留分権利者に損害を加えることを知ってしたものではないと考えられ、かつ、１０年より前のものであるので、遺留分額の計算における生前贈与の額においては考慮されない。また、相続人Ａがすべての財産を相続する旨の遺言があることから、遺留分権利者が相続によって負担する債務の額は０円となる。

したがって、ＣとＤの遺留分侵害額は、いずれも下記のとおりとなる。

（被相続人が相続開始時に有した財産の額１億 8,000 万円＋生前贈与の額 2,000 万円－債務の額 1,200 万円）×１/２×遺留分権利者の法定相続分の割合１/４－遺留分権利者が受けた特別受益の額 2,000 万円－遺留分権利者が遺産分割において取得すべき財産の額０円＋遺留分権利者が相続によって負担する債務の額０円
＝350 万円

A3 Ａは投資用マンションという余剰資産はあるが、直ちには金銭を用意できないため、Ｃ、Ｄとの間で支払猶予の合意が得られない場合は、期限の許与の裁判をすることが考えられる。Ｃ、Ｄが訴訟提起していないときは、自ら遺留分侵害額請求につき訴訟提起し、Ｃ、Ｄが訴訟提起している場合は、抗弁又は反訴等により主張していくこととなる。抗弁で足りるか否かについては見解が分かれているが、裁判所が独立の裁判が必要と考えた場合には、裁判所により、独立の訴えが促され

るものと考えられる。

（2）請求方法

ア　裁判外

前述のとおり、遺留分侵害額請求権の行使は、行使期間内に受遺者等に対する意思表示（通知）を行えば足り、裁判上行使する必要はありません。権利行使の意思表示をしたうえで、裁判外で協議を行い、合意によって解決することも可能です（第4章書式⑥遺留分合意書参照）。事案によっては、既に遺留分侵害者が遺言を前提に相続税の申告・納付を行っている場合があり、遺留分侵害者においては更正の請求を、遺留分権利者においては修正申告をすることによりこれを補正することができますが、協議による場合、相続税等の問題は当事者間で内部的に精算することもできます。

イ　調停

当事者間での協議が整わない場合、まずは家庭裁判所に調停の申立てをすることになります（調停前置主義。家事事件手続法244条、257条1項）。管轄は相手方の住所地を管轄する家庭裁判所又は当事者が合意で定める家庭裁判所です（同法245条1項）。

なお、調停を申し立てただけでは遺留分侵害額請求権の行使の意思表示にはなりません。また、調停申立書に遺留分侵害額請求権行使の意思表示を記載したとしても、その意思表示が相手方に到達したかどうかは必ずしも明らかではなく（訴状の送達による意思表示とは異なります）、消滅時効にかかるおそれもあります。したがって、別途、内容証明郵便等により権利行使の意思表示をしたうえで、それを疎明資料として調停申立書に添付して提出する必要があります。

【必要書類】

①申立書（正本×1、副本×相手方の数）

②添付書類

・被相続人の出生時から死亡時までのすべての戸籍謄本（除籍、改製原

戸籍謄本を含む）

※相続人の範囲が確定できるすべての戸籍謄本等が必要。

・相続人全員の戸籍謄本（全部事項証明書）

・遺言書写し又は遺言書検認調書謄本の写し

・遺産に関する資料

③申立手数料　収入印紙1,200円分（令和２年４月現在）

④郵便切手（額及び組合せは管轄裁判所に要確認）

【書式】調停申立書（第４章書式⑦、⑧）

令和元年７月１日以降相続開始の場合（遺留分侵害額請求調停）

http://www.courts.go.jp/vcms_lf/n2019_rei_singaigaku_218kb_.pdf

令和元年７月１日より前に相続開始の場合（遺留分減殺による物件返還請求調停）

http://www.courts.go.jp/vcms_lf/2019_iryubungensai_rei_203kb.pdf

ウ　訴訟

調停で合意が成立しない場合は、民事訴訟によることになります。管轄は相続開始時における被相続人の普通裁判籍の所在地（被相続人の最終住所地）を管轄する地方裁判所又は簡易裁判所です（調停の管轄とは異なるので注意が必要です）。

平成30年改正前民法の適用される遺留分については、遺留分減殺請求権行使の物権的効力により、遺留分に応じた権利変動が既に生じているため、所有権に基づき現物の返還請求をすることになり（不動産については、所有権一部移転登記手続請求の形をとります）、被告の選択により価額弁償の抗弁が提出されれば、金銭支払による解決が図られることになりますが、平成30年改正法が適用される遺留分については、初めから金銭債権として金銭支払を請求することになります（遺留分侵害額請求訴訟）。

参考文献

・片岡武＝管野眞一『改正相続法と家庭裁判所の実務』日本加除出版（2019年）257頁以下

第４章書式⑥遺留分合意書 DL

合意書

甲と乙は、亡父Ａ（令和元年 12 月○日死亡、以下「被相続人」という。）に係る遺産相続につき、次のとおり合意した。

1．甲及び乙は、被相続人がした平成○年○月○日付○○法務局所属公証人○○作成の平成○年第○号遺言公正証書による遺言の効力を承認する。

2．乙は、前項の遺言が甲の遺留分を侵害していることを認め、甲に対し、遺留分侵害額として、金○円の支払義務があることを認める。

3．甲は、被相続人の遺産相続に係る相続税のうち金○円及び相続税申告費用（税理士費用）のうち金○円をそれぞれ負担するものとし、甲は乙に対し、これらの精算金として、合計金○円の支払義務があることを認める。

4．甲と乙は、第２項と前項の債権を対当額で相殺する。

5．乙は甲に対し、第２項の金員から前項の相殺によって控除した残金○円を、令和○年○月○日限り、甲の指定する下記の預金口座に送金する方法により支払う。なお、送金手数料は乙の負担とする。

記

（送金先口座）○○

6．甲と乙は、甲と乙との間には、被相続人の遺産に関し、本合意書に定めるもののほか、何らの債権債務がないことを相互に確認する。

本合意の成立を証するため、本合意書２通を作成し、甲及び乙各自１通を保有するものとする。

令和○年○月○日

（甲）

（乙）

第４章書式⑦遺留分侵害額請求調停申立書（令和元年７月１日以降相続開始の場合）

この申立書の写しは，法律の定めるところにより，申立ての内容を知らせるため，相手方に送付されます。

受付印	☑ 調停 家事　　申立書 事件名（遺留分侵害額の請求） ☐ 審判
	（この欄に申立て１件あたり収入印紙１，２００円分を貼ってください。） 印　紙 （貼った印紙に押印しないでください。）
収 入 印 紙　　円	
予納郵便切手　　円	

○ ○　家庭裁判所 御 中 令和 ○ 年 ○ 月 ○ 日	申 立 人 （又は法定代理人など） の 記 名 押 印	甲 野 太 一　㊞

添 付 書 類	（審理のために必要な場合は，追加書類の提出をお願いすることがあります。） **戸籍（除籍・改正原戸籍謄本・全部事項証明書）○通** **不動産登記事項証明書○通 ，固定資産評価証明書○通 ，残高証明書○通** **遺言書写し**	準 口 頭

申立人	本 籍 （国 籍）	（戸籍の添付が必要とされていない申立ての場合は，記入する必要はありません。） 都 道 府 県　※１	
	住 所	〒 ○○○ － ○○○○ **○○県○○市○○町○番○号**	
	フリガナ 氏 名	**甲《コウ》 野《ノ》 太《タイ》 一《チ》**	大正 昭和（○で囲む） ○ 年 ○ 月 ○ 日 生 平成 令和　（ ○ 歳）
相手方	本 籍 （国 籍）	（戸籍の添付が必要とされていない申立ての場合は，記入する必要はありません。） 都 道 府 県　※１	
	住 所	〒 ○○○ － ○○○○ **○○県○○市○○町○番○号**	
	フリガナ 氏 名	**甲《コウ》 野《ノ》 次《ジ》 郎《ロウ》**	大正 昭和（○で囲む） ○ 年 ○ 月 ○ 日 生 平成 令和　（ ○ 歳）

（注）太枠の中だけ記入してください。

※１　本申立てについては，本籍の記入は不要です。

別表第二，調停（ ／ ）

この申立書の写しは，法律の定めるところにより，申立ての内容を知らせるため，相手方に送付されます。

申　立　て　の　趣　旨
相手方は，申立人に対し，遺留分侵害額に相当する金銭を支払うとの調停を求めます。

申　立　て　の　理　由
被相続人甲野太郎（本籍○○県○○市○○町○丁目○番地）は，令和○年○月○日に死亡し，相続が開始しました。相続人は，被相続人の子である申立人と相手方です。
被相続人は，遺産のすべてを相手方に遺贈する旨の平成○年○月○日付け自筆証書による遺言書（令和○年○月○日検認済み）を作成しています。
被相続人の遺産は，別紙遺産目録記載のとおりであり，負債はありません。
申立人は，相手方に対し，上記遺贈が申立人の遺留分を侵害するものであることから，令和○年○月○日到着の内容証明郵便により，遺留分侵害額請求権を行使する旨の意思表示をしましたが，相手方は金銭の支払についての話し合いに応じようとしないため，申立ての趣旨のとおりの調停を求めます。

別表第二，調停（　／　）

この申立書の写しは，法律の定めるところにより，申立ての内容を知らせるため，相手方に送付されます。

遺　産　目　録（□特別受益目録，□分割済遺産目録）

【土　地】

番号	所　　　在	地　　番		地　目	地　積		備　考
		番			平方メートル		
1	○○県○○市○○町	○	○	宅地	160	00	建物１の敷地

遺　産　目　録（□特別受益目録，□分割済遺産目録）

【建　物】

番号	所　　　在	家屋番号	種　類	構　造	床　面　積		備　考
					平方メートル		
1	○○県○○市○○町 ○番○号	○○	居宅	木造瓦葺 平家建	85	00	

遺　産　目　録（□特別受益目録，□分割済遺産目録）

【現金，預・貯金，株式等】

番号	品　　　目	単　位	数　量　（金　額）	備　　考
1	○○銀行○○支店定期預金 （口座番号○○－○○○）		2,000,000円 （令和○年○月○日 （相続開始日）残高）	通帳は相手方が保管
2	○○株式会社　株式	40円	3,000株	○○証券○○支店扱い 令和○年○月○日 （相続開始日）終値

出典：裁判所 HP（http://www.courts.go.jp/vcms_lf/n2019_rei_singaigaku_218kb_.pdf）

第4章書式⑧遺留分減殺による物件返還請求調停申立書（令和元年7月1日より前に相続開始の場合）

この申立書の写しは，法律の定めるところにより，申立ての内容を知らせるため，相手方に送付されます。

※　申立書の写しは相手方に送付されますので、あらかじめご了承ください。

受付印	家事　☑ 調停　□ 審判　申立書　事件名（　遺留分減殺　）
収入印紙　円 予納郵便切手　円	（この欄に申立て1件あたり収入印紙1，200円分を貼ってください。） 印　紙 （貼った印紙に押印しないでください。）

○　○　家庭裁判所 御中 令和　○　年○　月○　日	申立人 （又は法定代理人など） の記名押印	**甲　野　一　郎**　㊞

添付書類	（審理のために必要な場合は，追加書類の提出をお願いすることがあります。）	準口頭

申立人	本籍（国籍）	（戸籍の添付が必要とされていない申立ての場合は，記入する必要はありません。） 都道 府県	
	住所	〒　○○○　－　○○○○ **○○県○○市○○町○番○号○○マンション　○○○号室** ※裁判所から連絡がとれるように正確に記入していただく必要がありますが，ご不明な点があれば、申立書を提出される裁判所にお問い合わせください。（　　方）	
	フリガナ 氏名	**コウノ　イチロウ** **甲　野　一　郎**	大正 [昭和]　○　年○　月○　日生 平成 令和 （　○　歳）
相手方	本籍（国籍）	（戸籍の添付が必要とされていない申立ての場合は，記入する必要はありません。） 都道 府県	
	住所	〒　○○○　－　○○○○ **○○県○○市○○町○番○号○○アパート　○号** ※裁判所から連絡がとれるように正確に記入していただく必要があります。（　　方）	
	フリガナ 氏名	**テイムラ　ウメコ** **丁　村　梅　子**	大正 [昭和]　○　年○　月○　日生 平成 令和 （　○　歳）

（注）太枠の中だけ記入してください。

この申立書の写しは，法律の定めるところにより，申立ての内容を知らせるため，相手方に送付されます。

申　立　て　の　趣　旨
相手方は，申立人に対し，相手方が被相続人甲野太郎から遺贈を受けた別紙物件目録記載の土地及び建物につき，その時価の２分の１に相当する物件を返還するとの調停を求めます。

申　立　て　の　理　由
1　被相続人甲野太郎（本籍〇〇県〇〇市〇〇町〇丁目〇番地）は，その配偶者花子死亡後の平成〇年ころから相手方と同棲し，内縁関係にありましたが，平成〇年〇月〇日に相手方の住所において死亡し，相続が開始しました。相続人は，被相続人の長男である申立人だけです。
2　被相続人は，別紙物件目録記載の土地，建物を相手方に遺贈する旨の平成〇年〇月〇日付け自筆証書による遺言書（平成〇年〇月〇日検認済み）を作成しており，相手方は，この遺言に基づき，平成〇年〇月〇日付け遺贈を原因とする所有権移転登記手続をしています。
3　被相続人の遺産は，別紙の物件目録記載の不動産だけであり，他に遺産及び負債はありません。また，前記遺言の他に遺贈や生前贈与をした事実もありません。
4　申立人は，相手方に対し，前記遺贈が申立人の遺留分を侵害するものであることから，平成〇年〇月〇日到着の内容証明郵便により遺産の２分の１に相当する物件の返還を求めましたが，相手方は話し合いに応じようとしないので，申立ての趣旨のとおりの調停を求めます。

（別紙）

物　件　目　録（土　地）

番号	所　　在	地　番	地　目	地　積	備　考
1	○○市○○町○丁目	○番○	宅地	平方メートル １５０　００	建物１の敷地 評価額 ○○○万円

物　件　目　録（建　物）

番号	所　　在	家屋番号	種　類	構　造	床面積	備　考
1	○○市○○町○丁目○番地	○○	居宅	木造瓦葺平家建	平方メートル ９０　００	土地１上の建物 評価額 ○○○万円

出典：裁判所HP（https://www.courts.go.jp/vc-files/courts/file2/2019_iryubungensai_rei_203kb.pdf）

第4章書式⑨遺留分侵害額請求調停

調停条項（例）

1．申立人と相手方は、被相続人甲の令和○年○月○日付遺言が有効であることを確認する。

2．相手方は、申立人に対し、遺留分侵害額に相当する金銭として、○円の支払義務があることを認め、これを令和○年○月○日限り、申立人が指定する普通預金口座に振り込む方法により支払う。振込手数料は相手方の負担とする。

第４章書式⑩遺留分侵害額請求通知書 DL↓

遺留分侵害額請求通知書

前略

小職は、通知人から依頼を受けた代理人として、貴殿に対し、以下のとおりご通知いたします。

１　通知人、Ｂ及び貴殿の父であるＸ（以下「被相続人」）は、令和○年○月○日に亡くなり、Ｘの相続が開始いたしました。

被相続人の相続人は通知人、Ｂ、貴殿、Ｘの妻であるＹの４名ですが、被相続人は、令和○年○月○日付公正証書遺言により、全財産を貴殿に相続させる旨の遺言（以下「本件遺言」）をされました。

通知人の遺留分は被相続人の全財産の12分の１に当たりますが、本件遺言は通知人の遺留分を侵害しております。

よって、通知人は、本書面をもって、貴殿に対し、遺留分侵害額請求権を行使いたします。

２　通知人の遺留分侵害額を確定する必要がございますので、お手数ですが、被相続人の財産目録を作成のうえ、本書面受領後１か月以内に、小職あてにお送りください。

本件についてのお問い合わせ等は、すべて小職あてにお願いいたします。

草々

令和○年○月○日

通知人　　○
〒○
○県○○・・・・
○法律事務所
電　話　○○
ＦＡＸ　○○
通知人代理人弁護士　　○

被通知人
〒○
○県○○・・・・
○　　様

4　その他の裁判手続

（1）使途不明金（不当利得返還訴訟等）

事例

Xは、令和2年3月10日に死亡した。

Xは、妻には先立たれており、長男B、次男C、長女Dがいた。

Xは、数年前から施設に入居しており、長女Dがその面倒をみていた。

Xの死後、B、C、Dで被相続人の遺産を確認したところ、B、Cとしては、預金が5,000万円はあると思っていたが、実際には100万円しか残っていなかった。

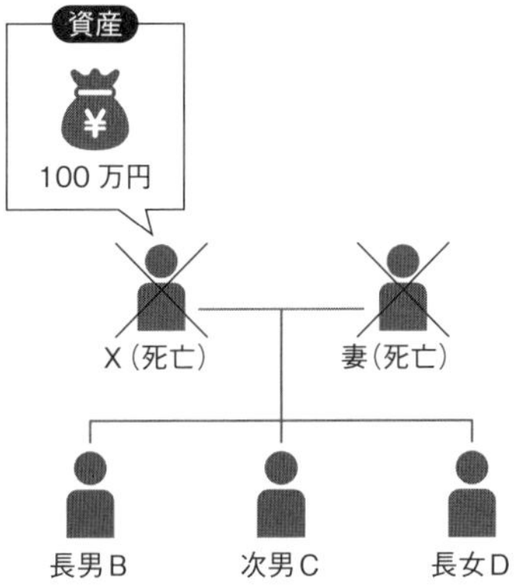

Q1 弁護士PはBから、遺産の預金があまりにも少ないが、何かできることはないかと聞かれた。PはBに対し、どのようなアドバイスをすべきか。

Q2 B、C、D間で使途不明金をめぐり遺産分割協議がなされたが、まとまらなかった。そのため、Bは弁護士Pに依頼して遺産分割調停を申し立てた。Dは自分が被相続人の預金から引き出したことは認めたも

の の、そのほとんどは被相続人のために使ったものであるため、調停限りであれば、100 万円をみなし預金としてもよいと述べたものの、B、Cは納得できなかった。Dは、Z 銀行に 500 万円の預金を有していたが、他にめぼしい資産は有していなかった。Pとしては、この後、どのように進行していくべきか。

Q3 Bが使途不明金についてDに対して不当利得返還請求訴訟を提起した後、弁護士QはDから依頼を受けた。QはDから、「こんなことになると思っていなかったので、被相続人の生活費に使ったものの領収書はあまり残っていない。医者にも謝礼を払ったが、領収書などもらえるはずがない。それにもかかわらず、被相続人の口座から引き出した金額すべてを支払わなければならないのか」と聞かれた。QはDに対し、どのようにアドバイスをすべきか。

Point

・使途不明金が疑われる場合は、速やかに口座及び取引履歴を調査する。

・遺産分割調停において３回程度で使途不明金の話がまとまらない場合は、速やかに訴訟提起し、併せて保全処分をすることを検討する。

・被相続人のために用いたことの立証の見通しは、費目ごとに検討する必要がある。

解説

ア　使途不明金

被相続人の死後、共同相続人間で遺産を確認したところ、預貯金が想定より相当に低く、被相続人の預貯金を管理していた相続人等が使い込んでいたということがあります。

使い込みの有無を確認するためには、金融機関の取引履歴を確認する必要があります。

イ　使途不明金の調査

(ア) 取引履歴の請求

使途不明金の調査は、最判平成21・1・22民集63巻1号228頁〔28150202〕において、被相続人単独での取引履歴開示請求が認められていることから、同判例に基づき、相続人単独での開示請求を求めます。もっとも金融機関によっては、弁護士会照会でないと応じないところや高額の手数料をとるところ、期間を限るところもあります。それゆえ、取得費用や取得する必要のある期間、取得にかかる時間などを踏まえて対応していくことも検討します。

また、取引履歴を調査した結果、本来あるはずの引落としがない場合などは、他の口座がないか、自宅や勤務地、実家などから近い場所にある金融機関の支店への照会を検討します。

金融機関によっては、払戻手続の伝票の写しを請求することもできます（詳細はCOLUMN 2財産調査の方法参照）。

取引履歴は、金融機関への依頼時から遡って10年など、期間を限られていることが多いため、使途不明金の問題が発覚した場合、速やかに取得する必要があります。

(イ) 医療記録、介護記録等の請求

被相続人の口座から引き出した当時、被相続人が引出しのために出かけることができる状況にあったか、又は被相続人が、引出しを依頼できる判断能力があったかを確認するため、施設や病院の医療記録や介護記録、介護認定記録の取り寄せを検討します。

いずれの記録も過去5年の制限があることが多いため[1]、速やかに取得する必要があります。

機関によって、相続人単独での任意の請求に応じる、弁護士会照会であれば応じる、相続人全員の同意があれば応じる、訴訟における文書送付嘱託や文書提出命令でなければ応じないなどの対応があります。

1　医師法24条2項では、医師は診療録を5年間保存することが義務付けられています。

（ウ）調査

取引履歴[2]や医療記録等に基づき、①短期間に集中して引出しがなされている、②被相続人の生活に必要な金額以上の引出しがなされている、③高額の引出しがなされている、④出かけることができない健康状態になった後や判断能力が失われた後に、引出し金額に変化があるといった、不自然な取引がないか、調査します。窓口での引出しについては、伝票に記載されている筆跡等も調査します。

ウ　相続開始後の使途不明金

相続開始後に相続人の１人が被相続人名義の預貯金を引き出した場合、令和元年７月１日以降に相続が開始した場合は、被相続人名義の預貯金を引き出した相続人を除く相続人が同意すれば、遺産分割の対象財産とすることができます（906条の２）。

この場合、被相続人名義の預貯金を引き出した者が使途について、主張立証していくこととなります。

エ　訴訟提起のタイミング

預貯金を引き出した相続人に、被相続人からの相続財産以外、めぼしい財産がない場合、遺産分割調停が先行して成立してしまうと、使途不明金の回収が困難となることがあります。したがって、３回程度調停を重ねても使途不明金の問題が解決しない場合は、速やかに訴訟提起をします。また、併せて、保全処分も検討します。

オ　法的構成

使途不明金の法的構成としては、不法行為と不当利得が考えられます。両者の違いのうち大きなものは、次のとおりです。

2　取引履歴に記載されている記号や番号について、取引履歴自体からは意味が判然としないものについては、インターネット等で検索することでわかることもありますが、それでも判然としない点については、金融機関に問い合わせます。

	不当利得	不法行為
消滅時効	知った時から５年[3] 行為の時から10年 （166条１項）	知った時から３年 行為の時から20年 （724条）
弁護士費用の請求	できない	できる
遅延損害金の起算日	請求日の翌日（ただし、悪意の受益者の利息は利得日）	行為日

生前の引出しの場合、被相続人に対する不法行為又は不当利得があったことに加え、請求権を相続分に従い、相続したことが要件事実として必要となります。

また、死後の引出しの場合、被相続人から相続した預貯金の準共有持分について、不法行為又は不当利得があったことが要件事実となります。

原告側は、取引履歴及び医療記録等を証拠として、①被告による被相続人の預貯金の引出しがなされたこと、②引出し当時の被相続人の健康状態、③遺産分割調停等における経緯等について、主張していきます。

カ　被告の反論

被告の反論としては、（ア）引出しをしていない、（イ）引出しをしたが、被相続人に渡した、（ウ）引出しをしたが被相続人のために用いた、（エ）被相続人から贈与を受けたといったものがあります。

（ア）引出しをしていないという反論

①被相続人の健康状態からして、引出しが可能であったか、②払戻請求書の筆跡が被相続人のものと合致しているか、同書の確認状況の欄に本人のチェックがされているかといったことが問題となります。

（イ）引出しをしたが、被相続人に渡したという反論

預貯金の引出しを依頼された経緯や払戻金の使途などが問題となります[4]。

3　令和２年４月１日以前に引出しがなされた分については、「知った時から５年」の消滅時効の適用はありません（民法及び家事事件手続法の一部を改正する法律附則10条４項）。

4　特に、高額の引出しのときに使途を聞いていないということは不自然であると考えられます。

(ウ) 引出しをしたが被相続人のために用いたという反論

①被相続人のそれまでの生活状況からして自然な出費か、②高額な出費について合理的な説明ができるか[5]といったことが問題となります。

a　日常的な費用

日常的な費用については、証拠が残っていないことも多いことから、厳密な立証がなされずとも、従前の生活状況を踏まえて、判断されます。

b　葬儀費用

葬儀費用については、喪主負担説が一般的とされます[6]が、①相続人全員の合意、②被相続人が生前に葬儀に関する契約を締結していたこと、又は、③被相続人が預貯金を引き出した相続人に委任していたことを主張立証することができれば、法律上の原因があるものといえます。

c　医師等への謝礼

医師や職員への謝礼については、近時は、謝礼を受けない医療機関もあること、国公立の場合は違法であることから、被相続人の明示的な指示がある場合に、常識的な範囲で認められるにとどまりやすいと考えられます[7]。

(エ) 被相続人から贈与を受けたという反論

贈与であれば、遺産分割調停において、特別受益の問題となります。

また、遺産分割調停において、預貯金を引き出した者が被相続人から贈与を受けておらず、特別受益はないとして合意がなされてしまったにもかかわらず、訴訟において、贈与の主張をしたような場合は、信義則に反するものと考えられます[8]。

5　特に、被相続人の判断能力が失われた後の高額の引出しについて合理的な説明をすることは困難です。

6　名古屋高判平成24・3・29平成23年（ネ）968号裁判所HP〔28180997〕

7　名古屋地方裁判所民事プラクティス検討委員会「被相続人の生前に引き出された預貯金等をめぐる訴訟について」判例タイムズ1414号（2015年）91頁

8　名古屋地方裁判所民事プラクティス検討委員会・前掲81頁

A1 使途不明金の有無を判断するためには、金融機関の取引履歴を取り寄せることが必要となる。また、使途不明金であることを立証する際には、被相続人が自ら引き出すことができたかといったことや、被相続人に引出しを依頼する判断能力があったかを立証するため、医療記録、介護記録、介護認定記録等が必要となる。また、弁護士会照会が必要になることもある。取引履歴や医療記録等は、請求時から一定期間のものに限定されることが多いことから、ＰはＢから、速やかに受任し、記録等を請求することをアドバイスする。

A2 預貯金を引き出したＤに、Ｘからの相続財産以外、めぼしい財産がないため、遺産分割調停が先行して成立してしまうと、使途不明金の回収が困難となる。そのため、３回程度調停を重ねても使途不明金の問題が解決しない場合は、速やかに訴訟提起をする。また、併せて、Ｚ銀行の預貯金の仮差押えも検討する。

A3 生活費については、被相続人の従前の生活状況を踏まえて判断されるため、領収書が揃っていない場合でも、一定額が被相続人のための支出と認められる可能性は高いといえる。他方、医師への謝礼については、被相続人の指示があり、常識的な金額であれば被相続人のための支出と認められる可能性が高いといえる。

参考文献
・森公任＝森元みのり『弁護士のための遺産相続実務のポイント―遺産分割・遺言無効・使途不明金ほか遺産分割の付随問題』日本加除出版（2019 年）290 頁以下
・名古屋地方裁判所民事プラクティス検討委員会「被相続人の生前に引き出された預貯金等をめぐる訴訟について」判例タイムズ 1414 号（2015 年）74 頁以下

（2）遺産の確認請求

ア　遺産分割の前提事項の争い

相続は、死亡により開始し（882条）、相続人は、相続開始の時から、被相続人の財産に属した一切の権利義務を承継します（896条）。そして、相続人が複数いるときには、相続財産は、その共有に属することになります（898条）。したがって、被相続人が死亡すると、その財産は、共同相続人がその相続分に応じて被相続人の権利義務を承継することになります（899条）。

この共同相続人間において、相続財産を分割するためには、遺産分割協議を行うことになります（907条1項）。そして、共同相続人間の協議が調わないときには、その分割を家庭裁判所に請求することができます（同条2項）。

しかし、家庭裁判所では、遺産分割の調停や審判を行うことはできますが、遺産分割の対象となる相続財産について争うことはできません。

そのため、例えば、共同相続人名義の不動産があり、その不動産が遺産分割の対象財産となっていない場合など、遺産分割協議において相続財産が争いになっているときには、遺産分割の調停や審判に先行して、遺産の確認請求の訴えを提起することになります。具体的には、被相続人の財産を調査し、死亡時に被相続人に属すると考えられる財産を特定して、その財産が相続財産に含まれることを確認する訴えを提起することになります[9]。これは、確認の対象となる財産が現に共同相続人による遺産分割前の共有関係にあることの確認を求める訴えであると解されており、固有必要的共同訴訟（民事訴訟法40条）となります[10]。このとき、共同相続人のうち、自己の相続分の全部を譲渡した者は、遺産の確認請求における当事者適格がありません[11]。

9　最判昭和61・3・13民集40巻2号389頁〔27100035〕

10　最判平成元・3・28民集43巻3号167頁〔27804188〕、最判平成6・1・25民集48巻1号41頁〔27817234〕

11　最判平成26・2・14民集68巻2号113頁〔28220689〕

また、相続財産管理人（936条）は、相続人としては当事者適格がありますが、相続財産管理人としての資格では当事者適格がありません[12]。

イ　訴えの手続

遺産の確認請求は、相続権に関する訴えですので、裁判所の土地管轄は、被告の住所地（民事訴訟法４条１、２項）又は相続開始時における被相続人の住所地（同法５条14号、４条２項）になります。

また、訴訟物の価額は、原告が勝訴した場合に得られる利益ですので（民事訴訟費用等に関する法律４条１項、民事訴訟法８条１項、９条１項ただし書）、目的物の価額に原告の法定相続分を乗じて得た額となります。

そして、固有必要的共同訴訟ですので、原則として、共同相続人全員を被告とすることになります（民事訴訟法40条）。

請求の趣旨は、例えば、「別紙物権目録記載の土地は、令和○年○月○日に死亡した被相続人○の遺産であることを確認するとの判決を求める」などと記載することになります。

請求原因事実は、確認の対象財産を元被相続人が所有していたこと、被相続人が死亡したこと、原告及び被告らが相続人であることを基礎付ける被相続人との身分関係、確認の対象財産が遺産に属することについて争いがあることです。また、それに加えて、原告及び被告らが被相続人の共同相続人全員であることです[13]。

書証は、被相続人の戸籍謄本、不動産登記簿謄本、被相続人の納税証明書、陳述書等です。

12　最判昭和47・11・9民集26巻9号1566頁〔27000533〕

13　岡口基一『要件事実マニュアル第５巻家事事件・人事訴訟〈第５版〉』ぎょうせい（2017年）640-641頁

第4章書式⑪遺産の確認請求（訴状）DL

訴　状

令和○年○月○日

○地方裁判所　民事部　御中

原告訴訟代理人弁護士　　　　○
〒○○○－○○○○　○
原　　　告　　　○
〒○○○－○○○○　○
○法律事務所（送達場所）
同代理人弁護士　　○
電　話　○○－○○○○－○○○○
ＦＡＸ　○○－○○○○－○○○○
〒○○○－○○○○　○
被　告　○
〒○○○－○○○○　○
被　告　○

遺産確認請求事件
訴訟物の価額　3,000万円
貼用印紙額　　　11万円

第1　請求の趣旨
1　別紙物権目録記載の土地は、令和○年○月○日に死亡した被相続人○の遺産であることを確認する
2　訴訟費用は被告らの負担とする
との判決を求める。

第2　請求の原因
1　当事者

被相続人○（以下「被相続人」という。）は、令和○年○月○日に死亡し、その相続人は、原告、被告○、被告○である（甲1［戸籍謄本］）。

2　対象財産

別紙物権目録記載の土地（以下「本件土地」という。）は、被相続人が所有していたものであり、被相続人の死亡により、その遺産となった。

3　本件土地の所有名義の移転

本件土地の所有名義は、平成○年○月○日付けで訴外○から被告○に移転されている（甲2［不動産登記簿謄本］）。しかし、本件土地は、被相続人がその取得資金の全額を支出して訴外○から買い受けたものであり、真の所有者は、被相続人である。

すなわち、本件土地は、被相続人の自宅に隣接しているが、被相続人は、平成○年○月ころ、訴外○から本件土地の買取りの相談を受けた。被相続人は、被告○と将来同居することを計画していたことから、被告○の駐車場とするため、本件土地の買取りを決意した。そうしたところ、被告○が被相続人に対して、相続税の節税のため、本件土地の所有名義を被告○とするよう提案した。被相続人は、被告○に言われるがまま、本件土地の所有名義を訴外○から被告○に移転した。

4　被相続人の出捐等

被相続人の預金通帳によれば、本件土地の所有名義の移転のあった平成○年○月○日ころ、被相続人から訴外○に対して1億2,000万円が振込送金されている（甲3［銀行通帳］）。また、本件土地の固定資産税は、被相続人が支払っていた（甲4［納税証明書］）。

5　被告○の資力等

他方、被告○は、本件土地の所有名義の移転のあった平成○年○月○日ころ、主婦をしており、1億2,000万円もの資力を有していない。また、本件土地の取得に関して贈与税の申告もしていない。

6　遺産の争い

被相続人の死亡後、原告及び被告らは、遺産分割協議を開始したが、被告○が本件土地の所有権を主張したため、本件土地が被相続人の遺産であることを争っており、遺産分割協議は進展していない。

本訴の判決が確定すれば、被相続人の相続人全員を拘束し、具体的な遺産分割協議が進展することになるから、原告及び被告らの紛争は最終的に解決するのであり、原告には確認の利益がある。

7　結語

よって、原告は、本件土地が被相続人○の遺産であることの確認を求める。

証　拠　方　法

甲第1号証	戸籍謄本
甲第2号証	不動産登記簿謄本
甲第3号証	銀行通帳
甲第4号証	納税証明書

添　付　書　類

訴状副本	2通
甲号証（写し）	各3通
委任状	1通

以　上

（別紙）

物件目録

所在	○区○町
地番	○番○
地目	宅地
地積	○ m^2

以　上

第４章書式⑫遺産の確認請求（答弁書）DL

令和○年（ワ）遺産確認請求事件
原告　○
被告　○　外１名

答　弁　書

令和○年○月○日

○地方裁判所民事部　御中

〒○○○－○○○○　○
○法律事務所（送達場所）
電　話　○○－○○○○－○○○○
ＦＡＸ　○○－○○○○－○○○○

被告○訴訟代理人
弁護士　○

第１　請求の趣旨に対する答弁
１　原告の請求を棄却する
２　訴訟費用は原告の負担とする
との判決を求める。

第２　請求の原因に対する認否等
１　１項（当事者）について
認める。
２　２項（対象財産）について
否認する。本件土地の所有者は被告○であり、被相続人が所有したことはない。
３　３項（本件土地の所有名義の移転）について
本件土地の所有名義が平成○年○月○日付けで訴外○から被告○に移転されていること、本件土地は、被相続人の自宅に隣接していること、被相続人が、平成○年○月ころ、訴外○から本件土地の買取りの相談を受けたこと、被相続人が、被告○と将来同居することを計画していたことについては認めるが、その余は否認する。訴外○から本件土地を買い受けたのは被告○である。

4　４項（被相続人の出捐等）について

認める。

5　５項（被告○の資力等）について

被告○が、本件土地の所有名義の移転のあった平成○年○月○日ころ、主婦をしていたこと、本件土地の取得に関して贈与税の申告をしていないことについては認め、その余は否認する。被告○は、平成○年○月○日、被相続人から１億2,000万円を贈与された。

6　６項（遺産の争い）について

認める。

7　７項（結語）について

争う。

以　上

（3）その他の確認請求

相続財産の確認請求以外には、遺言の無効確認請求があります。これは、相続財産に関する共同相続人や受遺者の権利の不存在を主張するもので、固有必要的共同訴訟（民事訴訟法40条）とはなりません[14]。

また、共同相続人間において相続人の地位不存在の確認請求があります[15]。これは、相続財産が共同相続人による遺産分割前の共有関係にないことを主張するもので、固有必要的共同訴訟（同条）となります。

そして、遺産分割協議の無効確認請求[16]や遺産分割調停の無効確認請求[17]があります。これも相続財産が共同相続人による遺産分割前の共有関係にないことを主張するもので、固有必要的共同訴訟（同条）となります。

その他、遺留分減殺請求（平成30年改正前1031条）を受けた受遺者が弁償すべき額の確定を求める訴えは、受遺者がその価額を弁償する能力を欠くなどの特段の事情がない限り、認められます[18]。平成30年の相続法改正により、遺留分減殺請求は、遺留分侵害額請求（1046条）と改められましたが、遺留分侵害額請求により、受遺者は、遺留分侵害額を支払うことになりますので（1047条）、改正前の遺留分減殺請求と変わりません。したがって、改正による影響はないものと考えられます。

他方で、特定の財産が特別受益財産（903条）であることの確認請求はできません[19]。これは、特別受益財産であることを確定しても相続分や遺留分に関する紛争を解決することにはならず、遺産分割や遺留分侵害額請求事件において解決されるべきものであるからです。

また、共同相続人の具体的な相続分の確認請求もできません[20]。

14　最判昭和56・9・11民集35巻6号1013頁〔27000125〕
15　最判平成16・7・6民集58巻5号1319頁〔28091931〕
16　大阪高判平成5・3・26高裁民集46巻1号13頁〔27815535〕
17　福岡高判平成4・10・29判タ813号282頁〔27815232〕
18　最判平成21・12・18民集63巻10号2900頁〔28154009〕
19　最判平成7・3・7民集49巻3号893頁〔27826694〕
20　最判平成12・2・24民集54巻2号523頁〔28050495〕

そして、遺言の無効確認請求は、遺言者も推定相続人も、遺言者の生前中に提起することはできません[21]。遺言者と受遺者の間には何らの法律関係も存在しないからです。ただし、遺言者の死亡後は遺言の無効確認請求はできます[22]。遺言執行者が選任されている場合には、遺言執行者（1012条）を被告とすることになります[23]。

（4）仮取締役選任申立て

ア　唯一の取締役の死亡等

取締役会が設置されていない会社において、唯一の取締役が死亡した場合や、唯一の取締役に成年後見や保佐が開始した場合には、株主総会を招集し、新しい取締役を選任することができません。また、株主は、全株主が同意する場合（会社法300条）を除き、取締役がいませんので、会社に対して、株主総会の招集請求をすることができず（同法297条１項）、裁判所から株主総会の招集許可を受けて株主総会を招集することもできません（同条４項）[24]。そのため、全株主が決議の省略に同意する場合（同法319条）を除き、株主や会社従業員などの利害関係人は、仮取締役の選任申立てをする必要があります（同法346条２項）。

イ　申立ての要件

会社法では、「前項に規定する場合において、裁判所は、必要があると認めるときは、利害関係人の申立てにより、一時役員の職務を行うべき者を選任することができる」と定められています（同法346条２項）。

まず、「前項に規定する場合」とは、「役員が欠けた場合又はこの法律若しくは定款で定めた役員の員数が欠けた場合」（同条１項）です。この「役員が欠けた場合又はこの法律若しくは定款で定めた役員の員数が欠けた場合」とは、役員の死亡や資格喪失、任期満了、解任のほか、行方不明や長期不在、

21　遺言者について最判昭和31・10・４民集10巻10号1229頁〔27002880〕、推定相続人について最判平成11・６・11判時1685号36頁〔28040918〕
22　最判昭和47・２・15民集26巻１号30頁〔27000587〕
23　最判昭和31・９・18民集10巻９号1160頁〔27002885〕
24　最判平成20・２・26民集62巻２号638頁〔28140569〕

重度の疾病により意思表示が困難になったときなどであると解されています[25]。

次に、「必要があると認めるとき」とは、取締役の員数が欠けているために取締役会の定足数（議決に加わることができる取締役の過半数の出席（同法369条1項））を満たさず、取締役会において株主総会招集決議ができない場合や、少数株主による株主総会招集（同法297条1項）ができない場合、株主総会の定足数（議決権を行使することができる株主の議決権の過半数（3分の1以上の割合を定款で定めた場合にあっては、その割合以上）を有する株主の出席（同法341条））を満たさないために、株主総会において決議ができない場合、辞任後に引き続き権利義務の残るいわゆる責任取締役の状態に置かれた取締役（同法346条1項）に不正行為等がある場合等であると解されています[26]。

その他、仮取締役の選任後には、仮取締役の報酬額の予納が必要になります。これは、仮取締役の選任後に予定されている仮取締役の業務内容を勘案して、仮取締役の選任期間が決まりますので、その選任期間に応じて決定されることになります。通常は、前任の取締役が得ていた報酬額を基準に決定されます。また、実際に支払われる報酬額は、仮取締役の業務終了後、予納金の範囲内で、仮取締役の業務量を勘案して、会社及び仮取締役の陳述を踏まえて、裁判所により決定されます（同法870条1項1号）[27]。

ウ　申立ての手続

仮取締役選任申立ては、非訟事件ですので、会社の本店の所在地を管轄する地方裁判所の管轄に属することになります（会社法868条1項）。

また、申立手数料は、1,000円です（民事訴訟費用等に関する法律3条1

25　東京地方裁判所商事研究会編『類型別会社非訟』判例タイムズ社（2009年）30頁、大竹昭彦＝氏本厚司＝小野寺真也＝岩井直幸編『新・類型別会社非訟』判例タイムズ社（2020年）〔松下貴彦〕45-46頁

26　東京地方裁判所商事研究会編・前掲32頁、大竹＝氏本＝小野寺＝岩井編・前掲〔松下貴彦〕47-49頁

27　東京地方裁判所商事研究会編・前掲36-37頁、大竹＝氏本＝小野寺＝岩井編・前掲〔松下貴彦〕53、56-57頁

項、別表第１の16項)。

申立ての趣旨は、例えば、「○○株式会社の仮取締役の職務を行うべき者の選任を求める」などと記載することになります。

請求原因事実は、取締役の欠缺又は欠員が生じていること、仮取締役の選任の必要があることです。また、これに加えて、申立人に利害関係があることも必要です。

申立書の添付書類は、会社の登記事項証明書、会社の定款、株主名簿等の利害関係を疎明する資料、取締役の戸籍謄本、関係者の陳述書等です。

法令上、審問は要求されていませんが（会社法870条)、一般的に審問が行われます。唯一の取締役が死亡している場合には、株主や死亡した取締役の相続人の意見を聞くこともあります[28]。

仮取締役の選任後には、裁判所書記官により登記嘱託がなされ、仮取締役の登記がされます（同法937条１項２号イ、ロ)。

28　東京地方裁判所商事研究会編・前掲35頁、大竹＝氏本＝小野寺＝岩井編・前掲〔松下貴彦〕52頁

第４章書式⑬仮取締役選任申立て（申立書）DL

仮取締役選任申立書

令和○年○月○日

○地方裁判所　民事部　御中

申立人代理人弁護士　　　○
〒○○○－○○○○　○
申立人　○
〒○○○－○○○○　○
○法律事務所（送達場所）
同代理人弁護士　　○
電　話　○○－○○○○－○○○○
ＦＡＸ　○○－○○○○－○○○○

仮取締役選任申立事件
貼用印紙額　1,000 円

第１　申立ての趣旨
○株式会社（本店　○）の仮取締役の職務を行うべき者の選任を求める。

第２　申立ての理由
１　申立人
申立人は、○株式会社（以下「本件会社」という。）の発行済株式総数 100 株中 10 株を有する株主である（甲１［株主名簿］）。
２　本件会社の取締役の員数
本件会社は、取締役会を設置していない会社であり（甲２［登記事項証明書］）、その定款において、取締役の員数を１名以上と定めている（甲３［定款］・第○条）。
３　唯一の取締役の死亡
本件会社の取締役は、唯一、○氏であったところ（甲２）、令和○年○月○日、同氏が死亡したため（甲４［戸籍謄本］）、現在、本件会社の取締役は不在である。

4　株主総会の開催ができない

以上のとおり、本件会社には現在取締役がいないことから、取締役が株主総会を招集することも、株主が株主総会の招集請求をして、その開催の許可を裁判所に求めることもできない。

また、申立人は、本件会社の全株式を有する者ではない。

そのため、裁判所において、一時取締役の職務を行う者１名の選任を受けなければ、株主総会を開催して、新たな取締役を選任することができない。

5　仮取締役の職務等

そこで、裁判所において仮取締役を選任し、仮取締役により、新たな取締役の選任手続を履行していただくことを求めるものである。

従前の取締役の報酬額は、月額200万円であった（甲５［税務申告書］）。

6　結語

よって、会社法346条２項に基づき、本件会社の仮取締役の選任を求める。

疎　明　資　料

甲第１号証	株主名簿
甲第２号証	登記事項証明書
甲第３号証	定款
甲第４号証	戸籍謄本
甲第５号証	税務申告書

添　付　書　類

申立書副本	１通
甲号証（写し）	各２通
本件会社の登記事項証明書	１通
委任状	１通

以　上

（5）株式併合の端数相当株式任意売却許可申立て

ア　株式併合による端数株式の発生

スクイーズアウトとして、株式併合がなされると（会社法180条〜182条の6）、1株に満たない端数株式が生じます。会社は、その端数の合計数に相当する数の株式を、競売又は裁判所の許可を得て、会社又は第三者に売却し、端数株式の株主にその代金を交付する必要があります（同法235条、234条2〜5項準用）。これは、競売ではなく、裁判所の許可を得る方法によることが一般的です[29]。

イ　申立ての手続

端数相当株式任意売却許可申立ては、非訟事件ですので、会社の本店の所在地を管轄する地方裁判所の管轄に属することになります（会社法868条1項）。

また、申立手数料は、1,000円です（民事訴訟費用等に関する法律3条1項、別表第1の16項）。

申立ての趣旨は、例えば、「別紙株式目録記載の株式を1株当たり金○円で任意売却することを許可する」などと記載することになります。

請求原因事実は、株式併合を行ったこと、株式併合により生じた端数株式数、競売以外の方法による端数相当株式の売却が相当であること、売却する株式の売買価格、会社における買取数及び総額（会社法235条、234条4項）、取締役会の決議の存在（同法235条、234条5項）です。また、これに加えて、申立てについて、取締役全員の同意があることです（同法235条、234条2項後段）。

申立書の添付書類は、会社の登記事項証明書、会社の定款、取締役全員の同意書、株主に対する通知（同法181条1項）、株式併合の手続に関する株主総会議事録、事前開示書面（同法182条の2）、事後開示書面（同法182

29　東京地方裁判所商事研究会編・前掲129-138頁、松田亨＝山下知樹編・大阪商事研究会著『実務ガイド　新・会社非訟－会社非訟事件の実務と展望〈増補改訂版〉』金融財政事情研究会（2016年）303-323頁、大竹＝氏本＝小野寺＝岩井編・前掲〔和田将紀〕215-231頁

条の6)、株式の買受けに関する取締役会議事録（会社が買い受ける場合）又は買受書（会社以外の第三者が買い受ける場合)、株価を根拠付ける客観的な資料（株価算定書等)、端数相当株式目録などの関係資料等です。

法令上、審問は要求されていませんし（同法870条)、通常、審問が行われることはありません。許可決定については、申立てから１～２週間程度で出されます。

ウ　供託

許可決定後、会社が端数株式を買い取る場合には、その代金を端数株式に相当する株式を有していた株主に支払うことになります。株主名簿に記載の株主が死亡し、その相続人の氏名・住所が判明していない場合には、債権者不確知（債権の帰属をめぐる争い）を理由として、弁済供託することができます（494条２項)。

支払場所である債務の履行地は、株主名簿に記載の株主から届出のあった住所地になるので、その住所地を管轄する法務局に供託することになります(495条１項)。この供託の手続は郵送で行うこともできますが、供託書には、法務局所定の書式（例えば、第四号様式（第13条第１項関係）その他の金銭供託の供託書等）や用紙（供託書・OCR用）があるので（供託規則13条１項)、最寄りの法務局等で入手する必要があります。また、供託書の記載方法や必要書類（会社の場合の登記事項証明書、代理人の場合の委任状、返信用封筒等）については、管轄の法務局の担当者と電話やFAXで事前に調整します。

供託の原因たる事実（同条２項）には、例えば、「供託者は、供託者の株式の併合をすることにより株式の数に１株に満たない端数が生じたことから、会社法第235条１項に基づき、その端数の合計数に相当する株の株式を売却し、かつ、その端数に応じてその売却により得られた代金として、○に対し、その代金○円の債務（弁済期：令和○年○月○日、支払場所：○の住所地）を負っているところ、令和○年○月○日、○は死亡し、その相続人の氏名・住所が判明している○の外は不明のため、供託者は、債権者を確知することができないので、供託する。」などと記載します。

供託金については、振込みによる方法で供託することができます。法務局において供託が受理されますと、法務局から、供託受理決定通知書と合わせて振込用紙が届きますので、それに従って指定された期限までに供託金を振り込むことになります（同規則18条1、2項）。

他方で、相続人は、法定相続分に応じて、その供託金を受領する権限がありますので、供託されている法務局に、法務局所定の用紙により、供託金払渡請求（還付（供託受託））することで、供託金を受領することができます（498条1項、供託規則22条1項）。

第４章書式⑭株式併合の端数相当株式任意売却許可申立て（申立書）

端数相当株式任意売却許可申立書

令和○年○月○日

○地方裁判所　民事部　御中

申立人代理人弁護士　　　　○

〒○○○－○○○○　○

申立人　○株式会社

同代表者代表取締役　○

〒○○○－○○○○　○

○法律事務所（送達場所）

同代理人弁護士　　○

電　話　○○－○○○○－○○○○

ＦＡＸ　○○－○○○○－○○○○

端数相当株式任意売却許可申立事件

貼用印紙額　1,000円

第１　申立ての趣旨

「別紙株式目録記載の株式を１株につき金○万円で任意売却することを許可する。」との裁判を求める。

第２　申立ての理由

１　申立人

申立人は、平成○年○月○日に設立された資本金○万円の株式会社である。申立人は、非公開会社であり（甲１［定款］・第○条）、その発行する株式（以下「申立人株式」という。）は市場価格のない株式である。

２　株式の併合

申立人は、会社経営の効率化のため、株主○を唯一の株主とすることを目的として株式の併合（以下「本件株式併合」という。）を行うこととした。

本件株式併合は、令和○年○月○日を効力発生日とし、申立人株式

1,000株を1株に併合するものであった。

申立人は、令和○年○月○日から法定事項を記載した事前開示書面を申立人の本店に備え置き（甲2［事前開示書面］）、同日、法定事項を申立人のすべての株主に通知し（甲3［株主への通知］）、本件株式併合の効力発生日の20日前までにこれらの手続を履行した。

また、申立人は、令和○年○月○日、申立人の臨時株主総会において、本件株式併合について承認し（甲4［臨時株主総会議事録］）、本件株式併合は、令和○年○月○日にその効力が発生した。

なお、本件株式併合に反対する株主から株式買取請求はなされていない（甲5［事後開示書面］）。

3　1以上の端数株式の合計数

本件株式併合の結果、1株に満たない端数が、株主○については0.7株（株式併合前の700株）、株主○については0.3株（株式併合前の300株）、合計1株（株式併合前の1,000株）生じた（以下、当該申立人株式を「端数相当株式」という。甲6［端数相当株式目録］）。

4　任意売却の見込み

申立人は、本来、端数相当株式を競売すべきであるが、申立人株式は、市場価格のない株式であり、競売によって買受人が現れる可能性はほとんど期待できない。

また、申立人は、後記のとおり、申立人の株主に対して、本件株式併合前の申立人株式1株当たり金○円を交付することが相当であると思料するが、競売した場合に、申立人の株主に対して交付される金額が本件株式併合前の申立人株式1株当たり金○円に満たないこととなる可能性も十分にある。

他方で、申立人は、株主○が、貴庁の許可を条件として、端数相当株式を1株当たり金○万円（本件株式併合前の申立人株式1株当たり金○円）（以下「本件売却価格」という。）で買い受ける意向を示したことから、会社法234条2項に基づき、貴庁の許可を得て、当該端数相当株式を株主○に売却するのが相当であると判断した（甲7［取締役会議事録］、甲8［株式譲渡契約書］）。

5　本件売却価格の相当性

本件売却価格については、申立人株式が市場価格のない株式であることから、過去1年間における申立人株式の取引価格を基準に決定している。

過去1年間における申立人株式の取引価格は、令和○年○月の取引価格が1株当たり○円（甲9［株式譲渡契約書］）、同年○月の取引価格が1株当たり○円（甲10［株式譲渡契約書］）、及び同年○月の取引価格が1株当たり○円である（甲11［株式譲渡契約書］）。

また、申立人の取締役会は、外部のアドバイザーの助言及び監査役の異議はない旨の意見を踏まえ、本株式併合は申立人の株主の利益を害さないと判断している（甲12［取締役会議事録］）。

以上のとおりであるから、申立人は、本件売却価格（端数相当株式1株当たり金○万円（本件株式併合前の申立人株式1株当たり金○円））は、端数相当株式1株当たりの金額として相当な金額であると思料した。

6　結語

よって、申立人は、会社法234条2項に基づき、別紙株式目録記載の株式を1株につき金○万円で任意売却することの許可を求め、本申立てをする。

疎　明　資　料

甲第1号証	定款
甲第2号証	事前開示書面
甲第3号証	株主への通知
甲第4号証	臨時株主総会議事録
甲第5号証	事後開示書面
甲第6号証	端数相当株式目録
甲第7号証	取締役会議事録
甲第8号証	株式譲渡契約書
甲第9号証	株式譲渡契約書
甲第10号証	株式譲渡契約書
甲第11号証	株式譲渡契約書
甲第12号証	取締役会議事録

添　付　書　類

甲号証（写し）	各１通
申立人の登記事項証明書	１通
委任状	１通
取締役の同意書	各１通

以　上

別紙

株式目録

普通株式１株

ただし、申立人の令和○年○月○日開催の臨時株主総会決議に基づく株式の併合により生じた端数の合計１株に相当する株式

以　上

事項索引
（五十音順）

た　行

・本文中に記載されている製品名及びサービス名は、各社の登録商標、商標又は商品名です。なお、本文中ではこれらについて®、TM などのマークを省略しています。
・本書は 2020 年 5 月までに公表されている内容によっています。

執筆者紹介

【編著者】

● 淺井 健人（あさい けんと）

弁護士（新64期、東京弁護士会）。note株式会社。髙野・五百田法律事務所。2007年東京大学法学部卒業。2009年東京大学法科大学院修了。

著書に『改訂版　弁護士が弁護士のために説く債権法改正』（共著、第一法規、2016年）、『証拠収集実務マニュアル〈第3版〉』（共著、ぎょうせい、2017年）、『ネット取引被害の消費者相談〈第2版〉』（共著、商事法務、2016年）、『先を見通す捜査弁護術』（編著、第一法規、2018年）、『ケースでわかる改正相続法』（共著、弘文堂、2019年）など。

● 後藤 晃輔（ごとう こうすけ）

弁護士（新62期、第二東京弁護士会）。中村・角田・松本法律事務所。2006年東京大学法学部卒業。2008年東京大学法科大学院修了。

著書に『平成26年改正会社法対応　内部統制システム構築の実務』（共著、商事法務、2015年）、『コンプライアンス・内部統制ハンドブック』（共著、商事法務、2017年）、『コンプライアンス・内部統制ハンドブックⅡ』（共著、商事法務、2019年）、『先を見通す捜査弁護術　犯罪類型別編』（共著、第一法規、2020年）、論文等に、「株主総会における議事運営」旬刊商事法務2193号（2019年）、「2018・2019年の政策保有株式の比較－コーポレートガバナンス・コード改訂の影響」資料版商事法務426号（2019年）、「令和2年株主総会想定問答Q＆A」週刊経営財務3457号（共著、2020年）など。

● 小平 康弘（こひら やすひろ）

公認会計士・税理士。税理士法人朝日中央綜合事務所。2006年慶應義塾大学理工学部卒業。2008年早稲田大学大学院会計研究科修了。

相続税の申告業務、節税対策、事業承継等、相続に関する分野に強みを持つ。

● **花井 ゆう子（はない ゆうこ）**

弁護士（新62期、第二東京弁護士会）。新四谷法律事務所。2016年10月より東京家庭裁判所家事調停官（非常勤裁判官）。1998年早稲田大学法学部卒業。社会人経験の後、2009年慶應義塾大学大学院法務研究科修了。

著書に『製薬企業におけるコンプライアンスの実現　改訂版―関連法令・自主規範の概要と検討事例』（共著、薬事日報社、2019年）。

サービス・インフォメーション

通話無料

①商品に関するご照会・お申込みのご依頼
TEL 0120（203）694／FAX 0120（302）640
②ご住所・ご名義等各種変更のご連絡
TEL 0120（203）696／FAX 0120（202）974
③請求・お支払いに関するご照会・ご要望
TEL 0120（203）695／FAX 0120（202）973

●フリーダイヤル（TEL）の受付時間は、土・日・祝日を除く9：00～17：30です。
●FAXは24時間受け付けておりますので、あわせてご利用ください。

弁護士のための中小企業オーナーの相続対応
紛争化させないためのアドバイス

2020年7月10日　初版発行

編著者　浅 井 健 人
　　　　後 藤 晃 輔
　　　　小 平 康 弘
　　　　花 井 ゆ う 子

発行者　田 中 英 弥

発行所　第一法規株式会社
　　　　〒107-8560　東京都港区南青山2-11-17
　　　　ホームページ　https://www.daiichihoki.co.jp/

装　丁　篠　　隆 二

弁中小相続　ISBN 978-4-474-06967-1 C3032（4）